UNA HIJA
DIFERENTE

MARIA TOORPAKAI

con la colaboración de
Katharine Holstein

UNA HIJA DIFERENTE

El coraje, la **fuerza** de espíritu y la **pasión** de una mujer que dijo NO a una sociedad opresiva y se enfrentó a la furia de los talibanes en Pakistán para **vencer** y **ser libre**.

AGUILAR

Una hija diferente

Título original: *A Different Kind of Daughter*
Publicado por acuerdo con Grand Central Publishing,
una división de Hachette Book Group, Inc.,
New York, NY.

Primera edición: agosto de 2016

D. R. © 2016, Double Yellow Inc.

D. R. © 2016, derechos de edición mundiales en lengua castellana:
Penguin Random House Grupo Editorial, S. A. de C. V.
Blvd. Miguel de Cervantes Saavedra núm. 301, 1er piso,
colonia Granada, delegación Miguel Hidalgo, C. P. 11520,
Ciudad de México

www.megustaleer.com.mx

D. R. © 2016, Elena Preciado, por la traducción
D. R. © Penguin Random House / Jesús M. Guedea C., por el diseño de cubierta
D. R. © Carrie Lee, por la fotografía de Maria Toorpakai

ISBN: 978-607-31-4440-7

Impreso en México – *Printed in Mexico*

El papel utilizado para la impresión de este libro ha sido fabricado a partir de madera procedente
de bosques y plantaciones gestionadas con los más altos estándares ambientales, garantizando
una explotación de los recursos sostenible con el medio ambiente y beneficiosa para las personas.

Penguin
Random House
Grupo Editorial

A todas las mujeres y niñas que luchan por jugar y aprender en paz, bajo la guerra y la opresión. Quizá estas páginas ayuden a iluminar su oscuro camino hacia la libertad.

ÍNDICE

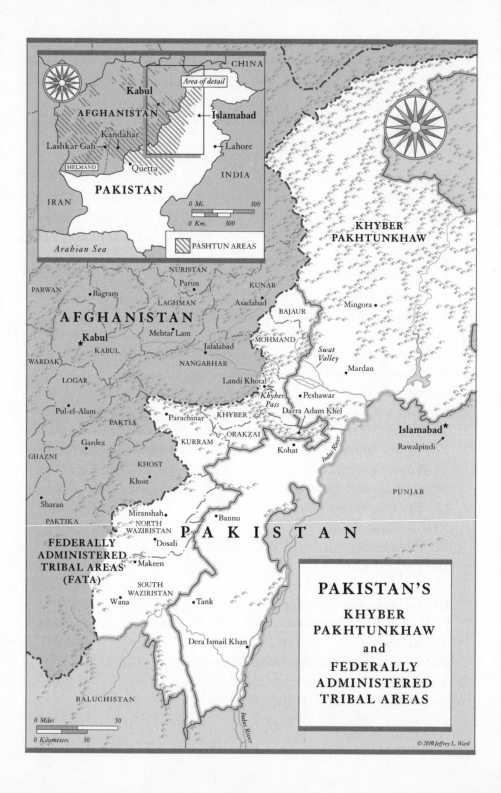

CHINA

Area of detail

Kabul

AFGHANISTAN

★ **Islamabad**

Kandahar

Lashkar Gah •

• Lahore

HELMAND

• Quetta

INDIA

PAKISTAN

IRAN

| 0 Mi. | | 300 |
| 0 Km. | | 300 |

Arabian Sea

PASHTUN AREAS

NURISTAN

PARWAN

• Bagram

Parun •

KUNAR

**KHYBER
PAKHTUNKHAW**

LAGHMAN

Mingora •

Asadabad •

AFGHANISTAN

Mehtar Lam •

BAJAUR

★ **Kabul**

KABUL

MOHMAND

Jalalabad •

*Swat
Valley*

WARDAK

NANGARHAR

Mardan •

LOGAR

Landi Khotal •

*Khyber
Pass*

• Peshawar

Pul-el-Alam •

Parachinar •

KHYBER

Darra Adam Khel

Islamabad ★

PAKTIA

ORAKZAI

Rawalpindi •

Gardez •

KURRAM

Kohat •

Indus River

GHAZNI

KHOST

Khost •

PUNJAB

• Sharan

Miranshah •

• Bannu

PAKTIKA

NORTH
WAZIRISTAN

P A K I S T A N

**FEDERALLY
ADMINISTERED
TRIBAL AREAS
(FATA)**

• Dosali

• Makeen

SOUTH
WAZIRISTAN

• Wana

• Tank

PAKISTAN'S

**KHYBER
PAKHTUNKHAW**
and
**FEDERALLY
ADMINISTERED
TRIBAL AREAS**

Dera Ismail Khan •

Indus River

BALUCHISTAN

| 0 Miles | | 50 |
| 0 Kilometers | 50 |

© 2010 Jeffrey L. Ward

GLOSARIO

Afridi*.* Tribu pastún que habita en Pakistán y Afganistán.

Aleya. Versículo del Corán.

Alhamdulillah*.* Expresión común árabe que significa "Alabado sea Dios."

Alquibla*.* La dirección en la cual rezan los musulmanes.

Azan*.* Llamado a la oración de los musulmanes.

Burka. Vestidura femenina propia de Afganistán y otros países islámicos que oculta el cuerpo y la cabeza por completo, dejando una pequeña abertura de malla a la altura de los ojos.

Chador. Velo con que las mujeres musulmanas se cubren la cabeza y parte del rostro.

Delicias turcas. Especie de gomita o gominola. Golosina blanda masticable, generalmente recubierta de azúcar.

Dhol*.* Tambor. Instrumento de percusión hindú.

Fajr*.* Es la primera oración de los musulmanes, se realiza por la mañana.

FAP. Fuerza Aérea de Pakistán

FATA. Áreas Tribales bajo Administración Federal. Se divide en siete agencias: Bajaur, Mohmand, Khyber, Orakzai, Kurram, Waziristán del Norte y Waziristán del Sur.

Haram*.* Prohibido.

Hila*.* Esperanza.

Hiyab. Se nombra así al código musulmán de vestimenta femenina que oculta el cuerpo, y al pañuelo usado por las mujeres musulmanas para cubrirse la cabeza.

Inshallah*.* Expresión árabe que indica esperanza y significa: "Si Dios quiere", o: "Dios quiera."

Jambul*.* Árbol y fruto originarios de la región del Indostán.

Janj*.* Procesión.

Jingle bus. Transporte público. Es un camión pintado de colores con bancas y campanas pequeñas.

Jirga. Asamblea tradicional del pueblo pastún.

Jora. Vestido de novia tradicional.

Kameez. Camisa o túnica larga.

Kufiya. Tocado beduino masculino formado por un paño cuadrado doblado en forma de triángulo, a veces sujeto por una banda o aro.

Merabani. Expresión pastún para decir "gracias."

Minarete. (Alminar). Torre de las mezquitas, es común que sea elevada y poco gruesa, desde cuya altura convoca el almuédano (muecín) a los musulmanes en las horas de oración.

Muecín. Musulmán que convoca desde el alminar (minarete) para la oración.

Mulá. Intérprete de la religión y la ley islámicas.

Musulmán. Es la persona que profesa el Islam, la religión de Mahoma. Se dividen en Chiitas y Sunitas.

Muyahidín. Combatiente islámico fundamentalista.

Naan. Pan tradicional de Asia central y del sur elaborado con harina de trigo.

Nikah. Contrato de matrimonio

Pesh imam. Es como un sacerdote que guía la oración y los ritos.

Peshawar. Capital de la provincia Jáiber Pajtunjuá (antes Frontera del Noroeste) y centro administrativo de FATA (Áreas Tribales bajo Administración Federal).

Purdah. Reclusión. Es la práctica de ocultar a las mujeres de los hombres que no son sus parientes directos.

Qadar. Predestinación.

Rupia. Es la moneda que se usa en Pakistán, India, Nepal, Indonesia entre otros países. Un peso mexicano, en el año 2016, equivale a 6 rupias pakistanís aproximadamente.

Samosas. Empanadas tradicionales del sur de Asia, triangulares y crujientes.

Seraikis. También se les conoce como *multanis*. Son parte del pueblo punjabí y habitan en Pakistán.

Shahids. Mártires. Los ritos asociados a los mártires en el campo de batalla incluyen el tratamiento del cuerpo, los vestidos y las oraciones . También se aplica a los que mueren de manera prematura y violenta al servicio de su dios.

Shalwar kameez. Vestimenta tradicional de Asia central y del sur tanto para hombres como para mujeres. Consiste en un pantalón holgado y una camisa o túnica larga.

Swara. Ofrenda de paz. También nombra al tradicional matrimonio infantil en las zonas tribales de Pakistán y Afganistán. Está ligada a detener las venganzas entre las diferentes tribus y clanes, por ello las niñas son casadas a la fuerza con miembros de diferentes clanes con el fin de resolver las disputas entre ambos. Es más común sobre todo entre los pastunes.

Taharah. Pureza.

Walwar. Precio de la novia. La cantidad a pagar para casarse con una mujer.

Wazir. Tribu pastún que habita en Waziristán del Norte o Sur (y en otras áreas).

Wudu. Ablución. Lavatorio ritual del cuerpo o de una parte de él con el fin de purificarlo.

Yihad. Guerra santa de los musulmanes.

Zakat. Acto de caridad entre los musulmanes.

Prólogo
UNA PROFECÍA

A las mujeres como yo nos mandan al manicomio o simplemente nos apedrean hasta la muerte. Las chicas con suerte terminan casadas con un clan rival, con la esperanza de contaminar la sangre de dicho clan. Yo soy el producto de uno de esos matrimonios de castigo. En pocas palabras, pretendían dañar a ambos: casaron a mi madre disidente con mi renegado padre sin haberlo visto antes de la boda. Los ancianos del pueblo no previeron el amor instantáneo ni la fortaleza combinada que surgirían del valor y los ideales de mis padres. Seguro a mí tampoco me predijeron. Y no pudieron evitar la multiplicación de mi atrevida familia de rebeldes pastunes.

Incluso entre mi familia, fui considerada un tipo de hija diferente. Odiaba las muñecas, me sentía miserable usando vestidos elegantes y rechazaba cualquier cosa femenina. Mis ambiciones nunca cobrarían vida en una cocina o creciendo dentro de las cuatro paredes de nuestro hogar. Sólo para mantenerme sana, necesitaba salir bajo el cielo abierto y correr libre por los valles (actividades prohibidas por la tribu).

Cuando era muy pequeña, mi padre pidió prestada una vieja televisión Zenith y una videocasetera. Un día, llegó del bazar local con un documental de segunda mano sobre las tácticas de los leones para cazar. Escondido en ese video (como en todo lo que mi padre nos mostraba, ya fuera en televisión o en libros viejos) había una lección de vida que nosotros teníamos que encontrar. Sentados en el frío piso de tierra de la sala, vimos a un león en el corazón de la calurosa África acechando a un grupo de gacelas. El león es un depredador muy lento, pero caza algunos de los animales más rápidos de la Tierra. Desde el principio, el felino era superado de manera física. Aun así, estaba tan hambriento que se recostó como un rey flojo entre la hierba en movimiento y observaba sus alrededores de manera esporádica. De vez en cuando se levantaba, se estiraba y se acercaba a su presa. Cuando las gacelas volteaban, sólo las veía con una actitud temeraria, sin revelar su propósito. Las gacelas se confiaban porque podían escapar del león con facilidad, pero la creencia en su destreza fue su ruina. El león poseía dos talentos para cambiar el juego, una paciencia feroz y una habilidad fenomenal para esconderse. Recuerdo bien cómo la bestia elegante se levantó de un salto y clavó sus dientes y garras en el cuello de una gacela que no había notado su presencia. Pensé: "Qué estúpida fue la gacela y qué astuto el león."

⁓

Justo antes de mi quinto cumpleaños, me quejé con mi padre porque ya no quería usar vestidos, sino ropa holgada como los niños que veía jugar afuera en la tierra. Soltó una carcajada y me dijo que no me preocupara. Tal vez la playera amarilla y los shorts que me compró en el bazar pusieron todo en marcha. No hice caso a su advertencia de usarlos sólo dentro de la casa. En la parte del mundo donde me tocó vivir, salir descubierta estaba *haram* (prohibido) para una niña porque era un pecado para Dios.

Un día me puse el *outfit* amarillo, el paisaje de montañas y valles delante de las puertas me atrajo. Fue la primera vez que estuve sola fuera de la casa, lista para correr bajo el cielo abierto. Tenía el cabello oscuro y limpio amarrado con un arcoíris de listones. Me escabullí al resplandor del medio día, con la playera pegada en la espalda, trenzas y la piel goteando por el sudor. El sol tocaba mis extremidades, me detuve un momento en el patio, extendí los brazos y experimenté una ráfaga de libertad. Miré mis piernas, observé sus formas suaves que con frecuencia se encontraban ocultas y ahora se volvían rosas. Después abrí la manija, empuje la pesada puerta y la cerré. Volví sin que me vieran y nunca le conté a nadie lo que había hecho.

Una tarde calurosa, me arrodillé junto a una ventana baja, con la barbilla recargada en mi mano y observé el ancho río que pasaba detrás de nuestra casa. Mi madre me había puesto un vestido nuevo, con una constelación de cuentas e hilos de seda bordados en la pesada tela. Me encerró de pies a cabeza como en un ataúd. Desde afuera se escuchaban las risas de un grupo de niños que jugaban, corrían y pateaban una pelota levantando una nube de tierra seca que no me dejaba ver el horizonte. Escuchaba el golpeteo constante de los pies sobre el balón y sentí, mientras veía y oía, un repentino e intenso golpe de calor en el estómago. Al menos había diez niños, todos vestidos con ropa holgada, pateando un balón de futbol a través de unas rocas. El balón zigzagueaba entre sus ágiles pies y entré en pánico cuando, sentada dentro de la casa, entendí por fin mi destino como si leyera mi futuro en un libro: viviría embalsamada con ropa bonita, condenada a ir a la escuela o a quedarme en casa. En ese momento mi corazón se petrificó. No había términos medios para las mujeres como yo con deseos de correr afuera, jugar y practicar deportes al aire libre. De repente me di cuenta de que, a pesar de todos los esfuerzos de mis padres liberales, sus mitos, los grandes mapas de los continentes y cualquier cosa que me enseñaran sobre el mundo, nunca sería libre en realidad. En nuestra cultura las mujeres se quedan encerradas en casa, tranquilas y ocultas de por vida.

No pensé en lo que hice después. Sólo me levanté, me alejé de la ventana hacia el fresco de la sombra, me quité el vestido, rasgando las costuras y arañándome los brazos. Luego, haciendo un alboroto en la casa, saqué cada uno de mis vestidos del clóset y los eché en el jardín. Uno por uno. Eran tan pesados que me tomó una hora hacerlo.

El hoyo para cocinar junto al árbol era poco profundo, sólo cuatro ladrillos y algunas varas de madera bajo la parrilla, pero sabía dónde guardaban el keroseno y los cerillos. En un gabinete en la cocina. Me apuré, antes de cambiar de opinión, porque sabía que si me detenía a pensarlo no lo haría. Arrastré la lata entera de keroseno con ambas manos y despacio para no tirar ni una gota, haciendo una franja en la tierra hasta el hoyo. Ya tenía los vestidos amontonados sobre los ladrillos, uno encima de otro, sus adornos reflejaban la luz del sol, las telas parecían de plomo. Incluso cuando el viento soplaba fuerte en el jardín, los vestidos se quedaron ahí, como cuerpos. Mientras observaba la pila, dudé por un segundo: era una pena quemar tal belleza e ignorar lo que sabía que sellaría mi sentencia de muerte. Empapé la ropa con un keroseno tan claro como el agua y prendí un cerillo. Alejada, observé la flama volar como una pequeña estrella fugaz.

En una explosión repentina, todo el aire a mi alrededor se levantó, pasando a través de mi cabello y dejándome sin aliento. De repente, el montón de vestidos desapareció ante mí detrás de una pared de flamas. Todas esas cuentas y cristales soltaban chispas, destruidas en una explosión de brasas rojas y calientes, elevándose hacia el cielo azul, ondulando con humo negro. En cuestión de minutos, los colores brillantes y sedosos se desintegraron en café y negro. Corrí a la casa y encontré los pantalones y la playera de mi hermano (un *outfit* que llamamos *shalwar kameez)* y me los puse. Después fui a la cocina y tomé un cuchillo afilado, luego corté grandes pedazos de mi cabello negro que se hicieron cenizas al caer en las flamas.

Mi padre estuvo parado ahí por un largo rato (no lo había visto), sus ojos iban de su niña salvaje y bailarina al montón de vestidos sin vida. Mucho tiempo después, entendí que esa calurosa tarde vio a otra chica en mí, la hermana que no pudo salvar muchos años antes. Desde la ventana de unas escaleras alcanzó a ver a su hermana transportando un par de pesadas cubetas con agua a través del patio. Entonces ella se detuvo de improviso y se quedó quieta de manera extraña. Él vio la primera cubeta caer y luego la segunda. El agua de río se derramó sobre las piedras calientes y las cubetas rodaron al lado de sus pies, el dobladillo de su vestido estaba empapado. Escuchó un grito de dolor y vio que su cuerpo cayó al piso como si la hubiera golpeado un rayo.

Para cuando llegó a ella, estaba en el piso, muerta. El cielo claro se reflejaba en sus ojos bien abiertos. La gente del pueblo decía que tenía problemas de arterias o que algún otro defecto ocasionó que su corazón dejara de latir. Mi padre creía que el peso de sus penas la mató. Su hermana era justo como yo, fuerte y con un carácter severo. Una mujer así simplemente no puede sobrevivir en la jaula que nuestra cultura espera.

Cuando mi padre ya era un hombre, vio a muchas chicas suicidarse para escapar, primas que tomaron veneno para evitar un matrimonio arreglado, otras que no comían hasta que morían de hambre. Con frecuencia, las mujeres se empapaban en keroseno y prendían un cerillo. Una vez, vio a una joven del pueblo encendida como una antorcha humana. Cuando todo acabó, observó lo que había quedado de su cuerpo. Otras también lo habían hecho, aunque era más frecuente que los hombres las quemaran por disputas con la dote o como sentencia de algún pecado imperdonable.

—Mi hermana era justo como tú, Maria, fuerte y diferente. Nacida del león… pero no la dejaron ser.

Después se acercó al hoyo en llamas y sonrió a mi lado. Pasó sus dedos por mi cabello masacrado.

—Mi nuevo hijo debe tener un nombre apropiado para un gran guerrero que acaba de ganar una batalla sin derramar sangre. Te llamaremos Genghis Khan.

Entonces se agachó, repitió el nombre en mi oído izquierdo, en el derecho, recitó el *azan* sagrado. Y Maria se fue.

1
ENTRE MONTAÑAS

De niña, mi casa estaba enmarcada por cadenas montañosas que quitaban el aliento, una vista sin límites conocida como "La morada de Dios". Había dagas enormes de rocas, llenas de luz color fuego. Escondidos entre los picos se encontraban ríos y pueblos hechos de barro y piedras. Y sobre todo, un domo grande y azul de cielo claro, sin fin. A través de los valles, donde el maíz crece y las ovejas se alimentan, a veces no había ni un ser humano a la vista. Ningún ruido. Una persona podía caminar días sin ver un alma, pero sí sentir el toque de Dios en todos lados.

Para mí, esa tierra tranquila y hermosa era el paraíso. Pero, cuando el mundo piensa en mi casa, ve un infierno. Waziristán del Sur se encuentra al noroeste de Pakistán, 4 000 km cuadrados en la frontera con Afganistán, sangrienta y sin ley. Forma parte de las Áreas Tribales bajo Administración Federal (FATA por sus siglas en inglés), pero en realidad se gobierna solo a través de un sistema antiguo de leyes tribales tiránicas. En la actualidad están ahí los cuarteles generales de talibanes; mi tierra nativa es considerada el lugar más peligroso del planeta, pero vive en mi mente como el hogar al que regresaría sin dudarlo… si no fuera porque todos me quieren muerta.

En las tardes de mi infancia, una brisa constante soplaba y las ráfagas danzantes cambiaban de calientes a frías y viceversa. Pero mientras el clima se transformaba, antes de una tormenta o cuando se pasaba de una estación a otra, un nuevo viento golpeaba las montañas, precipitándose entre los picos con largas tiras de nubes y envolviendo la cordillera como si fueran grandes montones de gasa. Los innombrables aromas que llegaban del exterior y los mundos invisibles e imaginarios que traía ese dulce viento hicieron que mi mente se atreviera a deambular más allá de nuestro tranquilo lugar entre las montañas.

La misma brisa sopló el día que nací, 22 de noviembre de 1990, en un pueblo como los otros, tranquilo y pequeño, una insignificante manchita asentada en un gran valle verde. Yasrab, mi madre, de veintiséis años, no tuvo ayuda para darme a luz, ni hospital, ni doctor, ni medicamento de ninguna clase. Mujeres del vecindario iban y venían con tazones de agua fría, rápidos cuchicheos y tiras de ropa limpia. Los hombres se fueron a rezar a la mezquita, a comer mangos recogidos de los árboles y a chupar terrones de azúcar. El cuarto del nacimiento se mantenía oscuro y a través de la puerta cerrada nadie escuchaba un sólo ruido. Cuando todo terminó, en realidad no importó a qué clan pertenecían mi primer llanto o si nací viva o muerta. Llegué a este mundo como llegó mi hermana, Ayesha Gulalai, cuatro años antes... niña: una vergüenza para el rostro de nuestra tribu.

Mi padre, Shams Qayyum Wazir, quien todavía no llegaba a los treinta, era un hombre libre de sangre noble, es decir, un renegado entre los pastún. Shams nunca hizo que mi hermana o yo nos sintiéramos inferiores a mi hermano, Taimur Khan, nacido cinco años antes que yo, o a los gemelos, Sangeen Khan y Babrak Khan, que llegaron como una bendición doble cuando tenía cuatro años. A diferencia de otras familias pastunes, donde las mujeres están al servicio de los hombres, todos vivíamos dentro de nuestra casa de barro como iguales. Juntos nos adherimos a nuestro destino musulmán, cumpliendo con los festines, los ayunos y rezando cinco veces al día, mi padre nos enseñó que la gente en el mundo encuentra a Dios de maneras diferentes. Mi familia era de libre pensamiento, cualidad que nos marginó dentro de nuestra tribu conservadora... y que al mismo tiempo nos liberó.

&

Cada habitante de Waziristán (del Norte o Sur) se conoce como wazir. Wazir también es el nombre de una tribu pastún entre las muchas que existen en nuestra área. Esta tribu usa el idioma pastún y se gobierna por nuestro código de honor Pashtunwali (las leyes ancestrales que establecen nuestras sangrientas rivalidades y enemistades). A pesar de que los wazir están divididos en clanes, todos se unen cuando hay una amenaza extranjera. Ningún poder externo, sin importar su fuerza o sus armas modernas, ha podido dominar a los wazir ni ocupar nuestro territorio por un día. Los imperialistas ingleses, con su experiencia para conquistar y colonizar, enviaron legiones de soldados uniformados al corazón de Waziristán, para enfrentar a unos guerreros que no les temían, los obligaron a retroceder y masacraron cuatrocientos ingleses en una sola tarde (esto me lo contó mi padre con una gran sonrisa de orgullo). Si eres invitado en su casa, los pastunes te ofrecerán sus posesiones más preciosas, pero si los insultas tendrán tu cabeza en un saco antes de que puedas parpadear.

Durante mi niñez sólo vi gente de mi propia sangre, a quienes podía reconocer con un vistazo. Los turistas nunca visitaban mi pequeña porción de mundo. Los extranjeros no podrían poner un pie en nuestra tierra sin llamar la atención de cada poblador. Los wazir son corpulentos y altos, con brazos fuertes y manos poderosas. Cuando se trata de proteger a los suyos, las mujeres wazir no muestran miedo y sus voces resuenan desde lo profundo de sus cuerpos. Se decía que cuando una mujer hablaba, lo mejor era escucharla. Según la leyenda, nuestra gente proviene de un famoso líder pastún llamado Suleimán y su hijo, Wazir. De su descendencia florecieron muchas tribus y se esparcieron en vastas conglomeraciones humanas que se establecieron en grandes áreas de tierra.

Al ver un mapa, Waziristán parece un parche cosido en la frontera de Pakistán y Afganistán, extendida a través de la cordillera de Preghal. Comparte linajes y un pasado entretejido que comenzó en los antiguos valles de Afganistán y cruzó a través del Paso Jáiber. Ninguna frontera trazada por un hombre con un rifle o pintada en papel con la sangre de miles, pudo cortar la estirpe común que tenemos. A cualquier lugar al que fuera, mi tierra, mi gente, mi padre, me recordaban que tenía sangre wazir. Antes que cualquier otra cosa: soy una wazir.

Todos los recuerdos que tengo de nuestra primera casa, con sus ladrillos cubiertos de barro, comienzan de la misma manera: una película lenta que inicia en una mañana silenciosa, los cálidos rayos de sol lo cubren todo. En mi casa parece que hay un tipo de magia en el modo de iniciar el día (aunque siempre era la misma rutina); es como un himno familiar de actividades que se realizan en cada hogar y en cada pueblo. Todas las madres pastunes se despiertan muy temprano, antes del primer cantar del gallo. No necesitan ninguna alarma ni planificar su día. Su deber (poner en ritmo a la familia) es una tarea sagrada e innata como el latir del corazón, y lo cumplen sin importar el cansancio del tedioso trabajo doméstico del día anterior. Todo lo que hace una madre wazir sigue el camino de su madre, su abuela y su bisabuela. No tiene opción. No tiene acceso a la televisión, periódicos o revistas, incluso los radios son escasos. El conocimiento en sí, es raro, algo en lo que no se debe confiar.

Yo crecí con esa práctica, en la que una mujer pastún se queda en casa y sólo sale cubierta de pies a cabeza con trajes llamados abayas o burkas, con grandes pañuelos nombrados chador y acompañada de un hombre (aunque sea un niño). El confinar a una mujer de tal manera (con obligaciones dentro de cuatro paredes y escondida en su vestimenta) se le conoce como vivir en purdah, es decir, en reclusión. Los musulmanes conservadores aíslan a sus mujeres para que no las vean otros hombres. Esta práctica nunca fue cuestionada, de la misma manera que una persona no se cuestiona la dirección del viento o la salida y puesta del sol. Para los extranjeros esta tradición parece un encarcelamiento, pero para mí, al menos en esa época, las mujeres no parecían infelices por vestir y vivir así. Había una armonía simple en saber qué teníamos que hacer y a dónde pertenecíamos (a nuestro lugar en la casa y a la posición de nuestra familia dentro de la tribu). Yo creí en esto… hasta que dejé de pertenecer.

Siempre imaginé que el despertar de mi madre infundía un espíritu vivo en todos los que se levantaban tras ella, mi padre, mi hermana, mis hermanos, incluso en mí. Antes de que se levantara a iniciar el día, sólo estaba un vacío infinito: no había cielo, tierra, ríos, ni valles por ver. El despertar de mi madre parecía ser la razón por la que se encendía el sol, justo cuando juntaba madera y la prendía para cocinar.

Todos permanecíamos en la oscuridad de la casa de barro, en cuartos frescos que olían a tierra, y nos despertábamos uno tras otro. Para el bien de la casa (que con frecuencia albergaba a muchas generaciones) las madres wazir se levantan primero. Después, siguiéndolas como un acto de gentileza, los niños. Los hombres, como bestias de sueño largo, son los últimos en despertarse. Los hombres jóvenes cuidan de los mayores, rasurando sus rostros y arreglando sus vestimentas y cabello. En Waziristán, mucha gente vive en casas enormes, hechas para familias extensas donde todos habitan bajo un mismo techo (tías, tíos, primos, abuelos y, por supuesto, los niños). Siempre, todos los miembros de la familia construyen la casa juntos y cada uno tiene una posición en la jerarquía (los más viejos hasta arriba), como si la familia fuera una máquina y cada persona una parte móvil.

Incluso los pájaros, a quienes reverenciamos, tienen un lugar especial entre nosotros. En casa removimos un ladrillo de la pared de la entrada para que una paloma pudiera hacer su nido ahí. Siempre llegaba una y se establecía, encontrando su lugar entre nosotros como un instinto que nunca entendí. Además alguien debía romper el pan viejo y alimentar a los pájaros para que se quedaran.

En mi pueblo, cada niño tenía una tarea simple por cumplir. Las niñas siempre cuidaban de los niños más jóvenes antes de que pudieran comer por sí mismos. Algunas caminaban con grandes cubetas llenas a la mitad desde el arroyo, que estaba pasando el pueblo. A veces corría con mi cubeta de metal mientras la golpeaba con un palo roto y el polvo seco del piso caliente se acumulaba en mis sandalias. En las tardes de verano, cuando el sol estaba en lo alto, íbamos al arroyo en la montaña en grupos pequeños y jugábamos en el agua. Plantas parecidas a las flores de loto adornaban la superficie, flotando como delicadas tazas de té.

Cuando regresaba a casa con la cubeta llena, pesada y derramando agua por todos lados, mi madre ya había terminado de preparar una bebida de yogur para el desayuno (hecha con leche fresca revuelta dentro de un barril). Había un olor de *naan* (pan) fresco, menta picada y tazas de té negro. En cuanto el último hombre se levantaba, la familia se reunía en la cocina grande y cálida, el corazón de la casa. Los niños eran felices y ruidosos, los padres se acomodaban en tapetes de seda pegados a la pared. Las mujeres se movían a través del grupo, deslizándose entre cuerpos sentados, justo como el arroyo de donde había tomado el agua, y servían fruta fresca, rebanada, en pequeños tazones.

Pero lo que más amaba de las mañanas en Waziristán era la pequeña ceremonia de entregar el agua, así era como yo contribuía y ahora lo pienso como una responsabilidad sagrada. Con esta agua, mi madre humedecía el piso de tierra de nuestra casa: sumergía sus manos y rociaba gotas de agua plateadas agitando los dedos. Cuando el piso absorbía el agua fresca de la montaña y se suavizaba, lo apisonaba y lo barría liberando una fragancia dulce y limpia de tierra húmeda. El suave perfume se elevaba y viajaba por toda la casa. Esa belleza invisible anunciaba a todos que el largo día había comenzado.

Antes de crecer lo suficiente para saber que existían cosas más allá de nuestro paraíso, lo tuvimos que dejar. Mi familia se mudó de esa casa de cuartos grandes y espaciosos, lejos de nuestras costumbres cuadradas y de la elevada posición que teníamos dentro de la tribu. Mi padre renunció a todo por sus ideales: quería que su esposa e hijas vivieran en una libertad relativa. Deseaba que todos recibiéramos una buena educación y sabía que tendríamos que escapar a los confines de nuestro pequeño pueblo para siquiera soñar. Ninguno de los miembros de nuestra pequeña familia sentía remordimientos por sus ambiciones radicales: cuando mi hermana Ayesha tenía seis años ya competía en debates por toda el área y escribía discursos sobre los derechos de las mujeres, democracia, trabajo infantil y ambiente; cuando yo tenía cuatro ya me permitían usar ropa de niño y correr sin control con una resortera por el pueblo; mi madre, a quien llamábamos Aami, cursó estudios universitarios, y mi padre, nuestro Baba (quien dio permiso a su esposa de no usar la burka), estaba en medio de todos como un maestro de ceremonias, rompiendo reglas antiguas con la osadía de un wazir de sangre caliente.

Ninguno de estos detalles me importó en ese momento, pero eran ofensas serias para los ancianos del pueblo. Ofensas para la tribu. Ofensas para Dios. Los ancianos ya habían encerrado dos veces a mi padre por sus ideas liberales. La búsqueda de conocimiento implica faltas, prisión y, en los peores casos, la muerte. Si todos íbamos a estudiar, la única opción era irnos. Pero nunca existió miedo en el ambiente. Eso era lo mejor de ser una wazir e hija de mi padre. No le temíamos a nada. Sólo nos mudábamos y vivíamos.

Y nos mudamos varias veces en los siguientes años, cada ciudad nueva me traía una historia llena de aventuras y extraños personajes, tanto héroes como villanos, todos ellos dieron forma a la mujer en la que me convertí. Incluso ahora, uno de esos viajes a través del valle sobresale como el lugar y el tiempo donde aprendí que mi mundo era una caldera de peligros, no sólo para mí, también para todos los que vivían en él. Fue un descubrimiento alarmante, cuyo horror, a pesar de todo lo que viví antes y después, nunca salió de mi mente. Con frecuencia, cuando pienso en mi infancia en Pakistán, recuerdo el momento en el que perdí lo que significaba ser niño.

Tenía siete años. Mi padre tomó un trabajo de maestro en la universidad en Miranshah, una ciudad moderna extendiéndose en una masa densa de concreto a través del valle bordeado por los picos del Hindu Kush. Cada nuevo viaje comenzaba de la misma manera. Mi padre y mi madre cargaban la camioneta con lo necesario como ollas para cocinar, colchones llenos de hojas secas, los polvorientos libros de mi padre, un par de pollos ruidosos... y partíamos. Nos dirigíamos al norte de Waziristán, y el camino era difícil y largo, con el viejo vehículo llevando a la familia a través de montañas que se acercaban en la carretera llena de tierra seca. Recuerdo el viaje como un trance: el paisaje cambiaba a medida que pasábamos pueblos donde nos deteníamos a comprar mangos y chabacanos en puestos en ruinas. Las carreteras eran angostas, llenas de rocas y el cielo sobre nosotros era un muro de luz y calor. Nos tomó un buen tiempo pasar de Waziristán del Sur al área norte.

∾

Al principio, mi vida en Miranshah no fue menos libre o feliz de lo que era en los impecables valles de Waziristán del Sur, o de cualquier otro lugar donde viví. Dormía en la sombra de las acacias y saltaba en los techos lisos de las casas. Nadé como niño en el río y corrí a lo largo de sus bancos de lodo. En momentos de tranquilidad dejaba que mi mirada se concentrara más allá de los valles grandes y poblados... hasta las traicioneras y legendarias faldas del Hindu Kush. No ponía mucha atención al hecho de que teníamos menos cosas, menos comida, menos ropa y estábamos todos embutidos en una pequeña casa de concreto dentro de una colonia universitaria.

Cuando mi padre me dio dinero para ir al mercado por comida, no tenía idea de que ese puñado de rupias sucias era tan difícil de conseguir. "Pobre" es una palabra que aprendí hasta que dejamos nuestro hogar para siempre. Para llegar al mercado local (o a cualquier lugar en la ciudad) tenía que escalar una pared de concreto y transitar por callejones; las monedas sonaban como pequeñas campanas en las viejas bolsas de mi playera y pantalones. Era el noveno mes del calendario lunar islámico y una luna creciente se mostró como una delgada uña en el cielo despejado señalando el mes sagrado del Ramadán.

Tenía una mochila llena de piñones que había recolectado en el bosque para intercambiarlos por tazas de arroz blanco o por una bolsa de fruta. Mi madre me envió con la advertencia de no quedarme deambulando. Dejé a mi familia en casa (ayunando desde el amanecer hasta el atardecer durante todo el mes) y salí por la puerta principal. Recuerdo el silencio de esa época. Podías sentir nuestra parte del mundo guardada en sí en un intenso rezo. Corrí hacia la pared de cemento, jugué sobre ella y caí en el angosto callejón. No vi a nadie. Siempre caminaba con el cuerpo un poco encorvado (lo sentía muy grande para una niña) y con las manos en las bolsas del pantalón. Me veía como un niño, determinado y rápido, que sabía a dónde iba. Había tomado ese camino muchas veces. Cuando llegué al final del callejón, escuché las revoluciones de un motor aumentar y luego detenerse. El aire trajo el caliente hedor de gasolina. Vi a un hombre vestido con un brillante y limpio *shalwar kameez* dirigirse hacia la puerta abierta del mercado y entrar en la oscuridad. La ventana abierta en un extremo del negocio enmarcaba la calle vacía de atrás como una pintura. Al final, había un pequeño mostrador donde un hombre viejo estaba sentado y medio dormido.

Caminé hacia el otro extremo a lo largo de una mesa que contenía canastas llenas de productos.

Otros dos hombres entraron al mercado detrás de mí. La amargura del sudor masculino vencía el olor de cilantro y cardamomo que siempre cubría el aire en la tienda. Me dirigí hacia las canastas de frutas en una esquina, vi una granada madura, la revisé con los dedos y la tomé.

Unos hombres se detuvieron alrededor de la tienda. Escuché murmullos y pies arrastrándose.

Afuera, en la calle detrás de la tienda, el motor de un auto se encendió de nuevo. Vi el carro acercarse, las ventanas se abrieron lentamente. Datsun. Incluso en ese entonces sabía de coches. Mi padre había tomado un empleo nuevo enseñando mecánica de autos y maquinaria en la universidad local. Su salón (donde pasé muchas tardes jugando) era una amplia bodega repleta de vehículos destartalados, partes de motor llenas de grasa sobre las mesas, como especímenes mecánicos, esperando a la siguiente clase.

Detrás de mí, los hombres en la tienda guardaron silencio. El hombre del mostrador se levantó y se asomó cuando el auto se detuvo junto a la ventana. Las puertas del vehículo se abrieron. Varias figuras salieron. Después, en un movimiento rápido entraron por la ventana. El aire en la habitación pulsaba. Nadie se movió durante varios segundos. Podía escuchar mi propia respiración, sentir mi corazón latiendo mientras se aceleraba. Luego uno de los intrusos sacó una pistola. Más tarde aprendería que era una Tokarev, de fabricación rusa, una reliquia de la invasión soviética en Afganistán y el arma favorita en esa parte del mundo. En los siguientes años vi la misma pistola muchas veces, icónica en nuestra área. Cargó la pistola, apuntó hacia delante y disparó tres veces en la cabeza del hombre que había entrado antes que yo. No pude mover un músculo. No sabía qué hacer. La confusión y el terror se apoderaron de mí. Escuché un jadeo y algo pesado golpeando el piso. Mis ojos buscaron otra cosa que ver, la pintura descarapelada en el techo, una tira rota en mi sandalia, la sombra de un pájaro que pasó por la ventana abierta. Pero tuve que mirar al hombre herido. Recuerdo que por alguna razón me sentí mal por su camisa y me enfoqué en eso, estropearon una vestimenta tan limpia y ya no tenía arreglo.

Un segundo hombre le disparó a otro en el cuello. Ahora había dos cuerpos sangrando en el piso. Al que le habían disparado en el cuello tenía la mano en el agujero de la bala tratando de tapar la herida sin lograrlo (o eso creí yo). La herida dejó salir extraños ruidos húmedos, como un bebé lactando. Por un instante pensé en mis hermanos gemelos, Sangeen y Babrak, en casa, durmiendo en su cuna compartida. Quería llorar. "No es real," me repetía una y otra vez. "No es real." Entonces, algún peso invisible hizo que el hombre se dejara de mover y sus manos cayeron al piso. Sus ojos se voltearon con rapidez y se quedó quieto.

El tercer hombre fue más difícil de matar a pesar de que ya había recibido varios disparos en la espalda. Se estaba sacudiendo en el piso y pateando. Se aferraba a cosas, al zapato del hombre muerto, a la pata de la mesa, a un cable; luego levantó el brazo y tomó con la mano bien abierta la pólvora caliente. Su sangre manchó el piso, dejó una marca de alas mientras el hombre cruzaba arrastrándose. Después, se detuvo. Sangraba por la boca y se sacudía como si el cable mandara corriente a través de su cuerpo. Los asesinos veían sin decir una palabra, parados frente a él, siguiendo su viaje en el piso hasta que se detuvo y no hubo dudas de que estaba muerto. Dos hombres se agacharon, tomaron el cuerpo y lo pasaron del otro lado de la ventana. Después cruzaron ellos.

Nadie vio en mi dirección porque me paralicé en medio de las mesas de fruta. El auto revolucionó luego de que los hombres colocaron el cuerpo en la cajuela. Me quedé con el hombre viejo, ambos mirándonos. Entonces el carro aceleró. Mientras el sonido del motor se alejaba mi cuerpo empezó a temblar. El olor en el lugar era dulce y metálico, como a monedas húmedas. Había un zumbido en mis oídos, nada más. En ese momento mi infancia cambió y supe que una parte de mí se había ido. De mi garganta salió un grito ahogado. Me quedé ahí parada por un momento, boquiabierta, con la granada todavía en mi mano y sangre fresca en mis pies.

No le dije nada a nadie cuando llegué a casa. No sé por qué. Nadie preguntó por las manchas en mis zapatos. La vida se transformó. Vivíamos en un mundo diferente, era tan simple y terrorífico como eso. Si pudiera pedir a Alá que borrara un solo recuerdo, serían esos minutos de matanza donde vi que los seres humanos asesinan a otros hombres sin piedad, y con una niña de testigo. Le dije a mi padre que la granada había sido todo lo que había podido llevar, se la entregué y me arrodillé para rezar.

2
EL MULÁ

Yo nací con tres nombres. La mayoría de las niñas pastún sólo reciben uno. Una semana después de mi nacimiento, mi padre se despertó de golpe mientras dormía. Años más tarde, me dijo que se levantaba de esa forma con frecuencia, sorprendido y perdido, seguro de que una voz lo llamaba. Se acercó a mi madre, sintió sus latidos golpeando al lado del hombro, y luego con delicadeza retiro su mano de la suavidad de su piel. Todo estaba tranquilo pero él no podía dormir. Su bebé dormía en una hamaca cerca de su cama, no era más grande que una hogaza de pan, envuelta en montones de ropa blanca: los bebés pastunes siempre duermen cubiertos de pies a cabeza (a cuello) para evitar que sus extremidades se muevan mucho. Cuando se paró, mi padre no se atrevió a tocarme, sólo acercó su mejilla a mi cara y dejó que mi respiración de recién nacida calentara su rostro. Siguió su camino en la oscuridad a lo largo del rugoso cemento de la pared, encontró su ropa en ganchos y las botas en una repisa de piedra junto a la puerta. Antes de salir, elevó unas oraciones, besó el tapete de seda adornado con joyería, y se dirigió hacia el este, donde el sol que todavía no aparecía se movía poco a poco desde el otro lado del mundo.

Mi padre me contó que afuera, en la carretera llena de tierra, sus pies encontraron el camino correcto en la oscuridad, como si una cuerda invisible enrollara su cuerpo y lo jalara. Los primeros toques tenues del amanecer repartidos en el terreno lo llevaron a lo alto de las colinas rocosas, allí donde las últimas sombras de la noche se desvanecen. Pasó los árboles de mango y las dos acacias muertas situadas como esqueletos guardianes al lado del arroyo, al final del pueblo. Al atravesar la puerta de acacias, Shams golpeó un tronco hueco, como hacen todos los que pasan por ahí, para escuchar el suave sonido del eco. Después brincó de piedra en piedra para cruzar el arroyo y dirigirse al valle.

Toda su vida pudo caminar kilómetros y kilómetros para terminar en ningún lado en particular y luego regresaba con un montón de mundos llenos de sabiduría. Me enseñó que la tierra es un solo lugar y que si partes hacia la eternidad, terminarás justo donde empezaste. Era noviembre, el aire era frío como hielo, las águilas volaban haciendo círculos y el sol seguía escondido. Sin importar qué tan crueles fueran los elementos, no impedían que mi padre hiciera sus caminatas ni evitaban sus pensamientos (que siempre tenían un propósito). A mí tampoco me han detenido las circunstancias o la incomodidad, recibí toda mi resistencia de él. Incluso ahora, aunque esté lejos de mi padre, con frecuencia camino en las afueras del lugar donde vivo, pienso en él, vagando, al otro lado del mundo.

Me contó que esa mañana caminó horas para despejar su mente, trazando el borde de una gran cuenca como la orilla de un tazón. Fui su segunda hija, nací sin ayuda en un pequeño punto de la tierra, donde podía ser sentenciada a muerte por perseguir cualquier ambición más allá de los roles de esposa e hija, por el simple hecho de soñar. Ni toda la belleza física que rodeaba a mi padre, ni cada milagro que presenciaba del suelo al cielo alterarían esa horrible verdad. Desde el ruido de mi primer llanto, la *purdah* esperaba a su nueva niña libre de pecados.

Nadie fue a ver a su nueva hija cuando nació. Nadie dejó monedas. Los rifles permanecieron en silencio, recargados contra la pared como bastones olvidados. No hubo un banquete. Sólo un presentimiento de mis padres. Él observó la luz del sol que golpeaba la pared de valles y picos. Esa mañana cumplí siete días, lo que representa un suceso sagrado para nuestra gente, y mi padre pensó en voz alta: "Si ya respiró una semana en Waziristán, puede seguir así para siempre."

"¡Maria!" gritó de improviso, con todo el aire de sus pulmones. Su voz se catapultó a través de la cuenca. Segundos más tarde, el eco de mi primer nombre regresó a él una y otra vez a través de la bóveda azul y se precipitó a lo largo de las montañas donde Alejandro y Salomón marcharon con ejércitos enteros. Cada ser vivo escuchó la reverberación de mi nombre y de los siguientes dos que siguieron. El mismo aire de Waziristán sabía quién era yo antes que yo misma. *Maria. Gulgatai. Toorpakai.* Después mi padre tomó su capa de lana y envolvió sus hombros para protegerlos del viento. Echó un vistazo a los rayos del sol y volvió.

Mi madre escuchó a su marido acercarse cuando pasaba por la puerta de acacias muertas. Su voz venía desde lejos, cantando coplas pastunes e invitándola a salir. A pesar de las horas que pasó caminando en los caminos congelados, corrió hacia ella. Las puntas de su bigote negro estaban blancas como si hubiera metido la cara en un tazón de azúcar. "Yasrab" le dijo mientras reía y le calentaba la cara con sus manos.

Mi madre sintió el espacio vacío en la cama cuando despertó durante los primeros susurros del amanecer y lo supo. Supo que mi padre, todavía a medio sueño, estaba fuera buscando en la superficie del cielo esos tres nombres, esos preciosos regalos para su hija recién nacida. Había hecho lo mismo para mi hermana Ayesha.

Mi padre jadeaba y se quitaba las botas cuando me vio observando hacia arriba en una canasta en la cocina. Yo seguía igual que cuando se fue, acostada dentro de mi ropa cómoda. La cocina estaba inundada de un calor perfumado: el aroma del comino esparcido y semillas de cilantro molidas Se sentía feliz de encontrar a su hija tan contenta. Mi padre se inclinó cerca de mi cara y sonrió, el invierno todavía lo congelaba y sus ojos cafés de alguna manera se veían azules, como si en esos pequeños domos hubiera atrapado un poco del cielo. Posó su mano en mi corazón y susurró sus regalos para mí.

Primero, en mi oído derecho recitó el *azan* como es la costumbre en esa parte del mundo. Luego se dirigió a mi otro oído.

"Tu nombre es Maria, por la pureza, porque la crueldad de nuestro mundo aún no te altera. *Inshallah* (si Alá quiere), nunca pasará. Segundo, te doy Gulgatai, porque tu cara rosada sólo revela la inocente promesa de un capullo de rosa. Todavía tenemos que conocer la gran belleza que yace escondida dentro de ti. Por último, serás conocida como Toorpakai, una chica con cabello negro que es la envidia de la noche más oscura. Maria, tienes tres nombres, pero sólo una vida. Vive bien con un propósito. Nunca tengas miedo, porque tú eres mi hija. Además de todo esto, en tu sangre, eres una wazir."

En ese momento me convertí en quien soy. Shams deslizó una moneda de oro en un doblez de la sábana. Todavía conservo esa moneda que me dio con tanto amor mi padre, con frecuencia la escondo en mi palma hasta que el metal se calienta. Nunca le he enseñado la moneda a nadie, ni lo haré. Cuando la sostengo en lo alto incluso la luz más tenue brilla como el sol de invierno que dio la bienvenida a mi padre. Sé que si fuera a buscar ese lugar al borde de nuestro valle, incluso después de décadas, escucharía el eco aún con vida de su voz bailando a través de las montañas de Sulaimán.

Años más tarde, cuando interrogaba a Shams con una pregunta simple sobre la vida, siempre me daba una respuesta muy elaborada.

—Baba, ¿de dónde vengo?

—Bueno, Maria, te atrapé con una red de pescar en el río Indo.

Nunca dudé de ese mito ni un segundo.

Después mi padre me dijo que Dios envió un gran león al Tíbet para hacerlo guardián del gran dador de vida, el río Indo. De ahí en adelante, cada niño de la tribu venía al mundo como estrellas a las que les dispararon y cayeron como hojas a sus hogares.

"Pero tú, Maria, no fuiste como los otros, nacida sin ningún cuidado. De alguna manera llegaste al mundo directamente desde la boca del feroz león. Es por eso que eres tan fuerte. Cuando te atrapé, rasgaste mi red al agitar los puños y se necesitaron diez hombres para capturarte."

Nuestra tierra, alejada del fortalecedor río Indo, era árida y rara vez llovía. Los monzones y océanos sólo eran bellos rumores, cuentos bíblicos que narraban los viejos, parches azules en los mapas. El mito de Shams sobre el río me quedó a la perfección. Tal vez nací con un fuego en mi alma que necesitaba apaciguar, porque daría la mitad de mi vida por arrojarme aunque fuera una vez al mar, por conocer la belleza de las olas y sentir cómo su estruendo eclipsaba el latido de mi corazón. Imaginé días enteros de lluvia, grandes gotas como diamantes cayendo del cielo... ¡qué extraño y hermoso sería ver el mundo vidriado y pulido, todo limpio!

Mi padre mantenía cubetas llenas de agua alineadas a lo largo de un lado de la casa. Cuando las veía vacías enviaba a algún niño del pueblo al arroyo para llenarlas de nuevo. El agua se mantenía fría por un buen tiempo bajo la sombra de la pared, algunas hojas o insectos caían sobre la superficie clara. Metía todo mi brazo y miraba fascinada cómo se me hacía la piel de gallina hasta el codo. A veces solo metía los labios en la fría superficie del agua y daba grandes sorbos. Incluso en verano, el agua siempre sabía a hielo.

Cada junio, el agua fresca se volvía un objeto precioso, pero nosotros teníamos un suministro abundante en el río cerca de nuestra casa. En el verano, Waziristán del Sur ardía con un calor que abofeteaba el aire haciéndolo brillar. Nubes de polvo soplaban en la tarde a través del valle. El polvo invadía todo: cabello,

ojos, nariz y pulmones. Lo encontré hasta en los pequeños agujeros de mis orejas, cubría mi cuerpo como una lija. Daba latigazos
y volvía áspera mi lengua, hacía que el sol mismo se viera de un
tono rojo sangre.

Durante esos periodos de calor me vaciaba cubetas de agua
encima, en algunas ocasiones lo hacía hasta cuatro veces al día. A
veces más. El peso de las cubetas llenas era demasiado para mis
brazos por lo que las arrastraba de la delgada manija de metal;
el agua se regaba e iba dejando un rastro que se evaporaba de
manera instantánea o era absorbido por la dura tierra del patio.
Nunca necesité una excusa para bañarme, era una obsesión que
mi padre alentó.

—El aseo, Maria, es la mitad de la fe.

—Entonces tengo más fe que cualquier pastún.

A veces Shams me llamaba *Taharah*, que, como Maria, es la
palabra árabe para pureza. Antes de las oraciones, la costumbre
demanda que el suplicante se incline ante Dios, en un estado de
taharah, libre de cualquier impureza, tanto en el cuerpo como en
la mente. Siempre jugaba en el patio con las cubetas de agua por
lo que nunca nadie me llamó al *wudu* (el baño ritual) antes de
rezar. Yo vivía en un estado de constante *wudu*. Cada semana,
Shams me traía barras de jabón blanco del mercado, estaban envueltas como pequeños regalos en papel de cera y olían a sándalo
y a otras fragancias que no reconocía. Me sentaba en el piso con
la barra en las manos y mi padre levantaba la cubeta para echarme el agua limpia encima y quitar el polvo de mi cuerpo.

Cuando nadie me veía, muchas veces comí pedacitos de jabón
igual que otros niños comen cucharadas de miel o terrones de
azúcar. El jabón del mercado siempre fue más dulce, y sólo necesitaba un pedacito; cuidaba quitar las marcas de mis dientes
usando el dedo pulgar. Nunca consumí tanto como para que alguien se diera cuenta, sabía que era un placer privado y peculiar
en mí. Una vez mi madre me atrapó mordiéndolo mientras estaba
agachada en la cubeta, escuché su respiración y lamí mis labios.

Cuando alcé la vista tragué con mucha lentitud y solté el tabique mordido. En algunas partes del mundo, me dijo, las madres lavan las bocas de sus hijos con jabón como castigo cuando usan un lenguaje inapropiado. Yo no sabía a qué se refería con un "lenguaje inapropiado," ya que nunca había escuchado algo malo en mi hogar. No podía imaginar una práctica tan rara como forzar a un niño a comer como penitencia algo que para mí era una delicia secreta. Chupando mis dedos y riendo le dije que su jabón no era tan bueno como el nuestro.

"No creo que haya un ángel en el cielo, Maria, que sea tan puro como tú. Dios quiera que el mundo no te mancille."

Cuando apenas tenía cuatro años y era muy pequeña para aventurarme afuera, pasaba la mayor parte del tiempo en el techo, parada en la orilla. El calor golpeaba de nuevo y todo volvía a la vida, casi siempre con sonidos vivos: canto de pájaros, estudiantes platicando, un hombre llamando a la oración. Luego de semanas arrastrando a través del patio rechinantes cubetas llenas de agua que apilaba en el muro, mis brazos crecieron con tal fuerza que ya no entraban en los vestidos, lo que para mí era una bendición. Me gustaba sentarme con las mangas enrolladas hasta los hombros y cerrar los puños, me gustaba ver los pliegues que se formaban en la piel. A veces creía sentir cómo crecía a pesar de ser aún muy pequeña.

Una mañana me desperté, me bañé en el patio y me senté en un banco en la cocina para que mi madre aceitara y trenzara mi cabello largo, lacio y *toorpakai*. Recitaba fechas y sucesos históricos como mantras que para mí no tenían ningún significado. Se pasó despierta la mitad de la noche estudiando para exámenes de religión e historia de Medio Oriente, metiendo hechos en su cabeza que después desaparecerían remplazados por los conocimientos para otro examen. Sentía sus dedos bailando en mi cabeza, deshaciendo nudos; mis largos mechones eran una tortura para las dos, pero por alguna razón cortarlos no era una opción. Nunca entendí por qué. A veces pensaba que era por mi nombre: "Si corto mi cabello negro, tendré que renunciar al Toorpakai y a un tercio de mí."

Más tarde esa mañana, la casa estaba vacía. Revisé las ventanas del frente, me quité el vestido amarillo y naranja y lo dejé tirado en el piso. Sin nada de ropa cómoda que usar —pues todo en mi armario estaba adornado con pesadas cuentas y cintas— me puse un camisón delgado y blanco. Cuando escalé una cañería vieja y oxidada a un lado de la casa, el dobladillo se atoró varias veces en clavos. Llegué hasta el techo y caminé de puntillas por la orilla como una acróbata mientras pensaba qué hacer en las siguientes horas. En esos días, todos estaban en la escuela y el tiempo era mi lienzo para pintar. De vez en cuando algún vecino pasaba a ver qué hacía pero la mayor parte del día estaba sola en casa. Dormía bajo los suaves rayos del sol y sobre un viejo colchón en el piso. Había un flujo constante de sueños en mi hora de pereza. Estaba perdida en el mar. La única sobreviviente de un naufragio. Una exploradora en busca de nuevas tierras. Una nube solitaria vagando. Un águila. Era todo.

Más tarde, almorcé en el techo, una taza de yogur, un tazón de lentejas y nueces. Bajé a lavarme en las cubetas y volví a subir, ahí fue cuando escuché las alegres voces de los hombres y aplausos que sonaban como lluvia. No tenía idea de por qué gritaban tanto, pero me llamaba la atención el ruido, la manera en que se elevaba al unísono y se sentía como música; sabía que el ritmo tenía un propósito especial que no conocía.

Cerré mis ojos y puse atención a la aguda charla a lo lejos. Busqué en la distancia pero no vi nada. El verde del follaje se enriquecía a medida que la luz se hacía más y más dorada. Después, una pequeña pelota blanca salió de entre la cima de los árboles. Parecía que planeaba, girando como si estuviera suspendida en el aire, luego cayó de nuevo. Alguien lanzó un grito y la pelota volvió a elevarse, más alto que antes. Esta vez, me puse de pie antes de que regresara a tierra.

Corrí rápido y sin zapatos. Fue fácil encontrar el camino. La única calle afuera de nuestra casa daba vuelta en una dirección, pasé varios grupos de casas a lo largo del arroyo y en el espacio abierto. Me desvié del camino hacia un parque en la suave pradera, unos cuantos pinos aquí y allá, que sólo había visto en la distancia. Ahora podía escuchar a los hombres tan claro como el día y caminé hacia ellos. Llegué a una colina desde donde veía un campo plano y amplio. Cerca había un gran sauce lleno de ramas en la ladera, y me puse bajo su sombra, recargando mis manos en el tronco retorcido. Me incliné y vi entre las ramas hacia el campo. A unos veinte metros había un gran grupo de hombres vestidos de blanco en contraste con el verde esmeralda del pasto recién cortado. Tanto brillo me hizo pensar que eran hombres santos. Vi a uno sosteniendo entre sus manos la pelota blanca. Otros estaban sentados en bancas o parados en el perímetro, viendo lo que sucedía.

Una larga red con agujeros muy grandes para atrapar peces cortaba el espacio a la mitad y en cada lado había unos hombres formados en dos filas y uno extra al fondo. El jugador con la pelota se estiró y tomó su lugar en la línea de atrás. Todos tenían cara de concentración; de repente arrojó el balón en el aire. Nadie hizo un solo ruido. Yo contuve la respiración. En un instante su otro brazo se elevó y golpeó el balón (con la palma de la mano) tan fuerte que fue directo al otro lado de la red. Un hombre del otro lado la golpeó de regreso antes de que tocara el piso, y continuó un asombroso ir y venir del balón. No me atreví a parpadear. Cuando el balón por fin tocó el suelo, la mitad de los hombres gritaron con una aprobación jovial, mientras la otra mitad abucheaba. Los ruidos se elevaron y volvieron a bajar, de pronto entendí que estaba viendo un juego donde sólo un lado podía ganar.

Desde mi escondite bajo el sauce, seguía el rápido movimiento del balón y sentía cada poderoso golpe con una extraña emoción que me robaba el aliento. Luego aprendí que el juego que practicaban los hombres en el campo del pueblo se llamaba voleibol. Era uno de los juegos más populares en el país, seguido por el *squash*. Con sólo cuatro años, agachada bajo el sauce y espiando el juego, supe que esto eclipsaba cualquier sueño que hubiera tenido, me había enganchado.

Después de un pequeño estudio, entendí las reglas básicas del juego e imité a los jugadores desde mi escondite, brincando y golpeando con mi pequeña palma un balón blanco invisible sobre una red imaginaria. El día se desvanecía con lentitud hacia el crepúsculo y sentí mi piel calentarse por los esfuerzos de mi juego. Entonces escuché un fuerte golpe y, como si fuera un milagro, el balón voló en mi dirección. Hizo una pequeña curva, golpeó el piso a 50 centímetros del sauce y rodó hasta detenerse. Por un momento no me moví. Nunca había sostenido un balón de ningún tipo. Jamás había practicado un deporte en mi vida. Sin pensarlo, salí de la cortina de ramas, mi piel estaba caliente y mi corazón acelerado. Pude sentir como se deshacían mis trenzas cuando corría para recuperar el balón. El sudor caía de mi pesado cabello hacia mi espalda caliente, donde la tela del vestido blanco se pegó a mi cuerpo como una hoja de papel. Sostuve el balón, era liso y de piel suave. Los hombres abajo vieron hacía la ladera y comenzaron a gritar en mi dirección. Aún con el balón apretado contra el pecho me dirigí colina abajo hacia ellos. Dos hombres de la multitud comenzaron a acercarse. Me llamaban. Impulsada por sus gritos, respiré, aventé el balón alto en los cielos y lo vi girar. Mi otro brazo y palma se elevaron, mis pies se separaron del suelo y golpeé el balón con todas mis fuerzas. Aterrizó en el campo lleno de hombres. Sus voces explotaron de repente y algunas de las figuras blancas fueron corriendo hacia mí, con las bocas abiertas en *shock*. Podía sentir mi mano ardiendo y miré hacia mi palma, tenía una marca roja. Mi destino cambió de repente, lo sentí. Así que me quedé quieta y esperé a que llegaran los hombres.

El primer hombre del grupo que se acercó cruzó las sombras de los árboles. Su *shalwar kameez* blanqueado de repente se oscureció cuando se paró frente a mí, viéndome, sin decir nada. Reconocí que era el primo del mulá de un pueblo cercano. Hacía una semana se había casado con una chica que fue a la escuela por un tiempo con mi hermana Ayesha. Quité mi mirada de él. En ese momento me di cuenta de que él golpeó el balón hacia donde yo estaba.

Los hombres que lo seguían eran todos altos y vestían de blanco impecable. No eran hombres santos. Reconocí a algunos como colegas de mi padre que vivían en el vecindario de la universidad, donde algunas veces daba clases sobre varios temas, desde poesía moderna hasta física. Había pasado una vida leyendo libros, memorizando hechos, fórmulas, teorías y versos, como si estuvieran todos en una cinta transportadora alimentando su cerebro.

Varios de ellos visitaban de manera regular nuestra casa, se sentaban en tapetes en la sala, comían rebanadas de fruta de platos blancos y siempre se enganchaban en discusiones que para mí parecían otro idioma. Asuntos internacionales. Política. A veces rezaban juntos sobre tapetes de seda en un cuarto especial cerca de la puerta principal de la casa. Después noté al mulá de nuestra mezquita, se acercó enrollando su gran barba gris con los dedos. Me miró hacia abajo y jaló una cinta roja de mi cabello.

—Me gustaría jugar —dije medio sonriendo, no tenía idea de lo mal que estaba.

—¿Crees que eso va a pasar? —me dijo. En la fresca sombra su rostro apenas mostraba rasgos, como el lado oscuro de la luna.

—No, no todavía, pero sí quiero jugar por eso pregunto: ¿Puedo jugar? —sentí un arroyo de sudor bajando por mi espina dorsal.

—¿Preguntando, a quién? ¿A Alá? ¿A mí?

—Les voy a ganar a todos. Usted me vio golpear el balón —clavé los talones desnudos en el piso.

Algo siniestro entró en los ojos del mulá. Todavía no sabía lo suficiente sobre el estado de las cosas fuera de nuestra casa para saber que había dicho algo incorrecto.

Después de examinarme por un momento (las pequeñas rasgaduras a lo largo de la bastilla de mi camisón, mis pies y brazos desnudos) el mulá colocó ambas manos a los lados de mi cabeza. Parecía que estudiaba su forma, apretando mi cráneo. Podía sentir como latían mis sienes. Un hombre detrás de él rio.

—*Inshallah* —susurré, cuidando mi comportamiento.

El mulá dejó una mano en mi mejilla, sosteniéndola con fuerza. Entonces vi su brazo derecho alzarse con la mano abierta, la luz del sol pasaba entre sus dedos.

La cachetada fue tan dura y rápida que sonó como un disparo. El aire en mis pulmones salió y caí al piso. La piel en mi quijada pulsaba con un dolor que nunca había sentido. Mi mente se aceleró con un miedo que no conocía. Amenazó con detener mi corazón, parte de mí deseó que así hubiera sido. Al instante, el interior de mi boca comenzó a calentarse y a llenarse de sangre.

Si pensaba que ya era todo, estaba equivocada. Me golpeó dos veces más sosteniendo mi hombro con la otra mano para evitar que cayera.

Cuando por fin me dejó ir, caí con mis rodillas en la tierra. Quería llamar a mi padre, al maravilloso río Indo para que fuera por mí y me llevara al Mar de Arabia, pero no dije nada, parpadeé viendo el suelo frente a mí. No podía respirar, sentía como si todo el aire se hubiera ido del planeta.

El mulá se inclinó a la altura de la cintura, limpió un poco de sangre de mi cara y la untó como si fuera jugo de una baya molida en un pedazo de tela que sacó de su bolsillo. Cuando vi su crueldad en ese simple acto, pensé que incluso podría matarme. No sentía mi piel. Seguía de rodillas, con miedo de moverme.

En vez de eso, me tomó de la barbilla y me obligó a contemplar su mirada.

—Una chica como tú es sucia —dijo el mulá, y me escupió en la cara—. Ve a casa con tu padre, niña sucia.

Cada hombre del grupo pasó detrás de él y me escupió antes de regresar a continuar el juego.

En cuanto escuché sus gritos de nuevo, corrí.

Cuando llegué a casa no había nadie, me quité el camisón delgado y roto, lleno de sangre y escupitajos. Fui a un lado de la casa donde estaban las cubetas y deseé que llegara mi Baba, como si al concentrarme muy fuerte fuera a aparecer. Me arrodillé frente al agua y vi la fealdad de mi mejilla golpeada. El dolor me pasmaba. Mientras miraba el fondo de la cubeta sentí una tristeza que sabía que no tendría fin. Ese día aprendí algo nuevo que nunca se borraría, sin importar cuánto tratara.

Me incliné hacia la cubeta y metí la cabeza entera, el golpe repentino de agua fría calmó el moretón. Pero en el interior, en ese oscuro silencio, liberé un largo llanto.

Una hora más tarde, cuando mis padres me encontraron, estaba acostada al lado de las cubetas volteadas y ni una gota de agua del río. Mi padre me llevó a la casa y envolvió mi cuerpo en sábanas blancas. Después me puso llorando y temblando entre el calor de él y mi madre. Acercó su cara a mi oído derecho y susurró mis tres nombres una y otra vez hasta que me quedé dormida. "Maria. Gulgatai. Toorpakai." Pero todo lo que escuchaba era "niña sucia."

3
UNA NOVIA DIFÍCIL

Si mi madre no se hubiera casado con mi padre, estaría muerta. Él la salvó, pero la primera vez que lo conoció, el día de su boda, le tuvo miedo. En la fecha establecida, cuando despertó en la gran casa de su padre, estaba hinchada de tanto llorar. Vio las paredes color caramelo de su cuarto, estiró las extremidades en la misma cama en la que había nacido, con lentitud llenó sus pulmones y contuvo la respiración.

Con apenas veinte años (hija de un viejo adinerado) ya era una solterona. Pero no podía más que el código tribal de cien años. Desde el momento en que la envolvieron cuando era bebé, cuando las mujeres rodearon su hamaca y rompieron pedazos de tela blanca para atar sus pequeñas extremidades, el destino la acechaba.

Aami se quitó las sábanas para ver el lucero de la mañana a través de las delgadas cortinas y lo maldijo al igual que a la tierra. El aroma de sangre de cordero todavía endulzaba el aire luego de tres días de banquete en preparación para la boda, y mi madre contaba que pensó que podría ser su garganta la que cortaron sobre las piedras calientes en el patio. Había historias de chicas que se bañaron en keroseno y se prendieron un cerillo. Las que escapaban no llegaban muy lejos, y cuando las capturaban, no vivían por mucho tiempo. Aami murmuró el nombre de su prometido, un hombre joven cuyo linaje se podía rastrear hasta antiguos

reyes; el sonido en su boca rodaba como una piedra: "Shams."
Una vez me dijo:

—Sin haberlo visto, ya lo odiaba.

En una esquina de la casa estaban sus zapatillas para la boda
una al lado de la otra, racimos de perlas adornaban las puntas
como flores congeladas cosidas en satén crema. A veces mi madre sacaba de un baúl viejo de piel (donde guardaba sus tesoros)
esas zapatillas envueltas en pañuelos para mostrármelas. Sus lin-
dos recuerdos me parecían inútiles, hasta que crucé el océano y
necesité los míos: la moneda de oro de mi nacimiento, las fotos
familiares que me dio mi hermana, el Corán de mi hermano, una
piedrita que tomé del arroyo unos minutos antes de dejar la casa
de la tribu y la piedra de Peshawar que me dieron los gemelos.
De vez en cuando, le gustaba esparcir sus recuerdos en el piso:
fotografías, pulseras de oro, una bolsa de seda bordada con or-
quídeas, monedas de plata sin brillo, una bolsa llena de anillos,
piedras lisas de río de la casa de su padre, una vieja chamarra
de mezclilla con parches en los codos y las zapatillas de novia.
¡Qué pequeñas eran esas zapatillas! Apenas podía meter la mano
en ellas.

El día de su boda, tras el desayuno, la familia de sangre azul
de mi padre llegó con la *jora*. El vestido de novia tradicional era
una cosa bellísima, pesado, lleno de perlas rosas, con bordados
dorados en espiral y una vía láctea de cristales incrustados en
pequeñas capas de seda. Incluso sin usarlo, el vestido se paraba
solo como una mujer. Mi madre estuvo en la recámara todo el
día cubierta de pies a cabeza como si no pasara nada. Desde la
cama veía la fila de ganchos donde planeaban colgar el vestido.
Había sostenido las herramientas, mientras su padre usaba un
martillo para poner cada gancho.

No había dormido mucho y cuando por fin lo hizo, perdió la
conciencia como si cayera a través de las capas hasta el centro de
la tierra; se despertó sin aliento y decidió memorizar cada marca
en la pared que le dio la bienvenida durante su infancia. Serían

recuerdos que le durarían hasta el siguiente atardecer. Sola con su pensamiento y consciente de que dentro de unas horas sería un lujo perdido, pensó en innumerables formas de escapar (aunque sabía que no podría).

Le he preguntado muchas veces a mi madre por qué no huyó.

—Maria, no tenía a nadie que me recibiera al fondo del precipicio. Además, no estaba destinado que fuera así. Alá tenía otros planes. Uno de ellos eras tú.

Con la ventana abierta escuchaba disparos en la lejanía, señales de un pueblo vecino. Estaba segura que eran de él. El *naksha wishtal*, un ritual de tiro al blanco con el que empieza el día de la boda en todos los pueblos, estaba por comenzar. Sabía que su padre iniciaría entregando el arco y la flecha al primogénito de cada generación, su tatarabuelo lo había usado para matar, uno por uno, a los invasores ingleses de todos los rangos en las cuevas de Tora Bora.

La noche anterior mi abuelo había preparado su arma ceremonial mientras mi madre observaba desde la cocina. Sentado en un tapete de seda, sacó una flecha imaginaria de la aljaba, la sostuvo entre sus dedos y se quedó quieto. Mi madre se acercó y cerró los ojos mientras él tensaba la cuerda. Todo podría terminar en milisegundos. Sin dolor. Cuánto deseaba que tuviera una aljaba llena de flechas afiladas y preparadas, aunque sabía que sólo necesitaría una. Mi abuelo puso el arma de lado cuando vio a su hija, recargó el codo sobre la rodilla y compartieron una mirada larga y peculiar. El momento estuvo lleno de cosas sin hablar, como si se estuvieran pasando una carta sellada. En el fondo estaban tan tristes que ni se atrevieron a decir palabra. En un día, de acuerdo con sus propias leyes, él ya no sería su padre.

Las reuniones *jirga* se realizaron entre los ancianos de ambos clanes y se establecieron los arreglos del compromiso a ciegas de mis padres: cuánto tendría que pagar la familia del novio en *walwar* como compensación por los bienes que la novia traería a su nuevo hogar, para restituir al padre la desgracia de haber

tenido que proveer ropa y alimento a una mujer desde su nacimiento hasta el día de la boda. En Waziristán, entre más alta
sea la riqueza y posición de la familia de la novia, más alto es
el *walwar*, o el "precio de la novia." Mientras más dinero paga
la familia del novio por la adquisición de la novia, más grande es
su estima por ella y hay mayores probabilidades de que la traten
bien. Cuando el *walwar* se da y el matrimonio se consuma, la chica se convierte en posesión de su marido y de su familia. Sin importar cómo la traten, pierde el derecho de quejarse o de buscar
la protección de su padre. Las *jirgas* locales se realizan al exterior
en un campo plano detrás del pueblo, donde los hombres se ponen
en un medio círculo bajo el toldo de una carpa blanca. Mi madre
vio desde la ventana de su padre cómo un grupo de jóvenes ponía
la tienda, estirando la lona sobre un esqueleto de tubos. Aami
vio una docena de hombres, tranquilos y sobrios, entrar a través
de una hendidura. Después un joven disparó una ronda con su
rifle y bajó la colina hacia su casa.

El primer día pasaron muchas horas sin descanso. A veces las
mujeres escuchaban gritos, repartían algunas palabras aquí y allá
para guardar silencio de nuevo. Los disparos señalaban el inicio,
clausura y descansos de cada reunión, y cada día, en varias ocasiones, los hombres bajaban a comer y a rezar. "Va a terminar
pronto, Yasrab, ya verás", le decían, pero no era así. Pasó una
semana, luego otra, y los hombres seguían gritando como perros
ladrando.

Los matrimonios entre tribus eran inusuales y mi madre no era
una novia común de Waziristán del Sur. La mayoría de las chicas
pastunes se casan con primos, primos hermanos, primo segundo,
primos terceros o por lo menos con un hombre conocido del pueblo (si no hubiera un hombre adecuado). La mayoría de las novias
eran menores de veinte años. Apenas una mujer de cada diez mil
tenía lo que ella: un certificado de secundaria, conseguido tras
caminar kilómetros a través de caminos de lodo y maizales para
llegar a la escuela y luego tomar clases por correo. Su certificado,

con caligrafía en espirales negras, estaba en un marco en la entrada de la casa para que todos lo vieran. Mi madre sabía gracias a sus estudios que vivía como muy pocas chicas wazir: era parte del diez por ciento que nace en un hogar que las alienta a asistir a la escuela, del tres por ciento que sabe deletrear su nombre, y fue una en un millón el día en que su padre le dijo: "Continúa, veamos qué aprendes después." Lo que siguió fue Shams, mi padre.

Cuando por fin el *jirga* llegó a su fin, los ancianos se levantaron y salieron de la tienda en una avalancha de emoción, brazos entrelazados como hermanos, rifles disparando y redobles que hacían temblar el piso bajo los pies de mi madre. Diez días. Tomó diez días unir dos destinos desconocidos para toda la eternidad. Cuando mi madre escuchó los dos nombres mencionados como si fueran uno supo que había perdido una parte de ella.

Su prometido era de una familia poderosa y mi madre creía que su unión era parte de un acuerdo complicado para terminar una larga disputa de sangre. Y sólo por eso, los ancianos esperaban que mostrara gratitud. La paz que se negoció usando a mis padres como instrumento no se escribió con tinta, sino con sangre, eso se lo explicó su padre. Existía la posibilidad de que hubiera algún tipo de violencia horrible, algunos hermanos habían matado a los hermanos de otros como a veces pasaba. Tal salvajismo, una vez provocado, detonaba olas interminables de crímenes, hasta que cada arroyo se pintaba de rojo. A Aami nunca le dijeron los detalles, pero no importaban tanto, de cualquier manera ya la habían vendido.

Por lo que mi madre sabía de los libros de historia, los pactos eran cosas frágiles que podían volar como papeles en el viento. Fue un trato lo que terminó en la Primera Guerra Mundial y de manera simultánea sembró las semillas de la Segunda. En 1893, por acuerdo con Abdur Rahman Khan, el "Emir de hierro" de Afganistán, los ingleses trazaron la Línea Durand a lo largo del Hindu Kush, que abarcaba las montañas entre Afganistán y Waziristán, para establecer su dominio. Los ingleses enfrentaron la ira de los guerreros pastunes y las flechas envenenadas del ta- tarabuelo de Aami. A pesar de ese acuerdo, cientos de tribus lo- cales se han movido con libertad por más de un siglo sobre la frontera. El líder talibán, el Mulá Omar cruzó por ahí de manera sigilosa cuando los ingleses regresaron a Afganistán con los es- tadounidenses después del 9/11.

Mi madre no tenía idea de por qué la habían escogido a ella de entre todas las mujeres del pueblo. Dicen que una tarde un mulá local la vio bajar de un autobús y caminar hacia la escuela. A pesar de que el velo tradicional pastún oscurece la cara, él supo con exactitud quién era, la única chica del pueblo que iba a la escuela. Mientras la observaba cruzar un maizal con la mochila en el hombro y leyendo en voz alta el Corán, vio en su inteligen- cia al peón perfecto. También percibió una amenaza. Antes de que lo supiera, mi madre se convirtió en el cordero a sacrificar para el clan rival, una ofrenda de paz llamada *swara*, donde las chicas, algunas de ellas muy jóvenes, se entregan para corregir algún error.

Y el clan opuesto escogió a Shams, mi padre, hijo de una tribu influyente, como ofrenda del mismo tipo. Al casarlos, los líderes de las tribus unían ambos clanes por generaciones. Los ancianos pastunes siempre planean el futuro como si fuera un juego lento de ajedrez que empezó hace mucho y que continuará incluso después de su propia muerte; se ven a sí mismos como una extensión de los ancestros, trazando una ruta de dominio sobre sus parientes. Para mi madre, esto significaba una sola cosa: el repentino final de su educación, todas sus solicitudes para la universidad hechas trizas para volver a la cocina; su plan de estudiar por un título en Lahore se desintegraba en espirales de humo negro. Cuando el acuerdo nupcial se realizaba no había marcha atrás.

Pero ninguno de los clanes sabía que cada facción escogió al novio y a la novia con mucho cuidado y en secreto, no como una oferta de paz, sino como una maldición y una sentencia. Mi padre, a pesar de pertenecer al linaje de reyes pastunes, había sido encerrado dos veces en un manicomio por interrumpir *jirgas* con discursos sobre los derechos de las mujeres para recibir educación, atención médica, herencias, comprar propiedades o simplemente tener y manejar un auto. Cuando los ancianos lo vetaron de las reuniones, tomó las calles, pintó versos en pastún demandando libertad en letras grandes y rojas en los muros de barro y en las rocas gigantes del valle.

Por su parte, mi madre había ido muy lejos con su educación. Sabía más de lo que era prudente, su inteligencia crecía como una llaga en la cara de la tribu. La ignorancia asegura a una mujer dentro de la casa, pero era raro que Aami estuviera encerrada; muchos hombres la habían visto escondida entre líneas de árboles de mangos con un libro abierto entre las manos (no siempre el Corán). Pensaban que no pasaría mucho tiempo antes de que se dejara ir con sus ideales románticos y sellara un destino peor que la muerte. Así que en vez de sentenciarlos a ser apedreados o al manicomio, los condenaron a estar juntos.

La mañana de la boda, ni el padre de mi madre ni su futuro yerno permitían que el otro perdiera en la competencia de tiro al blanco, así que el juego tardó más de lo acostumbrado. En esa fresca mañana azul, los hombres encontraron en su tranquilo juego una genuina e inesperada amistad. Más tarde, la novia y el novio estuvieron de acuerdo en que fue una señal de Alá.

Sólo cuando alguno de los tiradores diera en el centro de la diana podían comenzar las celebraciones del matrimonio. Las mujeres ya estaban reunidas en el cuarto de mi madre, rodeándola. Sus primas habían adornado sus manos y brazos con patrones de henna (flores y pájaros). Colocaron anillos con piedras preciosas en sus delgados y temblorosos dedos. Cuando ya estaba cobijada en su *jora*, todo su rostro y cuerpo se oscurecieron, hasta las zapatillas. A través del velo se veía poco. Las formas se movían como espectros en la luz borrosa. Sentía su respiración enterrada bajo las capas satinadas, el perfume de aceites en su piel y su cabello trenzado la agobiaban como una droga.

La mujer del pueblo con más hijos, siete en total, le había trenzado el cabello tejiendo listones entre los gruesos mechones. A mi madre le parecía que no dejaban de llegar mujeres a adornarla mientras la mañana transcurría. Pensó: "Cómo tratan de disfrazar con belleza una cosa tan fea." No sería la misma cuando se viera de nuevo sin adornos. Cada centímetro de ella, incluida su mente, le pertenecerían a su marido. Tenía que resistir las ganas de quitarse el vestido y salir corriendo.

Cuando llegó la noticia de que mi padre y mi abuelo materno habían dado en el blanco en un empate sin precedentes, las mujeres se vieron unas a las otras con asombro. Alguien dijo que era una señal favorable, pero nadie dijo de qué. Entonces Aami escuchó los tambores, el crujir de disparos en el cielo y supo que los hombres (en la gran procesión conocida como *janj*) se acercaban como una tormenta de música para envolverla en seda y llevársela. Sintió que el piso desaparecía y la colocaron en una cama con flores.

En la mezquita, mi madre por fin vio su cara. Estaba parada frente a él mientras el *pesh imam* murmuraba pasajes sagrados y lo observó a través de la hendidura de su velo. De alguna manera, leyendo sus pequeños movimientos, su prometido echó un vistazo y sus miradas se encontraron. Los ojos de él le parecieron muy profundos y claros. Él sonrió, pero ella tenía miedo. Vio más allá de su cara hacia las grandes manos cuadradas colgando a su lado y escuchó su voz repetir los rezos del mulá. Su mandíbula podía haber sido cortada con un cuchillo de caza. Después llegó su turno de hablar. Sin aliento Aami recitó el nombre del padre de su prometido tres veces. En su turno, él prometió cuidar de ella como de todas las mujeres en su casa. Con esos pronunciamientos llenaron el contrato de matrimonio (llamado *nikah*) y un cambio sucedió en el mismo aire que mi madre respiró. Estaba casada.

Al anochecer, viajaron como marido y mujer en un auto decorado con flores y campanas. Los rifles tronaron. Resonaron canciones y tambores. Mi madre ya no tenía el velo. La luna llena iluminaba el mundo con una luz plateada y mi padre no dijo ni una palabra mientras partían. El rugido del motor era todo lo que ella escuchaba. La noche cayó con rapidez, las colinas se oscurecieron y veía las hordas de insectos como humo en el brillo de los faros. Le pregunté varias veces a mi madre sobre el viaje de una hora en las carreteras lodosas entre las montañas.

—No tenía idea si era un demonio o un dios, pero tenía mi vida entera en sus grandes manos.

Cruzaron la frontera hacia el pueblo de mi padre y dieron vuelta pasando la mezquita hacia una calle estrecha. Después de una curva mi madre vio su nuevo hogar, donde yo nací, emergiendo de la noche. La casa se erigía como una fortaleza en la cima de una colina coronada con abetos azules. Mi padre tuvo que detener el auto para abrir las grandes puertas principales, mi madre bajó del carro todavía envuelta en su *jora* para ayudarle. Juntos empujaron las barras de hierro de nuevo a su lugar. Vio un pesado candado colgado en la puerta y notó que su marido guardaba un anillo con muchas llaves en su bolsa. Se preguntaba si las llaves eran para mantener a la gente fuera o dentro.

El recinto era muy oscuro, sólo unas pocas lámparas iluminaban los pasillos mientras mi padre guiaba a su esposa a través de las escaleras. Sus pisadas de seda susurraban en el piso de tierra. Continuaban sin decir una palabra, no intercambiaban ni un comentario, ni siquiera cuando se tropezó en un escalón. Mi madre se quitó su hiyab de la cabeza. Me dijo que se concentró mucho en cada movimiento y en no pensar en el futuro porque significaba entrar en pánico. Entrar en pánico era escapar, y escapar era sentenciar a mi abuelo a una vergüenza para toda la vida y enfrentar una muerte segura.

En una esquina de la casa, mi padre se paró frente a un conjunto de puertas y luego llevó a mi madre hacia el área social de la casa. Se dio cuenta por los muebles que estaba en la sala y aceptó la silla que le ofreció. Cuando se sentó, su incómodo *jora* se arrugó mientras ella tiraba de él. Deseaba quitarse el sarcófago de tela, pero odiaba la idea. La anciana le había dicho que era su responsabilidad sagrada realizar cualquier cosa que se le pidiera. Notó un libro abierto en la mesa y eso detuvo sus pensamientos. Echó un vistazo a través de su atuendo y dijo en voz baja: "Moby Dick." De alguna manera mi padre escuchó ese murmullo y se detuvo a mirarla. Se acercó a su esposa aterrada con una caja en las manos y se arrodilló frente a ella.

—Creo que has venido a probar mi sabiduría Yasrab. Puedo ver por tus ojos que adoras el sol y por tu gracia que eres una reina.

Mi madre todavía recuerda el *shock* que le causó ese extraño momento. Sintió cómo sus dedos movieron el hiyab para revelar su rostro completo. Él era amable y nunca tocó su piel. Tenía el cuerpo flojo por el miedo y estaba segura de que él podía olerlo. Incluso a mediana edad, mi madre nos dijo que si cerraba los ojos todavía recordaba cada palabra de su primera conversación, el sonido de su joven voz en ese momento y todo el horror que tenía.

—No soy la Reina de Saba y tú no eres el rey Salomón.

Mi madre me dijo que mi padre rio tan fuerte que sus ojos se inundaron de lágrimas y agitó su cabeza tantas veces que parecía sonaja. Después tomó la caja y la abrió. Sacó una prenda azul, se levantó y desdobló una chamarra de mezclilla, los botones plateados brillaban como monedas. La acomodó sobre sus rodillas, colocó su hiyab en los hombros, liberando sus trenzas y el calor que había ahí.

—Entonces te haré una.

En esos pocos segundos absurdos, mi madre pensó de inmediato que la habían sentenciado a casarse con un loco. Tomó la rígida chamarra.

—¿Qué quieres que haga con esto Shams? ¿Usarlo sobre mi burka o sobre mi cabeza?

—Es una chamarra de mezclilla Levi's, de Estados Unidos. Mi regalo de bodas para ti. Y no espero que uses nada en tu cabeza a menos que tú lo decidas. Dentro de estas paredes, y conmigo, eres la reina de la casa.

En la noche de bodas, mis padres permanecieron juntos frente a un espejo, ambos vistiendo mezclilla, ella su chamarra azul y él unos pantalones. Riendo, viéndose el uno al otro una y otra vez, percibiendo un mundo de posibilidades desplegándose en sus opiniones comunes... Estaban sorprendidos, era como si hubieran descubierto un continente completo en un día.

—La primera vez que me habló, Maria, sus palabras golpearon mi corazón. Era un milagro. En una semana estaba de vuelta en la escuela.

Dos semanas después, una chica de dieciséis años huyó con un chico de su misma edad en una carreta hacia Peshawar. La joven pareja explicó que sólo querían casarse, pero eso no le importó a sus perseguidores. Fueron arrestados y sentenciados a muerte. La familia del joven tuvo que pagar a la familia de ella para compensar la vergüenza que sus pecados habían llevado a la familia. Cuando el dinero se pagó, el ofensor fue ejecutado con un disparo en la nuca ya que ningún castigo podía deshacer lo que había hecho. La familia de la mujer ya la había prometido a un hombre del pueblo que perdió a su esposa en el parto. No hizo ninguna diferencia que rezara cinco veces cada día en un perfecto estado de *wudu*. La vergüenza cayó sobre su familia como una plaga de langostas y el pueblo permaneció quieto cuando se levantó la tienda del *jirga*. La chica tenía huesos pequeños y unos ojos tan azules que muchos pensaron que era una señal de impureza.

Desde la azotea de la casa de mi padre, mi madre tenía una vista perfecta de la zanja donde se llevaban a cabo las ejecuciones. Se obligó a observar lo que le pudo haber pasado si el destino le hubiera escrito algo diferente. El día de la lapidación los hombres se acercaron en un grupo y rodearon a la joven, la cual ya tenía la toga y el velo con los que sería ejecutada. Amarraron una pesada cuerda a su cintura para jalarla como si fuera una cabra.

Tomaron a la chica por los hombros y sostuvieron su cara para que estuviera derecha y viera hacia delante. Un señor de barba se paró frente a ella y leyó en voz alta el terrible castigo. Mi madre vio cómo se movía dentro de la pesada toga e inclinaba la cabeza con lentitud. Alguien le preguntó si estaba de acuerdo con la sentencia antes de matarla y ella asintió. Aami se preguntaba por qué aceptaba la mujer si no tenía culpa alguna. Quería gritar "¡No!" Pero sólo lo susurraba al viento, escondida en la seguridad del techo. Sus ojos se movían de un lado a otro, desde el hoyo pocó profundo delante de ella hasta al hombre silencioso con la kufiya roja. El blanco de sus ojos brilló, mi madre pudo verlos incluso desde donde estaba. Suplicaba. La chica todavía tenía esperanza de misericordia y extendía sus manos hacia el hombre que tal vez era su padre; pensó en voz alta que sólo pediría misericordia a Dios. Luego, el de la kufiya se acercó al señor de barba que tenía las manos sobre su prominente panza. Aami se esforzó por escucharlos y guardó cada palabra como sacramento en la memoria.

—¿Te gustaría decirle algo a tu hija?

—No.

—Pídele que me perdone antes de que Dios lo haga. Por favor.

—Todas las chicas piden esto al momento de la lapidación. Es común. Y te voy a decir lo que le decimos a cada hombre en tu posición: "Alá te recompensará por perdonarle a tu hija algo tan grave como tu vergüenza."

—No, no está en mí perdonarla. No puedo.

—Baba, perdóname, perdóname.

—No. No me llames así. Ya no eres mi hija y ya no soy tu padre.

—Está bien. Ya no eres su padre, pero ella lo pidió, debes perdonarla. Tenía planeado hacer eso con aquel hombre y debe servir para lanzar una advertencia a otras mujeres que se crucen con tipos como ése.

—Perdóname, perdón, perdón…

—Sólo hazlo, por más que te moleste. En unos minutos, Alá la va a perdonar de cualquier manera.

—Baba, perdóname.

—No me llames así. Ya te dije. Está bien, te perdono. ¿Ahora puedes guardar silencio?

—Bien, eso es todo. Llévenla al hoyo y átenle los pies.

Sus manos estaban amarradas a su cintura, el padre se detuvo dos veces para apretar la toga en el dobladillo de los pies. Parecía que tenía prisa, sus ojos estaban en otro lado. Con cuidado la arrastró al hoyo mientras los demás examinaban rocas. De manera instintiva ella se arrodilló aunque tenía los ojos cerrados. El hombre de la barba asintió con la cabeza y le dijo que hiciera una oración. Así lo hizo, pero sus palabras fueron poco más que aire y Aami no las escuchó. Después le ató los pies para que no pudiera correr. Cuando una mujer lograba escapar viva de la lapidación se le permitía vivir.

—Dame la mano padre. Sostén mi mano un momento.

Mi madre escuchó esas palabras varias veces y apretó los puños. Podía sentir las frías manos de la chica resbalando de las suyas.

—No.

—Dame la mano.

—Mi mano no puede ir de tu mano a la piedra que te va a matar.

La joven recargó su cabeza en la arena que la rodeaba y esperó mientras susurraba oraciones entrecortadas. La primera y la segunda piedra la hicieron llorar provocando un eco y se sacudió de un lado de sus ataduras. Cada hombre tomó un turno, cada piedra cayó directo en su cabeza y tras varios golpes se quedó quieta y en silencio. Mi madre vio hacia otro lado y se odió por ese momento de cobardía. Reunió todo su aliento y lo contuvo. Donde unos minutos antes había un rostro pálido de ojos azules, ahora había un río de sangre. Mi madre me dijo que se forzó a ver la escena sin parpadear, los ojos fijos en el cuerpo desplomado y contorsionado en el hoyo. Para finalizar, el hombre de la barba se acercó y pateó a la chica para descubrir que todavía se movía. Luego le hizo señas a otro hombre para que presentara al avergonzado padre con la enorme piedra de la salvación. Sin dudarlo por un segundo, el padre levantó la pesada piedra con una tremenda fuerza y un torrente de ira en su interior. De pie a no más de un metro de su hija casi muerta, aventó la piedra como una catapulta en su ya arruinada cara. Y así murió.

Tras atestiguar la ejecución de la joven, mi madre examinó el Corán una y otra vez. Al no encontrar una sola palabra sobre lo que acababa de observar, le pidió a mi padre que le preguntara a un hombre santo lo que tenía que decir sobre el ritual. Mi padre regresó a casa con una granada en la mano. Se la ofreció y le contó lo aprendido en la oración de la mañana.

—La mujer tiene que ser enterrada hasta el pecho, sus manos y pies se atan por si trata de escapar. Las piedras que se escogen no deben ser muy grandes para no matarla de uno o dos golpes, ni muy chicas como guijarros.

Mientras mi padre hablaba, descendió como si se hundiera en el piso y tomó los pies de su esposa:

—Perdóname Yasrab.

—¿Por qué?

—Viniste a mí para probar mi sabiduría y te fallé. No tengo una respuesta.

—Pero me acabas de decir lo que te pedí.

—Perdóname. Sólo dime que lo harás.

Mi madre siempre dice que fue en ese momento, cuando mi padre la veía hacia arriba con una cara de decepción y suplicando, que sintió que su matrimonio era sagrado. Sabía que estaba a salvo.

—Está bien Salomón, te perdono. Ahora, levántate del piso y toma mi mano.

4
GENGHIS KHAN

Renuncié al nombre de Maria cuando tenía cuatro años y medio en el Valle de Dios (Dera Ismail Khan), al oeste del río Indo, a cinco kilómetros al interior de sus bancos de lodo. Ahí vi por primera vez el río que me dio a luz, también conocido como Abasin, llevando su agua plateada a lo largo de vastas planicies verdes. Esto ocurrió cuando nuestra familia se mudó de Waziristán del Sur, a la provincia de Jáiber Pajtunjuá. Llegamos a la agradable ciudad a medio día en una camioneta blanca. Nuestras pertenencias estaban amarradas en paquetes enormes, dos pollos ruidosos en una jaula, botellas de agua, muchas naranjas rodando por todos lados, un tocadiscos y los pesados libros de texto de mi madre en nuestros pies.

No era un exilio, sino un éxodo, uno de muchos que vendrían. Habíamos viajado más de trescientos kilómetros de nuestro hogar tribal, en una pequeña carretera que corría por la extensión sur del Paso Jáiber. Bajo el fuerte calor de principios de verano y sobre el camino del pueblo de mi padre hacia la ciudad, nuestra vieja camioneta pasó a gran velocidad a través de la neblina de la carretera Daraban. Nos mudamos a un área conocida como la cuna de los estudios superiores, llena de colegios y universidades (y en todos aceptaban mujeres). Pocos meses más tarde, mi madre entró a tomar cursos durante cuatro años hasta que terminó la licenciatura en Historia.

El primer regalo de bodas de mi padre fue la chamarra de mezclilla a medianoche, el segundo (que llegó años más tarde) fue continuar con sus estudios. No más cursos por correspondencia o largos viajes entre las montañas para asistir a clases. Cuando mi padre dijo a los ancianos del pueblo que se mudaría con su familia le creyeron el cuento de que era para tomar un puesto de profesor en ingeniería en el politécnico. No mencionó la carta de aceptación de la Universidad Federal que mi madre mantenía doblada en su bolsa y leía una y otra vez.

Un delgado muro de barro señalaba el perímetro de Dera Ismail Khan. Para mí, la puerta de entrada parecía una arcada secreta hacia una ciudad agradable llena de gente. Los primeros vistazos me dejaron fascinada: avenidas de tres carriles, tan anchas como ríos inundados, autobuses y grandes camiones, motocicletas zigzagueando, hordas de bicicletas. Y muchas personas por todos lados, paseando o charlando en grupos: musulmanes caminando entre hindús, sikhs, punyabís, baluchis, jats y pastunes (ricos y pobres), a todos se les conocía como derawals.

Nuestra camioneta tomó la avenida que se dirigía hacia la universidad de mi padre, el polvo se agitaba, los pollos protestaban y mi madre me sostenía en su brazo mientras reía. Estaba embarazada, su panza era tan grande y tan redonda como un tambor. La frotaba muchas veces como si fuera Buda. Mi hermana de ocho años, Ayesha, que empezaría la primaria en la escuela local para niñas, iba sentada del otro lado. Taimur, al frente con mi padre, llevaba un mapa entre las manos. Entramos al vecindario donde vivían los empleados y profesores de la universidad, todo era lento y tranquilo. Estaba lleno de privadas pequeñas, serpenteantes y todas las casas tenían estuco blanco. Detrás del vecindario descendía un enorme valle hacia un río, con montañas a la distancia.

Luego de un mes de habernos mudado, mi madre se fue a mitad de la noche y desapareció por varios días. Ahora sé que estaba en el hospital de maternidad local, dando a luz por cuarta ocasión, pero por primera vez en un cuarto brillante y limpio.

Días después mi padre guiaba a mi madre por la acera, ambos con una sonrisa de oreja a oreja y cada uno cargando un pequeño bulto envuelto. Supuse que salieron a pescar bebés al río Indo. Qué suerte que mi papá tenía una red grande porque atraparon dos.

Llamaron al primer niño Sangeen Khan. Al séptimo día del nombramiento ritual, mi padre me ofreció una moneda de oro y se arrodilló ante mí con el segundo gemelo.

—Este es para ti Maria. La corriente lo llevó a mi red justo cuando iba a levantar a Sangeen. Noté que tenía dos pequeñas cortadas en la cien, ¿las ves? Y supe que era tuyo.

—¿Qué son esas marcas?

—Son de los dientes frontales del Gran León, Maria. Él marcó tu cien de la misma manera. Toma a tu hermano y dale su nombre, Babrak Khan.

Estiré mis pequeños brazos y sostuve al bebé dormido. Sentí su respiración de recién nacido latiendo contra mi mejilla y acerqué mis labios a su pequeño oído.

—Babrak Khan. Nunca tengas miedo porque eres mi niño. Yo te cuidaré.

Y luego, en su oído derecho y con todo el amor que existía en el mundo entero, susurré el *azan*, nuestro llamado musulmán a la oración.

✑

Cada mañana, todos los miembros de la familia (excepto los gemelos y yo) se preparaban como viajeros, con mochilas en los hombros, el almuerzo guardado y salían a las soleadas calles de Dera Ismail Khan para dirigirse a clases. Mi padre acompañaba a Ayesha y Taimur a la escuela primaria local antes de ir a la universidad donde impartía sus lecciones, mientras que mi madre tomaba el autobús hacia sus propias clases. Mi padre siempre se movía a pie aunque tuviera que ir lejos o tuviera prisa.

Cuando caminaba, la gente ponía atención en su alta y noble figura. Hasta el día de hoy, dicen que Shams Wazir camina como un general.

Pasar horas a solas era una rutina para mí, mi soledad era mi segunda naturaleza, pero ahora, dos pequeños infantes poblaban la tranquilidad de mi mundo. En vez de ir a la escuela, tenía que quedarme en casa a aprender a ser mamá, y rápido. Y lo hice. Ayesha mostró que tenía dones académicos, leía libros de texto simples y aprendía inglés con velocidad. Yo era muy joven pero tenía poco interés en los libros y un gran compromiso con mis hermanos gemelos. Todavía no tenía ni cinco años y ya me sentía como un adulto. Igual que muchos niños pastunes, crecí con rapidez en la tribu. No tenemos opción.

Mi madre comenzó a asistir a la escuela de medio tiempo, iba varias tardes en la semana. En los días que estaba en la casa, con frecuencia usaba su tiempo para darme clases de escritura, lectura y matemáticas. En la tarde-noche, cuando mis padres regresaban con las mochilas llenas de papeles, con los párpados hinchados de tanto leer, se sentaban a descansar bajo la luz de la lámpara de nuestra pequeña estancia. Les llevaba té verde en pequeñas tazas y les entregaba a Sangeen. Pero Babrak era todo mío y se quedaba conmigo el mayor tiempo posible, mis padres sabían exactamente lo que hacían.

Con frecuencia, antes de partir hacia la universidad, mi madre aceitaba y trenzaba mi cabello con largos listones brillosos. Me vestía como las muñecas que siempre rechazaba o desfiguraba con plumas. Ella disfrutaba mucho de estos rituales, pero yo no. De vez en cuando, un anciano tocaba a la puerta con una pila enorme de vestidos doblados atados en una sábana blanca que equilibraba en la cabeza. Su esposa era costurera y él vendía sus creaciones de puerta en puerta. Durante semanas, mi madre vendió latas limpias en el depósito de metal, ahorró lo suficiente en un jarrón y compró dos o tres prendas de un jalón, cada una más extravagante que la anterior. Y todas eran mi tormento.

❧

Cuando los gemelos tenían seis meses, mi madre comenzó a tomar más clases y con frecuencia se iba días enteros. Siempre dejaba una botella pequeña de leche de cabra que aprendí a calentar en un sartén poco profundo (nuestro único elemento eléctrico) y medía la temperatura con una gota en mi muñeca. Me gustaba lamerla, tan dulce y blanca como una perla en mi piel. Cuando los gemelos comenzaron con comida sólida, disfrutaba mucho preparando su comida. Pelaba mangos, los molía con un tenedor y pronto descubrí que podía pulverizar cualquier cosa para hacer comida de bebé: *naan* remojado en sopa, arroz blanco hervido con lentejas, una mandarina. Los gemelos aceptaban todas las papillas espesas y extrañas como si les hubiera ofrecido maná hecho por Dios. Con los dedos tomaba pequeños bocados de comida de un tazón y se los daba cuando se sentaban en el piso, los dejaba caer hacia sus bocas abiertas y sin dientes.

Cuando estaban satisfechos, sus pequeñas manos pegajosas por el jugo de mango tomaban mis trenzas y los llevaba al jardín. Paseaba bajo el sol recitando versos del Corán llamados *aleyas* y meciéndolos hasta que mis brazos se cansaban. Entonces, colocaba a mis hermanos en una alfombra de sábanas bajo la sombra, siempre los vigilaba porque les gustaba tomar cualquier cosa con sus pequeñas manos. Una vez, atrapé a Sangeen con una piedra en su boca y aprendí mi lección. Con el tiempo se cansaban, veía por unos minutos cómo se dormían juntos, me aseguraba de que su sueño fuera profundo y trataba de adivinar qué verían detrás de sus pequeños párpados. Con gentileza envolvía sus cuerpos con ropa, como si fueran paquetes y deslizaba cada uno en su hamaca como semillas en una maceta. Hacían sonidos suaves cuando dormían, como pájaros.

Mientras los gemelos dormían, pensaba en dejarlos en sus hamacas, ponerme las sandalias y salir a pasear al vecindario. Un día me prometí que correría hasta el río Indo, para verlo resplandecer a lo largo del campo y por fin saludar el Abasin. Hasta que eso sucediera, me restringí a la pequeña y tranquila calle privada y por lo general sólo me sentaba en el umbral de la puerta principal. Una mujer saraiki que vivía del otro lado, con frecuencia venía a ver cómo estaba, o mejor dicho, a ver a mis hermanos bebés. A veces me ofrecía una taza de yogur fresco o yo le llevaba suero de leche, con el que nos hacía masa para el *naan*. Su piel indoaria clara tenía marcados rasgos tan simétricos que parecían pintados y sus largos mechones de cabello negro brillaban cuando se movía. Encerrada en mi tribu pastún sólo veía rostros como el mío y al principio su elegancia exótica me fascinaba. Nunca había visto ojos tan grandes, y todos sus hermosos hijos (que siempre se movían en manada alrededor de su cintura) se parecían a ella.

Nuestros vecinos saraiki con frecuencia me admiraban por mis vestidos bordados y por mis largas y elaboradas trenzas, se maravillaban con la yuxtaposición de mis delicados adornos y mi postura tribal fuerte. Los músculos de mis brazos eran tan grandes como aguacates por cargar a los bebés todo el tiempo. Cuando caminaba alta y orgullosa (a fin de cuentas hija de mi padre) se adivinaba que venía de una larga línea de guerreros wazir.

Muchas veces, al anochecer, la privada se transformaba en un escenario iluminado, un farol solitario alumbraba un par de músicos reunidos bajo la lámpara. Con el primer golpe fuerte del *dhol* (un tambor doble cubierto con pompones) todos los punjabi del vecindario se juntaban en la calle y comenzaban un *bhangra* (baile en el que sacuden cuerpos, caderas, brazos y pies; la gente del vecindario lo llamaba la "forma feliz"). La música resonaba en mi pecho, me sentaba y los veía con asombro.

∾

Cerca de mi quinto cumpleaños, me di cuenta de que no era una hija típica de tribu, ni siquiera era una niña normal. Si me dieran a escoger, preferiría jugar en el lodo con Taimur, lanzar un balón o disparar canicas, que sentarme a jugar a las muñecas con mi delicada hermana, Ayesha. Al fin le dije a mi padre que quería usar ropa como la de mis hermanos. Me escuchó, me subió a sus piernas y asintió con la cabeza riendo bastante fuerte. Todos en la familia habían notado que era más masculina que femenina. Al poco tiempo, mi generoso Baba llegó del bazar con unos *shorts* amarillos y una playera para que los usara en la casa. Pensó que no saldría a la calle vestida así, cosa que hice siempre que no me veían. A veces, reflexiono en el pasado y creo que ese *outfit* brillante y masculino cambió mi vida por completo.

Un día paseaba con mi ropa deportiva siguiendo la delgada estela de un avión, recitando suras (capítulos cortos del Corán) al cielo azul. El fuerte relincho de miedo de un caballo y un repentino galopar me sorprendieron. Vi a un hombre de cabello blanco sentado en lo alto de la carreta que jalaba el caballo, usaba una kufiya roja y tenía una AK-47 a su lado, colgada de una correa decorada. Se dirigía hacia mí. Se movía como una extraña visión de tiempos antiguos, entraba y salía de las sombras de los árboles y me detuve a mirarlo. El caballo y la carreta frenaron poco a poco conforme el hombre tiró de las riendas con guantes en las manos y giró de manera brusca fuera del camino. En un momento, el alto jinete y el caballo me miraron de frente. Busqué terrones de azúcar en mi bolsillo, que a veces cargaba como dulces.

Sentí el intenso calor saliendo de la piel del animal y escuché su pesada y húmeda respiración. Su enorme panza sobresalía y el largo cuello tenía un brillo plateado, estiré el brazo y lo toqué. El hombre hizo un sonido y el caballo dio unos pasos hacia adelante, quité la mano mientras me pasaba de largo. Entonces sentí el fuerte golpe de una bota en mi hombro, miré arriba hacia la cara del hombre cubierta de una sombra negra porque estaba a contraluz del cielo del verano.

—Veo los listones en tu cabello, niña, y al demonio en tu sucia piel.

Acerqué una mano a mi cara, sentí un listón en mi espalda mojada. Debí correr en ese momento. Oscuro y resuelto se alzó sobre mí, el caballo refunfuñó y miró hacia atrás. El hombre tocaba la correa de su arma mientras me veía de los pies a la cabeza. Entonces soltó un latigazo que bajó rompiendo el viento con la rapidez de una cobra y cortó mi mejilla. Lancé un alarido muy fuerte. No sólo maldije al hombre sentado en la montura, también las montañas desde donde había venido. Antes de que pudiera golpearme de nuevo corrí de vuelta a nuestro vecindario, atravesé la calle y entré a los cuartos de tierra de nuestra casa.

Durante varios días permití que mi madre me vistiera sin ninguna queja, sin decir nada, inexpresiva, mientras ponía prendas pesadas y bordadas sobre mi cabeza, el peso del vestido era casi igual al mío. Mientras enredaba listones de seda en mi cabello, me miró y señaló la delgada línea roja que cruzaba mi mejilla. Me encogí de hombros, aguantando un torrente de ira. "En un día desaparecerá", le dije.

Esa tarde, desde una ventana abierta, vi a los chicos de nuestro pueblo jugando en el campo de tierra seca a cierta distancia de mi casa. Me senté recargada contra la base de barro de la ventana, observaba sus movimientos libres y sentía cómo se calentaba mi piel. El alegre griterío y el ir y venir de la pelota de goma entre las patadas de los chicos me atormentaba. De vez en cuando, uno miraba hacia donde yo estaba y nos veíamos fijamente. No puse mucha emoción en lo que hice después. Un extraño flujo de adrenalina y un instinto salvaje me impulsaron a cometer el acto trascendental que definiría mi futuro.

Como ya conté: cuando prendí fuego al montón de vestidos de seda bañados en keroseno en el hoyo, explotaron en llamas y lanzaron fuertes ruidos como disparos de celebración, en ese momento ocurrió el nacimiento de un nuevo hijo en la tribu. Los muchos listones que adornaban mi cabeza se aflojaron y volaron por la repentina ráfaga de viento y flamas. El montón de vestidos ardiendo parecían pequeños cuerpos de mujer sin vida en una pira funeraria tras un juicio fatal. Arrojé todo para que ardiera y me puse un pantalón y una playera de mi hermano Taimur, de la que enrollé las mangas. En otro minuto, como ya dije, tomé un cuchillo y corté mi cabello arrojando mechones al fuego. Luego corrí como poseída alrededor de las flamas furiosas bajo los árboles.

Mi padre entró al jardín cuando la última humareda se elevaba al cielo brillante, pedazos de tela se desintegraban en el caliente aire azul. Por un momento sólo me estuvo observando. Cuando al fin giré y lo vi parado ahí, supe que estaba sorprendido pero no furioso, reconocía lo que siempre esperó que heredara: el coraje wazir. Entonces se acercó y ambos permanecimos juntos ante las cenizas, viendo el humo viajar hacia el horizonte como una profecía. Reía mientras le decía adiós a su segunda hija y daba la bienvenida a su nuevo hijo.

Después de que quemé mis vestidos y me corté el cabello, mis padres me permitieron vivir y vestir como quería: como Genghis Khan. Simplemente no había otra elección para alguien que apenas llevaba cinco años de su vida como niña y lo aborrecía. Ya lo había repasado en mi mente y ser niño me ayudaría a ser yo misma.

La existencia como un varón era maravillosa, sin listones de seda, tampoco vestidos decorados ni largas trenzas negras. Era una hermosa vida sencilla, libre para correr bajo el cielo azul. Usaba playeras bañadas en sudor, los *shorts* de mi hermano y tenis. Volaba papalotes en las planicies abiertas. En uno de mis días como niño, me fui a cruzar el valle. Me uní al grupo de chicos reunidos alrededor de una piedra, sabía que eran los que veía desde mi ventana. Me acerqué al hoyo oscurecido de una fogata apagada, quité el hollín de mis tenis blancos y observé el balón que bailaba entre los pares de pies.

El grupo tenía nombres para todo. Llamaban al balón "magia," al campo "océano," al niño más rico "Dubai," al más pobre "Uthana," que en pastún significa centavo. El más rápido era un chico esbelto al que llamaban Boomerang. Con los puños cerrados a mis lados y el cabello corto les dije que me llamaba Genghis Khan.

De manera deliberada me acerqué al balón y lo pateé muy fuerte. Escuché la pelota de goma chocar contra mi pie y sentí una punzada afilada. Se fue hacia arriba, como si la dirigiera e hizo un poderoso arco. Todo se detuvo. La vimos girar, el blanco y el negro se desvanecían en un gris, hasta que la pelota cayó de nuevo, levantando pequeñas columnas de polvo, y todos los niños corrieron detrás de ella. Una patada segura fue todo lo que necesité para hacerles saber que me quedaría en el grupo. Dubai y yo nos quedamos solos, él sonrió, miró la hora en su reloj de oro. Estaba impresionado. Yo ya sabía que les faltaba un jugador.

—Justo a tiempo, Genghis Khan. Bienvenido.

Todas las tardes en que mi madre estaba en casa para cuidar a los gemelos, me reunía con los chicos en la base de la roca y andábamos en el valle, zigzagueábamos alrededor de piedras y de grupos de pasto crecido, jugábamos futbol, disparábamos resorteras, corríamos sin ninguna razón y levantábamos grandes nubes de polvo. Corría a toda velocidad con ellos hasta que mi playera se empapaba por delante y por detrás y mis sienes goteaban. Cuando ya había hecho mucho esfuerzo me arrodillaba en el piso caliente. Fuerte, sin pena, fortalecida de pies a cabeza, siempre era la primera, y la más joven por mucho; sobresalía en cada encuentro físico, ningún oponente me podía vencer, después de una semana ni siquiera se atrevían a retarme.

Era raro pensar que mientras ellos acababan de conocer a Genghis Khan, yo los conocía desde hacía meses, mirándolos desde una ventana. Los había visto sentados en un semicírculo en el terreno seco, con las piernas cruzadas; pelando mangos, el jugo hacía que sus dedos brillaran mientras mordían grandes pedazos. Algunas veces uno o dos se peleaban, las voces se elevaban y volaban los puños hasta que alguien los detenía porque ya había mucha sangre. Otras veces, uno de los chicos llevaba un arco casero y vagaban tallando ramas delgadas con sus navajas de bolsillo para fabricar flechas que disparaban al corazón de sacos llenos de arena. Luego desaparecían en el brillante verano porque se iban hacia el Indo en largas jornadas de casería de algo vivo: conejos o gacelas. Mucho tiempo había odiado a esos chicos; ahora era uno de ellos.

Algunas tardes caminaba a lo largo de la carretera que salía de la ciudad hacia los campos de caña de azúcar. Tomaba mi navaja, le quitaba el mango de marfil y buscaba una caña. De rodillas, cortaba un junco cerca de la base y lo dejaba caer. Después cortaba tallos del largo de mi antebrazo, los guardaba muy bien pues tenían un delicioso jugo dulce y los llevaba a casa para beberlos más tarde. A veces me detenía en la vieja carretera y comía castañas rostizadas que sacaba de mis bolsillos. Hacía mucho que se había ido Maria, mis brazos y piernas se habían oscurecido y estaban cubiertos de moretones. De vez en cuando susurraba mis tres nombres de nacimiento para asegurarme de que la hija de mi padre seguía ahí.

5

LA MUSA DE BHUTTO

Mordí la caña y un jugo verde y dulce corrió por mi barbilla. Un manojo de tallos se escondía bajo mi brazo como si fuera leña. Di un paso dentro de la frescura de nuestra casa con piso de tierra, el contraste con el calor de afuera hizo que mi cabeza se estremeciera. Desde la fresca oscuridad escuché la voz de mi hermana viajando por la profundidad de las tranquilas habitaciones y la seguí hasta el patio trasero.

Vestida de blanco, Ayesha estaba de pie, segura y erguida como una reina en el patio de cemento. Hablaba con una voz fuerte y nítida. La claridad y determinación con la que enunciaba el discurso sobre derechos de las mujeres (ensayado durante varios días) contrastaban con sus nueve años. De cierta manera, mi hermana sabía que estaba destinada a una vida en la política. Cuando tenía siete años mi padre la llevó a debatir en competencias de oratoria por todo el país. En la Universidad Federal para hombres en Miranshah, ganó el primer premio a pesar de ser la única niña y la más joven por casi una década. Mientras otras pequeñas jugaban con muñecas y yo corría fuera de control, Ayesha perfeccionaba sus habilidades para la oratoria. Su mayor ambición, nos dijo, era convertirse en secretaria general de las Naciones Unidas y trabajar para traer la paz al mundo. Como con todas nuestras aspiraciones, mi padre animó a Ayesha con un entusiasmo inquebrantable. La ayudó a afinar sus habilidades y siempre que pudo la llevó a las competencias en todo Pakistán. Cada vez que participaba, volvía a casa con un trofeo.

Con costras cubriendo mis rodillas maltratadas y el cabello lleno de polvo, no me moví mientras la veía: el hiyab blanco, planchado esa mañana, era tan brillante que tuve que entrecerrar los ojos. Ayesha mantenía los brazos a los costados. Frente a ella había un ejército de ladrillos rojos colocados en líneas perfectas como en un tablero de damas chinas. Mientras hablaba, se dirigía a los ladrillos viendo hacia abajo y haciendo pausas, moderando con las manos que se agitaban en el aire. De vez en cuando se detenía como si estuviera viendo un par de ojos reales, como si la escucharan oídos humanos. Quise reírme, pero supe que no debía hacerlo al notar cómo la veía mi padre desde una silla de metal plegable a un lado, con las manos sobre las rodillas y los ojos llenos de orgullo. El aire era tranquilo, el sol parecía brillar sólo para ella. Así que la escuché.

—Hoy en este mundo, en la pelea por la liberación de las mujeres, no puede haber neutralidad. Y déjenme decirles esto: el mejor hiyab está en los ojos del que observa.

Mi padre acarreó los ladrillos desde una calle cercana en una carretilla oxidada. Se los cambió (por dos sacos de arroz) a un hombre que pretendía construir un horno al aire libre pero cambió de opinión a última hora. Recuerdo preguntarme qué haría mi padre con todos esos bloques carmesí, apilados como una segunda pared a un lado de nuestra casa. No tenía idea de que estaba convirtiendo nuestro patio trasero en una asamblea improvisada de la ONU. Siempre estaba haciendo planes. A veces tenía grandes atrevimientos, por ejemplo: dejar a una de sus hijas vivir afuera (vagando como niño en un país talibán) o tener una esposa que usaba una chamarra de mezclilla, leía libros y ambicionaba obtener un grado de maestría. Aún no se había rasurado las patillas.

Desde su frágil silla, prorrumpió en aplausos. Después de un rápido estudio de la escena, ajustó un par de ladrillos como tramoyista. Luego volteó hacia mí.

—Te veo comer el pasto que hace miel sin abejas.

Deslizó su mano sobre una de las cañas de azúcar bajo mi brazo, la tomó por un extremo, la sacó y señaló con ella las filas de ladrillos.

—Ahora, Genghis, escucha a tu hermana mientras se dirige a todos los bufones de las Naciones Unidas. Ellos comienzan guerras con armas cargadas e intentan acabarlas con palabras vacías.

—Esos a los que Ayesha les está hablando son sólo ladrillos, Baba. No gente.

—Sí, Genghis, lo entiendes. Ahora tráeme la tina de ropa sucia y te llevaré a un viaje alrededor del mundo.

Mi madre estaba sentada en la mesa de la cocina, garabateaba algunas hojas y murmuraba en un lenguaje que yo no entendía. Tenía un diccionario abierto con las esquinas de las páginas desgastadas y un vaso de jugo de mango a un lado. Al atravesar la puerta, abrió la palma de su mano en silencio sin quitar los ojos de la hoja en blanco mientras su otra mano garabateaba sin parar. Puse una caña sobre su palma y observé sus finos dedos rodeándola con las uñas pintadas de rosa. Tomó la caña y asintió cuando la mordió, sus labios se cubrieron con el jugo del tallo y una tímida sonrisa. Dio vuelta a la página y buscó entre las columnas impresas. Me di cuenta de que estaba escribiendo los discursos de Ayesha. Fue así como las dos aprendieron inglés tan bien. Yo lo hice por ósmosis, mis oídos vivían en la periferia. Comencé a entender la lengua sólo de escuchar a mi madre y hermana, una palabra a la vez. Mi padre siempre dijo que nuestra familia era como una fábrica que trabajaba para producir seres humanos inteligentes.

Sin una palabra, me apresuré hacia la esquina y bajé la gran tina colgada de un gancho. Retumbó contra el piso como un tambor de metal. Mi madre volteó, me vio, observó que la tina y yo éramos del mismo tamaño y sonrió.

—Veo que Phileas Fogg está a punto de llevarte alrededor del mundo. Esperemos que no le tome ochenta días.

Bajo el pasto, buscando entre las camas de flores, mi padre juntó piedras mientras llenaba la tina de agua hasta que alcanzó cinco centímetros de altura. Más allá de nuestras paredes, escuché el clack-clack de un hombre que limpiaba su rifle en un patio vecino y el lento sonido de alguien más afinando su *dhol*. Mi padre acomodó las rocas alrededor. Después de un estudio cuidadoso, las puso una por una en la tina, cada superficie como una isla que sobresalía de la línea del agua.

—Ahora, Ayesha, la piedra más grande, ¿qué continente es?

—Asia. Esa África está perfecta, Baba. Hasta tiene el cuerno. Deberías guardarla.

—Y Maria, la piedra más pequeña, ¿qué es?

—Antártica, justo ahí. No vayamos hoy, es muy frío.

—Sí, ustedes dos conocen sus costumbres, déjenme ir por el barco.

La cáscara vacía de un aguacate sirvió para este propósito, mi padre movió nuestro gran buque mercantil con las puntas de sus dedos de un extremo del mundo al otro. Tormentas sobre el estrecho de Bering nos hicieron ir y venir. Algunos marineros se ahogaron. Fuimos vikingos en Groenlandia, los compañeros de Marco Polo, intercambiamos especias de China y jade de Japón. Ayesha se paró sobre la tina que reflejaba partes de su hiyab sobre el agua y ondeaba como pequeñas olas blancas. Recitaba nombres de líderes del presente hacia el pasado, a través del tiempo, mientras viajábamos de una orilla pedregosa a otra dentro de la tina.

—Margaret Thatcher, John Major, George Bush, Bill Clinton, Mao Tse-tung, Fidel Castro, Mijaíl Gorbachov, Abraham Lincoln, Mahatma Gandhi —volteó hacia mí y sonrió—, Genghis Khan.

Nuestra cáscara estaba llena de exóticos tesoros, desde perlas hasta granos de pimienta. Atracamos nuestro aguacate en el puerto de Gwadar, en la provincia oeste pakistaní de Baluchistán, a la orilla del Mar de Arabia.

Más tarde, mi padre salió al pasto, extendió una sábana bajo la base de un *jambul* de seis metros cuyas bayas oblicuas crecían en abundancia. Nos levantó con las manos y nos mandó a escalar por lo alto de las ramas. Nos sentíamos como las exploradoras de un mundo prehistórico en el Himalaya. Las frutas tan ricas y moradas colgaban como dulces gemas oscuras.

—Ahora, mis niñas, salten.

Y lo hicimos. Ayesha y yo reíamos como aves allá arriba, las ramas temblaban y la fruta madura caía como granizo sobre la sábana blanca.

—¿Por qué las hojas son verdes, Ayesha?

—Clorofila

—¿Cómo hacen su propia comida las plantas, Genghis?

—¡Hay una cocina en el tronco!

—Contesta ahora, mi niño, o te haré memorizar diez suras en vez de cinco.

—Ya estudié diez hoy, así que no importa. Pero te voy a decir, Baba. La respuesta es fotosíntesis, gracias al gran sol de Alá.

Mi padre dejó salir una carcajada. Y mientras reía con fuerza, agitaba los brazos con amplios movimientos como los de un director de orquesta. Nosotras saltamos de arriba abajo en nuestras ramas, sujetándonos fuerte con los brazos. La fruta caía sobre él, golpeaba su cabeza, hombros y espalda. Atrapó una con sus manos, la mordió y de inmediato sus labios se volvieron morados, su lengua se oscureció como si se hubiera comido un tarro de tinta.

—Ayesha, dile a tu hermano guerrero allá arriba, en su trono de *jambul*, las tres mejores palabras de cualquier idioma.

Pude ver a Ayesha sobre mí, sentada entre las hojas y las ramas. Sonrió ante la orden de mi padre, entreví las perlas de sus dientes. Todavía escucho su voz elegante y estridente con el ruido sordo de tres frutas de *jambul* que golpearon el piso a los pies de mi padre, una por cada palabra.

—Nosotros, el pueblo.

Más tarde, vimos la televisión. Era una Zenith blanco y negro cuyas bocinas tronaban al ritmo de la cinta que corría en la videocasetera (que una profesora de la universidad nos prestó para el fin de semana). En la pantalla aparecía una mujer de pie, tenía grandes ojos y los pómulos marcados, vestía de blanco y hablaba. Sus largos brazos se extendían como alas y tenía una mirada penetrante. Una vez, contamos hasta noventa y nueve antes de verla parpadear. Después de buscar en las bibliotecas de la universidad, mi padre trajo a casa cintas con sus famosos discursos. Yo conocía muy bien su rostro, el sonido de su voz lleno de fuerza me resultaba tan familiar como la voz de mi madre. Era la hija de nuestro único y gran líder Zulfikar y la primera mujer en ser elegida para gobernar un estado musulmán. Benazir Bhutto, la única heroína que tuvimos Ayesha y yo.

Como noveno primer ministro de Pakistán, su padre abrió más de seis mil escuelas por todo el país. Benazir aumentó aquel legado para inspirar a todas las niñas de un extremo al otro, en busca de educación. Benazir Bhutto nos hizo creer que podíamos aspirar y conseguir grandeza. Ayesha permaneció tranquila detrás de su velo, de cara a la pantalla granulada, y habló. Con un tono perfecto, sincronizó sus voces e imitó cada gesto, incluso ajustaba su hiyab para enfatizar algún punto, se detenía para ladear la cabeza y volver a hablar de nuevo. Su voz, con una potencia que sobrepasaba su edad y su estatura, tomó todo el aire de la habitación. De pronto nuestra casa se convirtió en un auditorio, en el que me senté con el resto de mi familia en sillas plegables que mi padre llevó de la universidad. Luego, mi hermana volteó hacia nosotros, Benazir detrás de ella se dirigía a la cámara de representantes de Estados Unidos, en 1989. Los rostros de ambas cambiaron un poco, se mantuvieron en alto, y dijeron al unísono:

—Nos reunimos aquí para celebrar la libertad, para celebrar la democracia, para celebrar las tres palabras más hermosas en el idioma inglés: Nosotros, el pueblo.

Un mes después, Ayesha estaba sentada junto a mi padre en una camioneta, cantaban suras y atravesaron a toda velocidad las montañas de Sulaimán y descendieron hacia el valle de nuestro pueblo de origen. Benazir Bhutto había aceptado una invitación para hablar en una asamblea de líderes pastunes en lo profundo de FATA. Familiares de mi padre, influyentes y comprometidos con la política, eran organizadores clave del acto. Escuchó sobre la reunión y se le ocurrió asistir con Ayesha. Tal vez sería la única oportunidad que tendría para conocer a su heroína. Mi hermana tenía la determinación de hacer algo más que sólo asistir, nos dijo que le daría a Benazir su mejor discurso. Mi madre y Ayesha lo perfeccionaron. Limpiaron y plancharon el más blanco de sus velos. Mi padre abasteció el tanque de la camioneta para el largo y sinuoso camino hacia áreas tribales. A pesar de las apariencias, nosotros no éramos bienvenidos ahí. Alguien había fichado a mi madre por dejar sus labores domésticas para ir a la universidad. Yo sería la siguiente. Pero el código Pashtunwali exige hospitalidad sin reservas. Baba sabía que eso era suficiente. Necesitaban menos de un día, con una hora bastaba.

Convoyes de guardias armados rodearon el pueblo por todas partes. Mi padre no necesitó papeles, podía verse en sus ojos y por la manera en la que hablaba, que pertenecía ahí. Agitando el brazo, los guardias lo dejaron entrar. Mi padre y hermana vieron una carpa, escucharon los tambores resonar y las descargas de rifles en repetidas ocasiones. Ayesha desdobló su hiyab blanco y se lo puso alrededor, mi padre hacía ajustes aquí y allá. Sabía que sus primos y tío se preocuparían al verlos.

Cuando mi padre y Ayesha, con sus nueve años y ropa limpia, entraron a la carpa, era muy tarde para regresar. Nadie quería hacer una escena en una reunión tan importante, y todos sabían que eso pasaría si alguien se atreviera a cruzar por el camino de mi padre. Hubo cabezas moviéndose de modo negativo, bocas abiertas, pero nadie se atrevió a hacer nada.

—¿Quién podría decir algo cuando la única mujer invitada para dirigirse a una de las familias más poderosas de FATA, era una ex primer ministro y la hija de un gran libertador? —dijo mi padre más tarde, mientras reía al contarnos todos los detalles de la historia.

Luego de algunos minutos de su entrada, Benazir Bhutto tomó el escenario, Sus ojos se impusieron en el lugar. Ayesha contó en su cabeza, me dijo que llegó al cuarenta y tres antes de que aquellos ojos se cerraran por sí mismos. Parpadearon en conjunto y tocaron los velos. Nadie emitió ningún sonido cuando Benazir habló. Todo lo que se escuchaba era su voz levantándose como una gran marea sobre la asamblea. Los *flashes* de las cámaras brillaron. Guardias alineados en el perímetro estaban al acecho de hombres con armas o bombas suicidas (siempre había una multitud de amenazas). Después de unos cuantos minutos, uno o dos hombres mayores se quejaron, pero la mayoría siguió en calma. Algunos pies se desplazaron sobre la brillante seda de los tapetes afganos acomodados para cubrir la tierra.

En cuanto Benazir Bhutto dejó de hablar, la asamblea se levantó. El disparo de un rifle sonó y la multitud se congregó a su alrededor cuando bajó del escenario para saludar en persona a algunos. Nuestros primos wazir, en lugar de darle la mano a su pequeña prima, empujaron a Ayesha para hacerle saber que su presencia no era bienvenida. Podría sentarse en la audiencia pero ellos estaban determinados a impedir que se acercara a Benazir Bhutto. De alguna manera, mientras la reunión se formaba, perdió a mi padre. Los hombres eran ruidosos y se empujaban unos a otros para estar cerca. Veinticinco hombres en cada fila, quince filas, contó Ayesha. Al ver a mi padre entre la multitud, estiró las manos para abrirse paso. Más tarde nos contó que sintió como si la aplastara un estrecho túnel porque había demasiada gente alrededor de ella. Mi padre tomó la mano de Ayesha y la jaló entre la multitud. Después, entre una fila de figuras, Ayesha logró ver una túnica blanca ondeando sobre la alfombra afgana roja, casi tan cerca como para tocarla. A la mujer le bastaron unos segundos para ver a la pequeña rosa en medio del bosque, Benazir volteó hacia ella.

—Hay una niña ahí. Dejen que hable conmigo.

—Su excelencia, escribí un discurso para usted. En inglés. ¿Puedo leerlo, por favor?

—Ábranle paso hacia el estrado, vamos a escucharla.

Cuando Ayesha habló, su voz se derramó en cascadas de cadencia y el tono exacto sobre la audiencia:

—¿Por qué una mujer no puede aprender en la universidad, ir al doctor o viajar por el mundo como lo hace Benazir Bhutto? ¿Por qué casarse con un hombre si la mujer decidió no hacerlo? ¿Por qué decide un arma donde la mente debe tener soberanía? ¿A dónde se fueron nuestras decisiones? Alá no se las llevó, lo hicieron los hombres. Nadie puede hacer nada que me impida decir estas cosas. Hablaré por el derecho de las mujeres y en contra de la injusticia en donde sea. Intenten detenerme y lo diré aún más fuerte.

Cuando Ayesha terminó, Benazir se sentó en un asiento revestido en seda, le hizo una seña para que se acercara, las pulseras de oro en su muñeca cantaron.

—Tengo diez mil rupias en la bolsa. Te las daré, ése debe ser tu precio.

Ayesha, con una suave sonrisa, le dijo:

—Excelencia, como usted ya no es nuestro primer ministro, no puedo aceptar tal regalo. Usted debe necesitar cada rupia en su bolsa.

Benazir Bhutto inclinó un poco la cabeza, pensó un momento, y miró por un largo rato a mi hermana, quien la vio sin parpadear. Pasaron muchos minutos, la multitud permaneció en silencio, mi padre pensó que tal vez hablaban de alguna manera que nadie más podía escuchar. Después, Benazir se rio. Aquellos ojos inteligentes, esos perfectos dientes y labios de *jambul*, con sus diplomas de Harvard y Oxford y una mente a prueba de balas, era la encarnación de cada uno de los sueños que Ayesha deseaba para ella.

—Niña, no me llames Excelencia. Desde este día, llámame Madre.

El encuentro con su heroína, aumentó la determinación de Ayesha de seguir con sus aspiraciones políticas y nunca se apartó de ese camino. En los primeros años de su adolescencia trabajó como presentadora en un programa de la televisión nacional filmado en Islamabad. Al verla sentada frente a la cámara con gracia y elegancia, nadie adivinaría que aún era una niña. Cuando mi hermana tenía un sueño, lo buscaba con los dos brazos. Y nunca renunció al sueño de ver a Benazir Bhutto en persona otra vez. En cuanto tuvo la edad suficiente, Ayesha se unió al Partido Pakistaní del Pueblo (PPP) y puso un pie en la escena política como si se lo hubiera ganado. Con el paso de los años intercambiaron cartas, un Diccionario Oxford del tamaño de un ladrillo como regalo y dos vestidos.

Nueve años después de su primer encuentro, el sueño de Ayesha se hizo realidad en Islamabad. En ese entonces, a sus dieciocho años, otra vez con un blanco vestido impecable, pero ahora con ministros y miembros de las asambleas regionales y nacionales, en vez de ancianos tribales. Ayesha estaba en otra habitación llena de gente esperando que Benazir se dirigiera a la audiencia. Si mi hermana estaba nerviosa, nunca lo demostró. Alguien lo dijo alguna vez cuando se cruzó con ella en un debate. Ayesha podía evocar la era del hielo con una mirada de sus ojos, aunque derretía más corazones de los que mi padre era capaz de contar. Cuando cumplió diez años, un pastún rico quería casarla con su insensato hijo y ofreció su peso en oro a cambio del trato.

Aquel día, Benazir Bhutto estaba sentada en una silla cuando Ayesha se paró frente a ella. El sol brillaba a sus espaldas a través de la ventana, su figura blanca resplandecía y la corona de cabello negro era visible apenas por el contorno de su velo. Más tarde Bhutto le contaría a su secretaría que creyó haber visto una versión angelical de sí misma, de años atrás, cuando volvió a Pakistán de Massachusetts y Oxford para perseguir sus sueños.

—Yo te he visto antes, pero no eres yo.

—No, nos conocimos hace un tiempo, media vida atrás. Soy del Sur de Waziristán y no la llamaré Excelencia.

Bhutto puso las manos en su rosto, las pulseras de oro que rodeaban sus muñecas y dedos brillaron. Dicen que después salió de la habitación y lloró: esa pequeña niña que volvió convertida en una mujer educada era la manifestación de todo el trabajo que hizo para liberar a las mujeres jóvenes de Pakistán. Luego de ese encuentro, la gente empezó a decir que Ayesha era la musa de Bhutto. Cuando mi hermana empezó a hablar, Bhutto recordó sin duda quién era.

—¿Cómo me llamarás entonces?

—No la llamaré Excelencia, la llamaré Madre.

✑

Los musulmanes creen en el *qadar* (predestinación), es decir, que todo lo que sucede o está por suceder está escrito en un decreto divino desde el comienzo de la vida. Nuestros nacimientos son predestinados. La hora y la manera en que vamos a morir fueron dichas milenios antes de nuestro último aliento. Mi padre siempre nos enseñó que a los grandes líderes se les otorga sólo un destello de vida para encender el fuego en el mundo, como está escrito en sus destinos: Mahatma Gandhi, John F. Kennedy, Martin Luther King, Nawabzada Liaquat Ali Kan (uno de los Padres Fundadores de Pakistán); Zulfikar Ali Bhutto. Nunca consideramos que su hija podría ser una más en la lista, aunque lo temíamos. En Pakistán, muchas veces el valor es una virtud fatal. Para nuestros corazones y mentes, Benazir Bhutto era más inteligente y especial que otros. Su trabajo para emancipar a las mujeres de Pakistán y deshacerse de los extremistas en el área tribal no estaba cerca de terminar. Cuando sus rivales políticos levantaron cargos por corrupción en su contra, a finales de los noventa, ella abandonó el país ocho años en un autoexilio en Dubai y Londres para garantizar su seguridad.

Cuando volvió triunfante, con amnistía del presidente Musharraf, mi padre consideró que era un error. "Regrésate, regrésate", le decía mientras veía las imágenes de su avión aterrizando en Karachi. Todos sabíamos que su vida estaba en riesgo. Dos atacantes suicidas fallaron al intentar matarla poco después de que partió del aeropuerto, masacrando a 136 personas. Todavía puedo escuchar a mi padre rogándole que se fuera del país a la imagen de ella saludando a las masas. No lo hizo. Nuestro único consuelo fue la fe en el *qadar* de Benazir Bhutto, escrito mucho tiempo antes. Fue en 2007. Nos sentamos en un semicírculo de tapetes, y cuando en la pantalla apareció sangre, supimos lo que había pasado.

Miles de personas se reunieron en la ciudad de Rawalpindi a dos semanas de las elecciones. Todo mundo pensaba que nuestra líder volvía a casa para quedarse. Y ahí estaba ella, de pie, sola en el atril en medio de un mar de hombres que la coreaban. Sonriente. Sin miedo. Tenía un velo blanco, translúcido esta vez, los lentes que usaba con regularidad, un vestido azul marino de satín. Vio su reloj antes de irse, como si el tiempo ya no importara. O tal vez sí, cada fracción de segundo era clave para sobrevivir, pero no lo sabía. Se tropezó con el extremo de un largo pañuelo, algo trivial que tal vez movió su destino. Bajó las escaleras, rodeó a la gente que cantaba su nombre una y otra vez a lo largo de su camino al auto. Recuerdo que pensé que de no tropezarse con las tiras del pañuelo, ganaría los segundos necesarios para burlar el eco del destino de su padre. No ver el reloj. No saludar a la multitud en esa ocasión. No estar ahí. No volver del exilio. Un hombre avanzó y le ayudó con un gesto orgulloso, ella se detuvo para agradecerle. Otros cuatro segundos que la atrasaron.

Se montó en un Toyota Land Cruiser blindado. Se puso de pie y atravesó el quemacocos del techo, su cabeza y hombros quedaron expuestos ante la salvaje y jubilosa multitud. Cientos de brazos y cuerpos rodearon el auto. Las voces coreaban su nombre, había un alarido de adulación. El video, granuloso y crudo, dejaba ver su velo blanco, su rostro volteando cuando "aquello" sucedió. En medio de los cantos, el caos de la multitud, tres rápidos tiros. Una pistola, un hombre rapado. Y Benazir Bhutto, nuestra más grande esperanza, la sonrisa que adornaba las habitaciones de nuestra vida, donde viviéramos, aunque sufriéramos, se acabó. Mi padre reprodujo el video una y otra vez para escuchar los tiros. Uno, dos, tres. Señaló el modo en que su cabeza se movió y el hiyab se levantó cuando el hombre disparó. Tras las balas, estalló una bomba y la pantalla se volvió blanca y luego negra. Supimos de inmediato, por su caída en seco y sin vida, que la herida fue fatal. Las emisoras de noticias reportaron horas más tarde que Benazir murió en el hospital, poco tiempo después.

En los minutos posteriores al ataque hubo una carnicería. Llantos de dolor atravesaban el humo. La entusiasta escena de hacía unos momentos, de repente se transformó en un campo de batalla abandonado. En todo el lugar había restos de personas, de autos, de edificios, todo despedazado, como basura esparcida sobre la plaza del mitin. La sangre se regó como en una matanza infernal. Los vivos caminaban como zombies entre los muertos (y los medio muertos) con los ojos hinchados y manchas en la ropa. Algunos estaban empapados, rojos de pies a cabeza. Con los pantalones hechos jirones, un hombre se sentó aturdido al lado de otro al que le faltaban los pies. Éste señalaba más allá de los restos de un cuerpo y de alguna manera entendí que quería encontrar sus zapatos, sus pies incinerados. Cuando le pregunté a mi padre, me dijo que el hombre estaba en *shock* y que no moriría. El calor de la explosión cauterizó sus heridas.

Esa misma semana vimos imágenes del interior del auto de Bhutto. Chorros de sangre manchaban el asiento sobre el que cayó como un ángel, inconsciente. La sangre empapó los cojines. Sus zapatos de piel negros por fuera, rosa por dentro, yacían a un lado.

—Dos tiros la alcanzaron, uno en el cuello, la herida mortal —dijo mi padre.

En ese momento pensé que debería llamarse herida inmortal, porque todos sabemos que nuestros cuerpos mueren pero nosotros no. Había dos hombres, el del arma y el suicida de la bomba. Plan A y Plan B. El primero disparó a quemarropa, el segundo se hizo explotar con otros veinte sólo unos segundos más tarde. Otra docena resultó mutilada. Todas esas extremidades sobre los charcos de sangre pertenecían a personas ya muertas o apenas vivas. El meticuloso suicida debió cubrir toda su ropa con objetos punzocortantes letales, sobre todo clavos, paquetes de navajas y balines para armas de municiones. Una de esas atravesando un ojo bastaba para matar a cualquiera.

El gobierno intentó controlar la información sobre cómo murió y su historia cambiaba cada semana. Dijeron que Benazir se golpeó en la cabeza y quebró su cráneo contra el vidrio de la ventana. Mostraron radiografías en la televisión. No importaba si fue de un modo o de otro, al menos no a nosotros. No a mi hermana que le había dedicado su alma a Benazir. Vimos el fin de lo que más valorábamos, nuestra esperanza derrotada.

—¿Por qué les importa el cómo, Baba? De cualquier manera ya murió.

—Maria, todo está en el cómo. Un disparo la convierte en mártir. Un accidente, en una tonta.

Después, cuando volteamos a ver a Ayesha sentada contra la pared, usaba un vestido dorado y ajustaba su velo en un intento por mantener las manos ocupadas y tranquilizar su corazón roto. Supe que estaba contando los segundos antes de parpadear.

—Musa de Bhutto, dime algo mientras estás sentada ahí como la niña que conocí hace unos años y que hacía temblar a la fruta del *jambul*. Dime algo antes de que empecemos a llorar, aunque sabemos que las cosas son tal como están escritas. Todo es voluntad de Alá.

—Te diré cualquier cosa que te ayude, Baba.

Mi padre se alejó de la pantalla, se paró frente a su hija, levantó su velo y tomó sus pálidas manos.

—¿Cuáles son las tres mejores palabras dichas en cualquier idioma?

Ayesha levantó la mirada, sus ojos negros brillaron.

—Son dos Baba: "Llámame Madre."

6
EL MURO

Poco después de la discusión de mi padre y Ayesha con los ancianos en el discurso de Benazir Bhutto, nos forzaron a dejar nuestra propia tribu y nos dijeron que no podíamos volver nunca a nuestro pueblo de origen, ni siquiera por un día. Pasara lo que pasara en la *jirga*, la decisión de los ancianos era definitiva, cualquier transgresión sería fatal. Los actos de herejía y deshonor llegaron demasiado lejos como para ignorarlos o perdonarlos. Con el paso de los años mi padre levantó su voz a favor de los derechos de las mujeres de forma pública y con insistencia. Yo tenía siete años, vivía al aire libre, vestía como niño; mi madre asistía a la universidad; todos los miembros de la familia vivían como iguales, hombre o mujer. Mi padre y mi hermano mayor, Taimur, realizaban tareas domésticas. Los ancianos le mandaron advertencias, pero se negó a obedecer ese código conservador y patriarcal. Como el hijo mayor de un hijo mayor, Shams adquirió una posición de influencia en el clan que por sus renegadas opiniones comenzó a venirse abajo. Pronto, un tío en busca de poder vio la oportunidad de que su propio hijo tomara el lugar de mi padre en la jerarquía y comenzó a tramar su desaparición.

A medianoche, un grupo de primos fue a dispararle a mi padre, el fuego cruzado duró hasta el amanecer. Al final, mi padre sobrevivió, pero dos primos murieron. Hasta hoy, cree que Alá lo protegió de aquellos que conspiraron en su contra, para que pudiera continuar con su trabajo de conseguir justicia para sus hijas y para todas las hijas que no tenían un padre que hablara por ellas. No soportaría ver a alguna de nosotras más subyugadas de lo que ya estamos. Eso no estaba en su corazón.

—Miren al pájaro que hace su nido. ¿Alimenta primero a los machos y luego a las hembras? No, no ve ninguna diferencia entre sus crías. Yo soy igual. Trato a mis hijos e hijas por igual. Creo que en realidad Alá quiere eso para nuestra raza y no voy a ceder por miedo.

Sé que mi padre dijo tantas cosas a los ancianos de la *jirga* que en ese momento renunció a sus privilegiados lazos familiares y a todo lo que venía con ellos. Lo único que lo salvó de ser sentenciado a muerte en la última reunión tribal a la que asistió fue su noble linaje. A pesar de las consecuencias, estaba dispuesto a renunciar al poder de su sangre azul para emancipar a su esposa e hijas. Recuerdo bien que nos explicó su predicamento para que entendiéramos que éramos verdaderos parias y que nunca veríamos a nuestros primos ni a otros parientes de nuevo. Leyó en voz alta una cita de Friedrich Nietzsche, tomó en sus manos un viejo libro de filosofía como si se tratara de un tomo sagrado y cada una de sus palabras llegó hasta mí como una flecha.

—El individuo siempre debe batallar para evitar ser abrumado por la tribu. Si lo intentas, muchas veces estarás solo y asustado. Pero ningún precio es demasiado alto para tener el privilegio de ser uno mismo.

∽

Nuestra camioneta estaba repleta, esta vez, con todas las pertenencias que pudimos meter. A mi madre le ofrecieron un puesto para dirigir una escuela local. Mi padre, orgulloso de ella, hizo que nos mudáramos para que aceptara. En unos meses la ascendieron, la enviaron a administrar escuelas para niñas y a enseñar en toda el área. Yo me senté en la parte trasera, mis piernas musculosas estaban bronceadas de un color caramelo, mis brazos eran tan fuertes como el granito. Tenía puesta una playera vieja de mi padre de Led Zeppelin. Dejamos atrás letreros como cartas gigantes y la compañía de cerillos Machitochi. Desde el espacio abierto de atrás pudimos oler la fragancia del aire, cardamomo y sulfuro. Shams se volteó hacia nosotros desde el asiento del conductor y gritó:

—¡Huele como los fuegos artificiales del día de la independencia!

Todavía no estaba oscuro y parvadas de grullas volaban por el cielo como un búmeran vivo. Adelante de nosotros, en el valle, había jets formados en el campo del ejército como si fueran aves en reposo. Muchas veces nos detuvimos por los retenes militares, mi padre siempre afable ante las preguntas de los oficiales fronterizos les mostraba su pistola soviética Makarov y los libros en distintos idiomas. Buscaban contrabandistas, extremistas, traficantes de opio, adictos, cualquiera con problemas en la cabeza o sangre en las manos.

Pronto nos acercamos al Fuerte Miranshah, sus altos muros de piedra con murallas y torres de vigilancia se levantaban sobre una saliente (a lo largo de una superficie color ámbar) y parecían una visión salida del pasado colonial. El enorme edificio seguía en pie, como muchas otras construcciones inglesas del otro lado de la frontera para concentrar sus legiones y subyugar al salvaje pastún. Y aun así, ahí estábamos, una familia entera de exiliados waziris corriendo hacia la periferia de la ciudad en una camioneta destartalada.

Tan devotos como siempre, cada día del viaje nos detuvimos cinco veces, bajamos de la camioneta, lavamos nuestras manos en arroyos o con trapos húmedos y nos arrodillamos en tapetes para rezar, sin olvidar quiénes éramos ni nuestras creencias, como si esas dos cosas fueran lo mismo. En la entrada de la avenida principal nos detuvimos para el llamado del almuédano, recitamos nuestros ruegos y continuamos nuestro camino dentro de

Miranshah, que se extendía como una masa de edificios bajos, callejones oscuros y concurridas calles.

La Universidad Federal en la que mi padre consiguió un trabajo como ingeniero bordeaba el extremo este de la ciudad. Los puestos para enseñar en universidades escaseaban y por lo regular duraban sólo unos semestres o un par de años. Cuando aceptaron la solicitud de mi padre, éste se llenó de júbilo. Teníamos un buen hogar, mis padres un trabajo estable, mis hermanos iban a la escuela mientras yo cuidaba a los gemelos, pero nunca pudimos volver a nuestra tribu.

Todos los campus en Miranshah parecían nuevos, y para mí, las áreas de pasto entre ellos eran tan verdes que pensé que estaban pintadas. Estábamos cerca de una base aérea y sentía los motores aterrizar vibrando en mi pecho. Mi padre se reía sobre el estruendo ensordecedor y decía que la pista tenía dos kilómetros de longitud. Tenía el mapa de la ciudad desdoblado sobre su regazo pero no lo vio ni una vez. Nuestra camioneta traqueteó por las calles llenas de cables y de postes.

Su puesto incluía una casa ubicada en la colonia universitaria, donde vivían los profesores y sus familias.

—Tiene vista al campo abierto de un lado y a la ciudad en toda su extensión del otro —nos dijo.

Cuando entramos al vecindario supe que éramos afortunados. Trabajar para el gobierno en Pakistán tenía sus ventajas. El recinto tenía puertas de acero y altas paredes de piedra que rodeaban un jardín lleno de árboles: moreras, limpiatubos, manzanos, duraznos, *jambules* y uno de granadas medio seco de un lado. Nuestra casa era de cemento frío y teníamos agua potable limpia de la que disponíamos cada vez que queríamos. Había un cuarto para cada uno de nosotros y otros de sobra. El tamaño de la casa era demasiado para las pocas cosas que teníamos que poner dentro de ella. De inmediato, mi madre nos mandó al campo a juntar hojas secas para llenar sacos y hacer nuestros colchones. Teníamos electricidad, pero nada que conectar (excepto un ventilador).

El trabajo de mi madre educando niñas y supervisando sus escuelas a menudo la llevaba a toda el área. Por un corto periodo Ayesha y yo asistimos a una de sus escuelas en Miranshah-Bazar, que estaba a media hora caminando. Teníamos que atravesar la montaña y casi siempre nos deteníamos a recoger fósiles. Cada semana, salíamos al amanecer después de nuestros rezos matutinos y caminábamos sobre el pasto mientras los primeros rayos de sol nos guiaban por el camino. Cuando llegábamos a la ruta principal, la carreta local tirada por caballos servía como transporte público y nos llevaba el resto del sendero. Cuando mi madre obtuvo un puesto como directora de una escuela en Darra Adam Khel, nuestra rutina cambió. El viaje entre su nueva escuela y nuestro hogar era de nueve horas en autobús. Ella siguió tomando clases de maestría cuando era posible: inglés, literatura, historia y política. La veíamos los fines de semana, mientras el resto de la semana dormía en los cuartos traseros de las escuelas que dirigía. Usaba su chamarra de mezclilla cuando estaba dentro, su rostro era tan encantador y desenfadado como nunca, pero al salir, iba a todas partes con burka y era precavida. En su ausencia, muchas veces me encargaba de la casa como una suplente. Ayesha continuó destacando en la escuela, pero me ayudaba con las labores diarias al regresar. Mi familia siempre trabajó como equipo, cada uno hacía lo que podía para ayudar a los otros. Por suerte me fue fácil aprender en casa y cuidar a los gemelos. Hacía de madre, lavaba ropa y mataba el miedo con una resortera. Descarnaba y destripaba aves en el patio, luego las rostizaba sobre las brasas rojas. Comíamos conservas de menta y guayaba. Servía huevos revueltos, jitomates fritos y frutas de los árboles que pudiera alcanzar y estuvieran maduras.

Al caer la noche, la casa se enfriaba y el viento la recorría. A veces podíamos escuchar las tormentas golpear las montañas a kilómetros de distancia, más allá del Valle Tochi, como fantasmas sin descanso del Hindu Kush. Mi hermana no le temía a ningún hombre, pero le aterraban los relámpagos. Los destellos de un rayo la hacían llorar. Durante toda su infancia pensó que el mundo podría acabarse en un bombardeo masivo y las tormentas revivían ese terror. Muchas veces, entre los truenos y con una voz casi sin aliento, me enseñaba a recitar *aleyas* para tranquilizarse, con la fe de que Alá nos protegería. Yo me levantaba antes del amanecer cinco días de la semana y si la noche anterior había una tormenta, por lo regular me encontraba a Ayesha en camisón acostada junto a mí.

Cada mañana hacía rondas por la casa, por el corredor y las habitaciones oscuras en las que mi familia dormía sobre camas improvisadas. Revisaba a todos. Podía escuchar a mi padre y hermanos respirar en conjunto, parecía que la casa era un ser vivo o un motor moviéndonos a todos juntos. Sentía la ausencia de mi madre mientras continuaba con los rituales matutinos.

Me aventuraba al patio trasero para rezar al aire libre y luego a la cocina. Al ventilar el humo de la estufa, podía escuchar a mi madre llamándome por mi nombre medio y casi nunca usado: *Gulgatai, Gulgatai* (capullo de rosa). Nunca entendí por qué a veces nombraba así a su acelerada hija de siete años que se hacía pasar por un chico, dura de pies a cabeza. Decía que era el nombre que le pertenecía a mi alma.

El salón de clases de mi padre en la universidad era una enorme bodega llena de maquinaria, vehículos completos, camionetas, tractores, motores, partes de automóviles esparcidas en pedazos grasientos y chatarra sobre mesas de trabajo. A veces lo visitaba en la escuela, donde lo encontraba como pez en el agua, yendo por ahí con herramientas, desenredando marañas de cables, agachado bajo motores, siempre hablando, si no consigo, con un grupo de alumnos cautivados.

—Henry Ford dijo que el error es una oportunidad para empezar de nuevo, pero la siguiente vez, de forma más inteligente. Así que equivóquense aquí, pero siempre comiencen de nuevo. Así fue como construimos el motor V8 en un sólo bloque, aunque todos los ingenieros dijeron que no era posible.

De vez en cuando llevaba conmigo a mis hermanos menores y pasábamos horas jugando entre los autos y camiones destartalados mientras mi padre daba clases sobre desarmar motores. Deambulábamos alrededor mientras succionaba terrones de azúcar que guardaba en mis bolsillos. De aquí y de allá recogí un poco de conocimiento como monedas en el piso. En poco tiempo pude nombrar las partes básicas de un motor: cilindros, pistones, bujías, válvulas; todas trabajando juntas con un solo propósito: el movimiento. Y eso era todo lo que mi familia hacía: moverse.

Como hipnotizada, miraba a mi padre realizar milagros frente a su clase. Con sólo unas gotas de gasolina dirigía una gran erupción de energía y la lanzaba con una catapulta sobre las cabezas de sus alumnos. Al golpear la puerta de un Datsun blanco, la fruta se pulverizaba al instante.

—Observen la combustión. Hagan esto cientos de veces en un minuto y tienen como resultado el motor de un auto. Hagan esto con su mente y cambiarán al mundo.

En ese momento supe que mi padre era asombroso. Me hacía sentir rica cuando estaba con él, pobre cuando estaba lejos. Me enseñó todo lo que sé. Sin miedo y genuino, con su cabello oscuro, sus patillas enmarañadas y su eterna sonrisa, era honesto hasta la médula. Nunca pensé en lo poco que mi padre ganaba como profesor, qué tan hambriento estuvo por dejar de comer para que nosotros tuviéramos zapatos. Con las manos sucias, mi padre siempre llegaba a casa por la noche con un tesoro: una charolita de delicias turcas (cubiertas de azúcar y cortadas en pequeños pedazos para compartir), bolígrafos de la universidad, una bolsa llena de canicas, postales de las pirámides egipcias, de la Torre Eiffel o del Big Ben, un viejo cubo Rubik sin algunas estampas… Mi padre tenía un modo de encontrar o intercambiar curiosidades que eran como pequeñas ventanas hacia el mundo. El cubo Rubik lo cambió en un puesto de la carretera por un saco de frutas de nuestro jardín. A veces volvía con gente en lugar de objetos, los invitaba a sentarse y me pedía que les preparara el té.

—Les presento a mi nuevo amigo, es oncólogo de Lahore y les explicará cómo el cuerpo se rebela en nuestra contra, si nosotros nos rebelamos contra él. Cinco minutos con él y nunca tocarán un cigarrillo.

Sentados en el frío concreto de nuestra sala, nos presentó a actores de películas iraníes que nos contaron cuentos salvajes de Shakespeare, un dentista que nos mostró ejemplares de dientes podridos, escuchamos embelesados a poetas recitando versos, pintores explicando las variaciones de la luz. Una vez llevó a dos mochileros estadounidenses, dos hombres de Nueva York.

—Tomen nota, no verán a este tipo de humanos otra vez en muchos años. Si no es que nunca. Los encontré comiendo higos bajo un árbol y no pude creer en mi suerte.

Los dos jóvenes se sentaron en los tapetes de la sala, mostrando sus sonrisas con dientes perfectos y por tres días bebieron té y comieron *naan* con nosotros. De vez en cuando sacaban de sus mochilas dulces de colores y paletas ácidas que hacían que nuestras lenguas cambiaran de rojo a verde. Dormían en tapetes dentro de grandes sacos de ropa, como mariposas en su capullo. Las historias estadounidenses eran salvajes y difíciles de entender, centros comerciales, escaleras eléctricas, elevadores, lavavajillas, aspiradoras, formar parte de un jurado, Cuerpos de paz, el estadio de los Yankees, tomar decisiones como viajar por el mundo, tatuarse, casarse por amor.

Fue la primera vez que vi cabello del color del maíz, pecas y piel tan blanca que podría vaciarse en un vaso. Cuando me corté la rodilla, ellos me dieron un pedazo de piel falsa llamada curita. Les enseñé a recitar mis suras favoritos. Después cantaron "The Star-Spangled Banner" (su himno nacional). Recuerdo que pensé que *star-spangled* significaba sonreír como un estadounidense, tenerlo todo. Nos dijeron que ser norteamericano significaba ser libre. Mi padre ya nos había enseñado la palabra "democracia".

Una tarde, trajo a un chico abandonado que recogió en una de sus rondas por Miranshah. Caminaba errante y la gente sólo lo miraba. No estábamos seguros de cómo atravesó el pueblo con el débil joven, intentamos adivinarlo por una hora, ¿cargándolo en la espalda?, ¿en una carreta prestada? Resultó que sólo caminaron despacio, hombro a hombro, mi padre era un hombre paciente. Sin decir palabra, guió a su huésped tomándolo por el brazo, como si no se percatara de lo pútrido de su ropa. Todos dimos un paso atrás cuando caminó frente a nosotros. El fétido olor que salía de su piel de muerto viviente hizo que nos cubriéramos la nariz. Yo contuve la respiración, era difícil creer que un ser humano surgiera desde la basura.

En la cocina, mi padre lo alimentó primero con un plato de arroz, carne de cordero y una granada madura. Después llenó un gran tazón con agua caliente y lavó los pies del chico con jabón de sándalo. Le habló despacio todo el tiempo y tomó sus manos, les quitó la tierra, le dio una playera y lo dejó tomarse su tiempo. Estaba limpio pero aturdido y desaliñado. Todos nos reunimos en la sala y esperamos que dijera algo.

—Por favor, cuéntale a mis hijos cómo es que te quedaste solo en el mundo, viviendo en las calles como un vagabundo. Que Alá te convierta en un ángel por permitir que tu sufrimiento nutra sus mentes.

Ése fue el día que aprendí sobre heroína, cómo conseguirla y por qué no probarla. El hombre que mi padre condujo a través de la puerta para sentarse en el único asiento acolchonado que teníamos, era un adicto afgano de la agencia Khyber. Su madre se drogó cuando un vecino le dio una dosis para aliviar su garganta irritada. De inmediato, el dolor desapareció en un inesperado golpe de euforia. Pronto comenzó a fumar cada vez que tenía un achaque o molestia: dolores de cabeza, insomnio, fiebre o temblores; para calmar el llanto de sus bebés; animarse cuando estaba aburrida o llenar los vacíos de su soledad. Fue obligada a casarse con su tío, que le doblaba la edad.

El invitado de mi padre se hizo adicto al estar cerca de su madre mientras fumaba un líquido negro de una gran pipa. Las volutas de humo se filtraron en su sistema como hilos de seda, atrayendo cada una de sus células. Primero opio, luego heroína. Lo intentó solo una noche que no podía dormir, derritió opio y se lo inyectó con una jeringa que le prestó una vecina. Ella le enseñó cómo hacerlo, amarró sus bíceps y golpeteó las venas. Creían que la heroína era sólo medicina, como una aspirina o una taza de té. Estaba en todas partes, se vendía a granel en todos los pueblos, en grandes cantidades y a un precio bajo. Bastaba una caminata para llegar a algún campo de amapola. Antes de que la goma tocara el fondo de la jeringa, la serpiente le habló por su nombre. Al instante, una ola de calor recorrió su piel, él nos dijo que se sentía mejor que el amor. Era mejor que cualquier alimento, que el dinero, que todo el futuro. En poco tiempo comenzó a dormir siempre con heroína: fue su primer amor, su mejor amiga, su nueva madre, pues la otra había caído tan bajo en su propio trance que apenas hablaba. El estupor de ambos continuó hasta que murió un bebé.

A los catorce años, sin ningún lugar a dónde ir y con poco para comer, el chico tomó un trabajo como recolector de amapola en los campos de Kunar. Y pronto, por sus pies ligeros y su rostro inocente, recibió un ascenso y se convirtió en contrabandista fronterizo. Lo apodaron "Marathon", por su velocidad, y por un tiempo fue una estrella, hasta que se volvió inútil debido a la condena de su adicción. Lo golpearon hasta dejarlo sin sentido en la parte trasera de un jeep y lo arrojaron en una carretera desolada de Miranshah. Su madre murió de una sobredosis y su padre se había ido mucho tiempo atrás. No sabía dónde estaban sus hermanos. No había una sola alma que se preocupara por él. Marathon estuvo dos veces en la cárcel antes de sentarse en nuestra mesa. Era una criatura desmoralizada, ni siquiera un hombre, tenía heridas abiertas a lo largo de los brazos, manos como garras, el rostro golpeado por el veneno. No podíamos adivinar su edad.

—Diecisiete años.

Mi padre señaló al chico como un foco rojo.

—Ustedes viven en el país con mayor adicción a la heroína en todo el mundo.

Comenzamos a ver versiones suyas en todo el pueblo: sombras congregadas alrededor de fogatas en el Valle Tochi, acostadas en bancas, vagando por los callejones detrás de las mezquitas. Eran los futuros reclutas de los extremistas, hombres bomba elegidos de las calles entre miles, todos medio vivos y drogados.

Poco tiempo después de esa visita, mi padre atravesó la puerta delantera con una flor roja y la sostuvo frente a nosotros como si fuera una taza de té en la palma de su mano. Tenía un centro oscuro y podía oler su dulzura. Pensé: "El Mar Rojo debe estar lleno de amapolas." Mi padre sacó una semilla, la abrió con un cuchillo y nos dijo que el veneno interior era el mismo que encantó a Marathon y a su madre.

—El peor de los sufrimientos nace con una gran belleza. Besa esta flor roja sólo una vez y succionará tu alma.

Todos nosotros nos preguntamos si mi padre cumpliría su promesa de llevar a ese hombre adicto a un centro de rehabilitación en una gran ciudad, donde curaban a ese tipo de personas. Pero Marathon ya no podía escapar de aquello que lo perseguía. Mi padre dijo que el chico tenía SIDA, lo supo desde que limpió sus heridas.

El mundo más allá de nosotros parecía inmaterial, hasta que mi padre comenzó a introducirnos a él, poco a poco, persona por persona, historia por historia. Había mal allá afuera, lo sabía de sobra. Para defenderme hice mi cuerpo más duro, me fortalecí para protegerme del huracán inminente. Cincuenta abdominales se convirtieron en doscientas. Cien sentadillas, trescientas. Mi padre compró una vieja bicicleta Sohrab con una canasta para que Taimur y yo hiciéramos mandados. Pedaleaba por horas, cargaba cubetas llenas de piedras y, sobre todo, corría, corría fuerte y rápido, kilómetro tras kilómetro.

Después descubrí que desde nuestra azotea podía saltar a la azotea vecina, de ahí a la siguiente, y así una detrás de otra. Pronto saltaba de azotea en azotea por las tardes. Había demasiadas casas en la colonia. Me hice musculosa y rápida, como si desarrollara otro cuerpo. A mis ocho años parecía de diez. Cuando mi madre estaba en casa sólo pensaba en correr por las azoteas, incluso cuando la escuchaba llamarme. Mi tiempo era sólo mío y lo llevaba conmigo.

La ventaja de mi pasatiempo era el hermoso panorama: niños que danzaban sobre el campo jugando futbol o volando papalotes. Un día de septiembre vi algunas figuras a la distancia que sostenían un diamante de seda entre ellos, con una cola danzando sobre el piso. El papalote brillaba y temblaba con el viento, listo para irse. Un niño se puso como ancla mientras otro corría sosteniéndolo sobre su cabeza. Pensé que el niño saldría volando, así de fuerte era el viento. Entonces, como avisado por una señal instintiva, el niño lo soltó. El papalote despegó llevándose mi aliento con él. La seda se elevó hacia la pálida luna de día. Después, el chico con el carrete corrió con el papalote, jalándolo hacia abajo para controlarlo. El viento sopló más fuerte y siguiendo las ráfagas, el papalote se arremolinó. Empecé a saltar azoteas. Mis piernas golpeaban el cemento y noté que me vio. Pronto corríamos al mismo tiempo, él sobre el Valle Tochi, yo sobre las azoteas y todos los demás niños gritaban detrás de nosotros.

Yo era el único "niño" que no tenía un papalote propio. Estaba consciente de que mi padre no tenía para pagar tal extravagancia, pero odiaba el sentimiento de querer algo que no podía tener. Nunca se me ocurrió que mi padre era ingeniero y sabía todo sobre la física del vuelo. Un hombre que podía construir el motor de un auto con pedazos de metal o una bomba de cañón con un mango, no tendría ninguna dificultad para hacer un papalote con un pedazo de seda y bambú.

El papalote amarillo voló hasta que se agotó la cuerda. Así que el chico se detuvo y enredó el cordón como si pescara algo en el mar del cielo. Me quedé ahí, observando cómo los otros niños se reunían alrededor de su piloto. Pude escuchar su charla animada. Por primera vez, pensé que era pobre.

El chico jaló su precioso avión y yo vi el tranquilo descenso. Observé la figura amarilla bajar hacia mí, se hacía cada vez más grande y perdía altitud. Volví a correr detrás de ella mientras el niño hacía de ancla. El papalote estuvo cada vez más abajo y él me vio correr. Jaló el carrete con movimientos fuertes y delibera-dos. Luego me gritó y dejó que el papalote cayera en picada como una gaviota sobre mí. En un solo impulso, salté tan alto que mis manos alcanzaron el delgado diamante. La cola satinada acarició mis palmas abiertas y la tomé, jalé hacia mí el hermoso objeto que de pronto odié. Los niños me llamaron a gritos. Rompí la estructura de bambú y la lancé al piso, la pisé como si fuera un in-secto. Rasgué la seda en jirones. Todo movimiento se detuvo en el campo, por un momento sólo hubo ráfagas de viento y mi ira. Los chicos se vieron entre sí y comenzaron a correr. Los vi acercarse hacia mí y los conté, trece emprendían una carrera hacia mí con un enojo colectivo. Llena de pánico, salí corriendo. No miré hacia atrás ni una sola vez.

Corrí por más de una hora, encima y bajo los tubos de drena-je, sólo seguí a través del pueblo. Pelear o volar, si me atrapaban, estaba acabada. Me quedé sin aliento y jadeaba, supe que al fin los había perdido. Nadie era más veloz que yo. Con las palmas contra mis rodillas, las gotas de sudor caían por mi frente y se es-trellaban en el concreto, me detuve en la azotea de un vecindario desconocido. Moría de sed y mi cerebro punzaba de calor.

Una inequívoca línea azul llamó mi atención. Sabía que estaba demasiado lejos para alcanzarla antes de que se ocultara el sol, a la mañana siguiente empaqué una pequeña bolsa con frutas y me encaminé. Ya no volví a pensar en el papalote. Imaginé que llegaría al Mar de Arabia al mediodía. Las montañas eran mis señuelos en la larga caminata y por momentos corrí. Ráfagas de polvo me golpeaban con el sonido de olas. Me hice creer que el aire estaba salado e imaginé cómo el agua formaría espuma alrededor de mis pies.

Pero no sería así. Vi la línea que cortaba el paisaje mucho antes de donde suponía que estaba la orilla del mar. A toda velocidad, corrí hacia una pared que se levantaba desde el piso y era dos veces mi tamaño. No podía ver detrás de ella. Columnas de humo negro nublaban la vista del otro lado. Había un olor a carne quemada y un ominoso perfume de suciedad y miseria. Una voz dentro de mi cabeza dijo que tuviera cuidado, pero la visión azul del día anterior me había hechizado.

Bordeé la pared a lo largo y oí los ruidos humanos que venían detrás de ella. Había gente ahí, mucha, quizá un pueblo del que nunca antes escuché. Tal vez alguien de ellos sabría cómo encontrar el océano. Vi muchos mapas del Valle, revisé uno la noche anterior y no recordaba ningún pueblo, tampoco ciudad ni ningún océano. Aun así, quería creerlo. En una parte del muro encontré una grieta. La pared estaba hecha de viejos ladrillos que alguien había retirado para hacer una pequeña entrada o salida, no podía saberlo. Examiné la entrada por un rato, hice cálculos desalentadores. Es extraño cómo el cuerpo presiente el peligro. Contra cualquier instinto, me arrodillé sobre la tierra.

Periódicos en dari y pastún, llanto de bebés y el vocerío humano aumentaban. El aire estaba lleno de humo y me picaba los ojos. Contuve la respiración y seguí el camino a través de la pared. Mi *shalwar kameez* se rasgó. Usaba esa camisa blanca sólo en ocasiones especiales (como para conocer el mar). Me puse de pie en cuanto salí, contemplé la escena por un largo rato y supe que cometí un error.

El azul con el que había soñado no era el océano, ni siquiera era agua, no era real. Más bien encontré una serie de lonas cosidas, una junto a otra, que se extendía por casi un kilómetro. Era azul y ondeaba como velas improvisadas. Había carpas a treinta metros de la pared y formaban una fila en paralelo que parecía no tener fin. El campo era enorme y albergaba a cientos, si no es que a miles de personas.

Había niños sentados sobre sus isquiones, indiferentes ante la tierra, otros andaban como criaturas medio muertas. En apariencia, las mujeres eran todas la misma, enjauladas detrás de la tela de sus burkas, cada rostro oscurecido por una capa de tul. Los pocos hombres caminaban entre las carpas en grupos pequeños, algunos sostenían palos en las manos como si fueran macanas de policía. De vez en cuando alguno golpeaba a una mujer sin motivo alguno.

De pronto, como si alguien hubiera accionado un interruptor, escuché cada sonido, olí la abrumadora suciedad y la sentí como un golpe en el estómago. Había una sucia aguja en el suelo y casi la piso. Me quedé parada ahí, inmóvil, una ola de náuseas recorrió mi cuerpo. Fue cuando escuché a los niños gritando, al principio me pregunté cómo me encontraron, un día después y a kilómetros de distancia. Cuando me di la vuelta ya estaba rodeada. Pero no eran los chicos de la colonia que yo conocía. Ellos no eran como ninguno que hubiera visto antes.

Por primera vez me sentí débil entre un grupo de varones. No porque mi fuerza fuera menor, sino porque el terror me redujo a una cobarde. De alguna forma, sólo con verlos supe que nunca podría vencerlos. Me quedé de pie, con mi camisa blanca, cuando una lágrima desató las burlas.

No duró mucho. Tal vez fueron sólo dos o tres golpes directo al abdomen. De pronto estaba en el piso vomitando cuando uno de ellos me pateó en las costillas. Luego destrozaron mi ropa. Pensé que estaban tan hambrientos que me quitarían la piel para comerme viva. Un niño pequeño tomó mi bolsa y escarbó en ella. Trituró con la boca mi manzana a medio comer. Lo vi tragarse toda la fruta antes de que alguien se la pudiera quitar. Pequeñas heridas como de mordidas cubrían sus brazos. Los otros seguían sobre mí. Deseé que cortaran mi garganta de un tajo y acabaran con todo. Pude sentir sus alientos agrios en mi rostro húmedo por la sangre y los escupitajos (mezclados con la tierra del piso en una pasta gruesa y asquerosa).

La camisa limpia fue mi crimen. El desayuno de *naan* y durazno que comí antes de salir. Mi bolsa llena de comida. La casa en la que vivía, el agua limpia en abundancia. Mis sandalias de segunda mano que arrancaron de mis pies. Mi limpia sangre pastún. A esos niños los unía la rabia que los arrastraba al fondo de la cadena alimenticia. Decidí no moverme mientras me golpeaban y pateaban. No hice ningún sonido. Cerré los ojos, solo me quedé ahí aguantándolo hasta que acabaron. Una y otra vez pensé: "Nada de esto pasaría si no hubiera destruido el papalote."

Cuando por fin se cansaron (que no les llevó mucho) redujeron los golpes a patéticos empujones, una patada final y se retiraron. No dijeron una sola palabra, no miraron atrás. No vi un sólo rostro que pudiera recordar. Permanecí un largo rato sobre la tierra hasta que consideré que era seguro gatear de vuelta por el hoyo en la pared.

Más tarde mi padre me enseñó la palabra "refugiado", así como me enseñó todo lo demás, pero sin llevarme un tesoro a casa. Ya había caminado sola hacia él.

—Perdieron su humanidad cuando perdieron sus hogares. Los rusos echaron a los afganos. Los estadounidenses les prometieron un camino de vuelta, pero sin armas. Solían darles comida y ropa, los sauditas también. Pero cuando los muyahidines se deshicieron de los rusos, todos dejaron de enviarles cosas. Los abandonaron en los campos de Pakistán.

Por años, esos chicos sin rostro me persiguieron por las planicies de mis pesadillas como una jauría de coyotes. Despertaba jadeante y aterrada. Sólo una vez me detuve para encarar a mis perseguidores. Parada en medio de un desierto de arena, me di la vuelta en mi sueño y vi, no al grupo de chicos, sino a uno solo detrás de mí. Me vio con sus ojos amarillentos y su ropa era tan vívida que pensé que era real. Desperté de inmediato, casi saliéndome de mi propia piel. Su nombre en mis labios pasó de la ilusión al mundo de la vigila en un llanto sin aliento: Marathon. Contemplé la noche, mi corazón latía con fuerza y no vi a nadie. En ese momento supe que mi padre no lo había salvado.

7
LA CIUDAD DE LAS ARMAS

Cuando apenas tenía 10 años, ya nos habíamos reubicado cuatro o cinco veces por FATA. Esta vez se trató de un largo viaje hacia el norte bordeando la carretera Indo que corría al lado del gran río (como su gemelo de asfalto) hacia Darra Adam Khel, donde cada hombre caminaba con arrogancia sosteniendo un arma. Mi familia se mudó allí tras una temporada de relativa calma en Miranshah. Y así como Miranshah es conocida por sus cerillos, Darra es famosa por las armas. En el bazar se hacen mil al día que salen directo al centro de la ciudad. Vi su perímetro como desde la ventanilla de un avión. La ciudad se extendía sobre una planicie al pie de montañas de arenisca. Mi primer pensamiento fue: "Suiza, pero más hermosa" (pronto mi padre me compró una postal de Europa en el mercado). La camioneta descendió a toda velocidad así que me agarré con fuerza y por un rato perdí aquella vista de los amenazantes acantilados y sombras. Mientras nos acercábamos, el polvo aumentaba en el aire. Sentí un nudo constante en la garganta, una y otra vez tomé agua de la cantimplora plateada que yacía a mis pies.

Recuerdo que el aire vibró, de hecho, escuché al pueblo a través de la neblina de polvo. Dimos una vuelta y un gran alboroto se creó alrededor de nosotros. Cientos de armas dispararon, una detrás de la otra: ¡Bang! ¡Bang! ¡Bang! ¡Bang! Los tiros se unieron en coro, como una tormenta que destruía todo a su alcance. Nos lanzamos hacia el piso unos contra otros. Nos reímos juntos sin escuchar nuestra propia risa. Mi padre nos advirtió que nos mudábamos a un pueblo de municiones muy ruidoso. Por un instante no escuchamos nada en absoluto, a pesar de que todos en mi familia hablaban al mismo tiempo.

Pronto, el infierno de fuego se detuvo, sólo quedaron algunos estallidos esporádicos, cortos, detonados en patrones controlados. El piso de la camioneta dejó de moverse y por fin pudimos respirar. Tuvimos un minuto de paz y de pronto un rugido cortó el cielo abierto, era tan estridente que bien pudo ser el cielo desmoronándose y separándose de las montañas. Y entonces lo vi, un pequeño misil blanco voló sobre la planicie. Escuchamos vagos gritos de hombres detrás de su estela. Luego de desaparecer, yo aún podía sentir las vibraciones en mi pecho. Mi padre deslizó la ventana trasera, su cabello salvaje ondeaba con el viento.

—¡Bienvenidos al Viejo Oeste de Waziristán! No tengan miedo. Nadie nos está disparando. Sólo están probando nuevas armas, eso era un pequeño cohete. El negocio debe ir bien.

Mientras nos acercábamos a los límites, nuestra camioneta disminuyó la velocidad para unirse a una fila de vehículos, jeeps abiertos, camionetas con caja, vagonetas, camiones, carretas con caballos, niños montando burros, motocicletas y un errante cordero blanco. Mi padre sacó su brazo peludo por la ventana, arremangado, y comenzó a imitar con sus largos dedos el ritmo de una canción que salía de otro automóvil.

El distante llamado del muecín hizo un eco desde el pueblo. Cada ser humano con oídos paró lo que estuviera haciendo para buscar con calma su tapete. Nos arrodillamos juntos en la tierra para rezar, todos hacia la Meca. Durante esos minutos sagrados no hubo ningún sonido de armas, ni siquiera de algún motor descansando, sólo los sagrados murmullos de los cantos. El aire estaba tan seco que parecía llover polvo sobre nuestras cabezas. Lo sentí en mi boca mientras besaba mi tapete. Todo parecía estar cubierto de polvo.

No recuerdo sentirme ansiosa. Me gustaba la idea de esa nueva aventura, durante toda mi infancia mi familia se la pasó en mudanzas. Nos cambiamos al pueblo de las armas en donde mi madre dirigía una escuela de niñas para que por fin viviéramos todos bajo el mismo techo. En ese momento yo no sabía el valor que implicaba aquella decisión en un lugar como Darra. Pero creo que Aami escogió ese pueblo en particular por una simple razón: si podía forjar una escuela para niñas en un pueblo de municiones de FATA, había esperanza para toda el área. Sin dudarlo, mi padre aceptó la decisión. Desde el principio nos hizo entender que éramos parte de una familia noble pastún, pero para él, tener sangre azul wazir no significaba que viviéramos mejor, sino que hiciéramos del mundo un mejor lugar. Aquel primer día en Darra Adam Khel le pregunté a Alá si estaríamos seguros.

Miembros del Cuerpo de Policía Fronterizo (una organización paramilitar instalada en las fronteras de las áreas tribales de Pakistán) patrullaban el camino vestidos con uniforme gris y grandes semiautomáticas atadas a sus hombros. Usaban gorros rojos, lentes oscuros, botas negras rasgadas por patear la tierra día tras día. Caminaban alrededor, con sonrisas sutiles, algunos fumaban, otros recorrían el camino como si les perteneciera. En nuestra camioneta nos movíamos con la velocidad de un caracol. Nos detuvimos varias veces en distintos puestos de control, saltábamos de la caja y esperábamos mientras abrían nuestros sacos y pedían explicaciones.

Había muchos puestos de guardias a lo largo del camino en la otra dirección. Los soldados salían por la parte superior de tanques estacionados en la tierra y observaban todo con binoculares. Los paramilitares buscaban contrabandistas de municiones, bandidos armados, narcotraficantes, miembros de pandillas de secuestradores (mi padre nos contó que pasaban las fronteras en docenas todos los días). Vi a grupos de hombres descender de grandes camiones cubiertos y fajos de rupias deslizándose como cartas por las manos de los soldados. Antes de mudarnos, Shams nos explicó que Darra Adam Khel era el mayor mercado de armas ilegales en el mundo, y en la época del surgimiento de los talibanes, el negocio crecía rápido. Aun así, nada de lo que dijo me preparó, entrar a Darra fue como entrar a una película, pero real. Todas las personas que vi en el camino tenían una gran sonrisa. Pensé: "Sonríen como estadounidenses."

Nuestra pequeña casa de adobe estaba junto a otras que se repartían por una cuadra entera, lado a lado, sobre un accidentado camino. Mi madre consiguió nuestro hospedaje por medio de un apoyo del gobierno pakistaní que promovía la educación en las zonas tribales como una estrategia a largo plazo para mermar la fuerza de los extremistas. Todas las casas eran cafés y bajas, estaban tan cerca de las laderas de las montañas que sus sombras podían verse levantándose sobre una pared detrás de las azoteas. Cuando mi mamá liberó el seguro y empujó la puerta delantera, permanecí quieta en el umbral y olí el suave olor de tierra mojada que por un momento me recordó a las flores fragantes de nuestro primer hogar. El aire era muy fresco, aunque el espacio limitado. Recuerdo que era como estar dentro de una nube de lluvia. Todo el ruido de afuera no me molestaba mucho. Mi padre me había preparado para enfrentarlo antes de pisar la calle. Era simple, nos fuimos de un pueblo de cerillos a uno de armas. Yo sabía que mi padre estaría en casa gran parte del tiempo cuidando a mis hermanos y que mi madre sólo por las mañanas y las noches. Baba fue transferido a una universidad para chicos en la ciudad de Kohat, que estaba cerca de Darra. Mientras tanto, basado en una serie de pruebas de aptitud, el consejo de educación gubernamental le ofreció a Aami el puesto de directora en la única preparatoria para chicas de la zona. No podían importarme menos los disparos y el polvo. En Darra Adam Khel estaba libre de mis tareas como niñera. Y lo más importante, mi familia estaba por fin reunida. En Miranshah, mi madre tenía que hacer un camino de nueve horas subiendo y bajando de autobuses para estar con nosotros los fines de semana. En ese entonces yo no sabía cuánto tenía que viajar por FATA en su trabajo: hacer exámenes en Peshawar, entregar trabajos en Kohat, reclutar estudiantes de pueblo en pueblo y después tomarse un descanso para vernos un día o dos en Miranshah. Un día, mi madre recibió el respaldo económico del gobierno, mi padre se despidió con resignación de la universidad y empacamos todo en la camioneta.

El primer día en la ciudad estaba vestida como siempre: *shorts* y playera. Mi familia aceptó con los brazos abiertos mi forma de ser varonil. Para ellos, era Genghis (hijo y hermano) y en las calles un niño regular. Viví siempre con mucha facilidad bajo el manto de esa suposición pública. Nunca tuve que mentir por completo sobre mi género.

Vestía la ropa vieja de Taimur. Salía a la calle en la destartalada bicicleta. Nunca me referí al veloz cuadro con dos ruedas y manubrio oxidado como una simple bici. Era mi libertad, mi amiga, así que la llamaba por su nombre: Sohrab. Montada en ella pedaleé hasta un largo callejón. Los caminos eran estrechos y cortos, las chozas y casas de adobe flanqueaban cada uno como una gran cerca en la que proyectaba mi sombra mientras movía las ruedas de mi bici. Rodeé la orilla del pueblo a lo largo de las laderas, cimas de colinas, planicies y los fósiles de cascadas que cortaban como venas a las montañas. Llegué a una cima sobre el pueblo, me detuve y vi desde ahí todos los callejones. La tierra bajo mis pies se sacudió con los sonidos de disparos. La arena vibró sobre el pavimento como una cortina movediza. Sabía que estábamos en un área fantástica del mundo (entre parias y *hooligans*) y lo sentía porque era libre, estaba segura, mi padre me dio esa seguridad, sólo tenía que estar tranquila y alejarme de los problemas. Nadie molestaría a un niño en su bicicleta, todos estaban muy ocupados en el negocio de las armas y la yihad. Pedaleé más fuerte y fui directo al corazón de la ciudad.

En el concurrido bazar de armas sobraban los personajes: hombres en carretas jaladas por caballos, otros sobre motocicletas que emitían suaves zumbidos, algunos iban sin prisa por el camino. Los clientes probaban las mercancías desde los techos adyacentes a las colinas. Se les podía ver conversando, haciendo consideraciones o estudiando las armas. Probaban cualquier variedad: automáticas, semiautomáticas, de bombeo, incluso armas viejas. Desde la improvisada cordillera de azoteas, los hombres hacían tiros ciegos a las cercanías o manejaban en grandes caravanas hasta alguna planicie para probar sus municiones. Me deslicé por un callejón en el que había una docena de talleres, bajé de la bicicleta y caminé. En el primer pórtico por el que pasé, un hombre del tamaño de un armario estaba sentado con las piernas cruzadas sobre arena. Hablaba solo y se detuvo cuando me vio ahí. Me echó un vistazo y después una sonrisa sin dientes. Tenía un rifle con un mango tallado de madera en el regazo. Se levantó y puso el arma sobre una mesa. Hizo un movimiento con el brazo y me invitó a tocarla, recargué mi bicicleta en la pared. La cabaña olía a madera recién cortada y vi detrás del hombre una docena de mangos hechos a mano.

De una caja, sacó una varilla de metal y se sentó de nuevo para limpiar un fusil con la herramienta. Le dio vueltas a la varilla una y otra vez, de adentro hacia fuera, giró su muñeca en movimientos deliberados, aplicó una ecuación física que (era evidente) perfeccionó con los años. Cuando terminó, colocó la pieza en una pila con otras. La mayoría de los talleres tenían espacios con paredes de ladrillos en la parte trasera que parecían casas para perros, ahí disparaban municiones para probar las armas recién hechas antes de salir al mercado. Se disparaban cientos de balas todos los días. Mi padre me explicó que al final del día, alguien recogía todo el metal para usarlo de nuevo. El infierno de fuego en Darra era una incesante guerra. Todas las paredes de la ciudad tenían hoyos de balas.

Con el paso de las semanas, en mi camino diario a la granja para comprar leche o sólo vagando por el pueblo, aprendí todas las partes de un arma como aprendí las de los motores en el taller de Shams, en Miranshah. Cualquier objeto hecho por el hombre podía descomponerse en elementos menores y esa idea me fascinaba. Desde adentro, grande o pequeño, el motor de un camión, las velocidades de mi bicicleta, televisiones, videocaseteras, un rifle Khyber Pass, las Magnun Smith & Wesson, un papalote amarillo...

En los talleres de forja, veía cómo calentaban los bloques de metal, llamados chapa, para después presionarlos y darles la forma de un arma. Miles de kilos de fuerza se le aplicaban uno a uno y sólo bastaba jalar una palanca, era tan fácil como hacer galletas. Los métodos de manufactura parecían crudos pero, en suma, el proceso completo era muy sofisticado. Un falsificador de Darra podría competir con cualquier ingeniero del MIT (Instituto Tecnológico de Massachusetts por sus siglas en inglés). Eran maestros en la falsificación. Hacían réplicas con simples tornos, prensas, taladros, martillos y fuego de las armas más complicadas (desde la pistola PPK de James Bond hasta una RPG soviética) ensambladas pieza por pieza. Trabajaban con los pies descalzos sobre la tierra, en condiciones complicadas. Los hombres viejos solían quedarse sordos. A muchos les faltaban miembros, dedos, pulgares, un pedazo de mejilla, un pie entero, un ojo. Con todo, se sentaban entre la suciedad y trabajaban con herramientas en su regazo, produciendo miles de armas. El clan *afridi* que habitaba Darra Adam Khel era famoso entre las tribus por su habilidad: acabaron con todos los contingentes de la dinastía Mughal, destruyeron a los ingleses en la guerra Anglo-Afgana y dirigían FATA. Si los wazir eran guerreros, los *afridi* eran los reyes de las guerras. Pero a través de la historia, desde tiempos anteriores a Jesucristo, los invasores pensaron que podían mandar ejércitos por el paso Jáiber para subyugar a estos habitantes duros de roer en el Valle de los Humanos. Como mi padre siempre dijo: "¿En qué estaban pensando?" Los *afridi* eran invencibles, tanto como ahora.

De alguna manera (entre los ecos de disparos), gracias a su posición como directora de la preparatoria, mi madre fundó una pequeña escuela para niñas. Cinco días a la semana daba clases a dos docenas de niñas dentro de un edificio en ruinas de la periferia. Transformó la sucia choza en un vibrante salón de clases. Mapas y banderas de todo el mundo cubrían el moho de las paredes como un parche colorido. Había cuadernos, papel, un pizarrón, diccionarios y lápices de colores. El gobierno pakistaní envió dinero para comprar suministros, aunque era común que mi madre tuviera que tomar dinero de nuestros modestos ingresos. Era experta en inquietar a los funcionarios de gobierno, si conseguía llenar los pupitres le otorgarían una beca con más dinero para atraer más estudiantes. Sólo era una mujer, pero había miles de niñas analfabetas allá afuera.

Darra Adam Khel era un laberinto azaroso y no sólo por su mercado mortal. Mi madre dirigía una escuela para niñas en el oscuro corazón de un país terrorista, donde se hacían tratos y se colectaba arsenal. En ese tiempo los talibanes gobernaban Afganistán y tenían una gran influencia en cada rincón de FATA. Para el común de la gente, ella estaba loca. Pero mi madre sabía integrarse a cualquier lugar, con todo tipo de personas. Ella podía ser graciosa o muy seria, tranquila u obediente, lo que la hiciera avanzar. Y lo que la ayudó a progresar en Darra Adam Khel fue usar su velo y mantener un bajo perfil. Se vestía de modo conservador, cargaba una bolsa llena de libros religiosos bajo el brazo y caminaba con la cabeza gacha. Permitía que la gente hiciera conjeturas simples, así como yo lo hice andando por la ciudad vestida con la ropa de mi hermano. Nunca mencionaba las clases de historia, geografía, literatura y lengua que daba. Mientras tanto, la gente la imaginaba dando clases de costura y cocina. Si alguien la cuestionaba, decía que sólo mantenía ocupadas a las jóvenes impresionables mientras estaban listas para casarse. Eso incrementaba su valor. En unos cuantos meses, incluso los militares se dirigían a la directora local como "Maestra." De lunes a viernes, padres y hermanos acompañaban a sus hijas y hermanas a la escuela, a pie, en carretas con caballos y en ocasiones en camionetas o autos rentados. Mi madre esperaba en la entrada y recibía a cada una con una sonrisa mientras entraban. Después, las niñas se lavaban las manos y el rostro para rezar juntas. Luego empezaban a trabajar. Aami hizo su mayor esfuerzo para crear un ambiente interesante y pacífico para sus estudiantes. Comenzó un grupo de teatro y equipos de atletismo. Las estudiantes tomaban parte activa en las decisiones de la escuela, debatían en torneos y celebraban los días sagrados. Al final de cada día, las niñas volvían a casa con una sonrisa escondida bajo la burka.

Algunos fines de semana, acompañaba a mi madre a sus misiones de reclutamiento en otros pueblos. Recorríamos la carretera Indo en autobús. A veces tomábamos las pequeñas camionetas locales que nos transportaban de un pueblo a otro por una tarifa menor. Incluso cuando teníamos suficiente dinero para un tanque de gasolina, no se atrevía a manejar la camioneta. Muchos hombres en las tribus veían el beneficio de mantener ocupadas a las chicas en salones de clases hasta que pudieran trabajar en casa o se casaran. Pero una mujer al volante era una gran ofensa. A veces, pandillas de saqueadores o *hooligans* en misiones para defender su "cultura ancestral pastún" sacaban a las mujeres por la ventana del conductor, las arrastraban por el piso gritando y pateando, y las golpeaban para que todos vieran. En otras ocasiones, sacaban a la mujer y ni siquiera se molestaban en golpearla. Durante aquella época y en años venideros, muchas de las profesoras que ignoraron advertencias sobre regresar a sus labores domésticas en casa fueron secuestradas y asesinadas. Sin miedo, como siempre, Aami se levantaba todas las mañanas se limpiaba, rezaba y se iba directo a trabajar.

La primera vez que la acompañé, la temporada de lluvias transformó el paisaje en Darra. Enormes nubes blancas descendieron en grandes masas hacia nosotras, cubrieron las cimas de las montañas y humedecieron todo el color café para convertirlo en un pálido verde. La lluvia no sólo caía ahí, flotaba en el aire y convertía la tierra seca en una gruesa capa de lodo. Si tenías un par de zapatos buenos, los guardabas por un tiempo.

Después de más de una hora, descendimos de la camioneta en algún punto del sinuoso camino hacia Kohat, a unos veinticinco kilómetros de distancia. Subimos y bajamos colinas, caminamos por mucho tiempo y nos empapamos de pies a cabeza. No dije mucho y le seguí el paso a mi madre con determinación. Encontraba casas con niñas casi como por instinto, nunca pude entenderlo. Y tenía algo en común con las personas, sólo así lograba lo imposible: convencer a padres conservadores de enviar a sus hijas a la escuela en vehículos desvencijados a plena vista de las violentas pandillas. La promesa de recibir tres mil rupias por parte del gobierno por cada niño en la escuela también era un buen anzuelo, y Aami lo guardaba para el final.

La primera niña, lo recuerdo, no era muy diferente a las demás. Tenía seis años y era muy alta para su edad. Su abuela era jorobada, su abuelo trabajaba en minas de carbón, su madre ya no estaba (lo normal) había muerto y nadie sabía del padre. Mi madre hizo su corto discurso en el umbral. Los ocupantes de la casa no tuvieron más opción que escuchar sorprendidos, pues no había ninguna puerta. En segundos, sus rostros pasaron de las miradas ausentes al asombro. Yo me quedé atrás, mirando a mi madre. Se veían como yo cuando observaba al hombre de las armas. No podían creerlo.

Pronto estábamos dentro de la casa, sentadas en sacos de paja, tomando té en tazas de barro; mi madre sacó libros de su bolsa y leyó a la niña *Caperucita roja*. Recuerdo cómo la pequeña niña se sentó frente a mi madre, su primera maestra, tranquila y embelesada, con las manos sobre su regazo como las alas de un ave. Nunca había visto un libro antes ni escuchado una rima en voz alta. Después mi madre sacó un gis y le mostró a la niña cómo escribir su nombre en una loza. La mera noción de transformar letras en palabras y las palabras en cosas con sentido provocó que un hermoso mundo se manifestara ante los ojos de la niña. La pequeña observó asombrada las letras que aparecían entre la loza y las manos de mi madre.

—Maestra, ¿qué es eso?

—A-T-I-Y-A, Atiya. Significa regalo. Eso eres tú.

Una y otra vez mi madre realizó el mismo milagro. Entró a chozas de tierra y piedras desperdigadas a través de caminos rocosos… y les otorgó la vista a las niñas ciegas.

❧

No recuerdo qué estudiante comenzó la reacción en cadena, ni siquiera supe si era de mi madre, pero escuché la historia muchas veces. La chica era una de las mayores, tenía quince años. Dicen que era bonita, tenía ojos verdes y oscuras trenzas que parecían una marea negra ondeando por su espalda. Era de verdad demasiado inteligente. Se enamoró del conductor del autobús de la escuela, un chico enjuto de Kohat. Al parecer se descubrieron el uno al otro sin decir palabra. Bastó una sonrisa cuando ella subió al autobús. Para empezar, él no debió verla por tanto tiempo.

Los amantes casi siempre intentaban esconderse en la cosmopolita Peshawar, pero no llegaban muy lejos (incluyendo esa pareja). La única manera de llegar a salvo era por una carretera que consistía en una serie de curvas que cortaban las montañas, rodeando mortales acantilados a lo largo de caminos sinuosos. Una cuadrilla de Darra compuesta por rastreadores expertos bien armados salió en su búsqueda.

Cuando encontraron a la pareja montando a caballo por un camino paralelo a la carretera, la chica se cayó de la silla y perdió sus zapatos. Después corrió con los pies desnudos por un campo de girasoles. Sin esperanza se dejó caer sobre las rodillas en la oscura tierra. Clavó las manos en la tierra y agachó la cabeza pidiendo que todo acabara pronto. Todos los hombres se pararon a su alrededor, estupefactos al escuchar que rogaba por su propia ejecución. La mayoría ruega por sus padres y luego por el perdón. Los hombres no le dispararon a pesar de que ya estaba sentenciada. Las leyes tribales son complicadas. En ese momento de silencio sepulcral, el primo de la chica, que era parte del contingente, dio un paso hacia ella y descolgó su rifle. Lo puso sobre la tierra. El conductor del autobús permaneció sentado en la silla de montar, paralizado, miró la escena boquiabierto cuando el primo de la chica le extendía una mano. Sin dudarlo, se dio la vuelta y le pidió al padre la mano de su hija. El señor aceptó la propuesta del primo sin decir nada, ella tomó la mano ofrecida y se puso de pie ante su prometido. Todos podían escuchar su fuerte respiración. Por un rato no pudo levantar la mirada, sólo veía sus pies desnudos sobre la tierra. Entonces giró hacia su primo y le susurró (aunque todos escucharon):

—*Merabani, merabani* (gracias).

No importaba que la historia tuviera un final feliz. A partir de ese día, las chicas educadas de las tribus estuvieron marcadas y su directora era el objetivo principal. Mi madre acostumbraba invitar a sus estudiantes a leer libros o ver videos en nuestra casa. Mi padre les daba clases de gramática o literatura en la sala, o llevaba un desfile de diversos personajes: policías fronterizos, mineros de carbón, filósofos o pastunes errantes, para enseñarles lo que nos enseñó a nosotros toda la vida. Cuando cerraron la escuela, mi madre se mantuvo oculta y fuera de la vista de todos. No hubo diferencia, todos sabían dónde vivía la Maestra. Por un periodo de varios días nuestra casa era apedreada con regularidad y por las noches las pandillas de "Guerreros sagrados" disparaban hacia nuestra casa usando pistolas y AK-47. Recuerdo que mi hermana me contó que aquellos hombres se hacían llamar "musulmanes devotos", pero en realidad parecían ignorar los principios del sagrado Corán (que establece que cualquier hombre o mujer debe buscar su propia educación). Tras considerar el riesgo que corría la vida de mi madre, el gobierno envió a un guardia armado para que cuidara nuestra casa. Salvo los pocos malos, la mayoría de los habitantes seguía teniendo gran respeto por mi madre. Aún en la actualidad, con la escuela convertida en escombros desde hace un tiempo, la gente del área la sigue invitando a reuniones especiales (como las bodas de sus hijos) y siempre le guardan un lugar de honor.

Cuando todo el alboroto disminuyó, mi madre buscó otro edificio, lejos del perímetro de la ciudad.

El hombre que irrumpió en nuestra casa tenía una pistola M1911 calibre 45 y un objetivo claro. Reconocí el arma en el momento en que la vi, así como reconocía los Datsun, Nissan o Berettas 9 mm. También sabía que estaba detrás de nosotros debido a la escuela de mi madre, pues recibimos cartas con amenazas bajo nuestra puerta. Enseñar a las niñas musulmanas todo menos labores domésticas y lecciones del Corán era una herejía y no podía quedar impune. Ninguno de nosotros sabía lo que eso significaba hasta que vimos el arma.

El intruso se paró frente a mí, apuntó la pistola y le quitó el seguro. Escuché el sonido. La única forma de esquivar una bala es correr rápido. Yo estaba en casa con mis hermanos y eso hicimos, nos dispersamos por toda la casa, mientras nuestros pulmones explotaban con gritos. Salimos corriendo a la lluvia de primavera. Yo tenía a un niño en mis brazos, Ayesha al otro. Taimur se aseguró de que todos estuviéramos afuera y corrió detrás de nosotros. De alguna forma escalamos la pared trasera y nos abalanzamos sobre el resbaladizo camino sin parar, esquivamos autos, camiones y un policía fronterizo que nos gritó pero nunca preguntó si necesitábamos ayuda. Cuando mi padre por fin encontró a sus hijos en un callejón detrás del mercado de armas, nuestros ojos estaban abiertos con terror y temblábamos agazapados en un contenedor de basura, todos cubiertos con una gruesa capa de lodo.

Al siguiente día mi padre me entregó la reproducción de una pistola Makarov que compró en el mercado. Simple, fácil de disparar. Después me enseñó cómo desmontarla pieza por pieza para limpiar los componentes. Al sostener con mis manos un arma a los ocho años, sentí su poder primitivo como si fuera un objeto salvaje sin domesticar. Al ver mi asombro la primera vez que cargué la pistola, mi padre puso sus manos sobre las mías. Cuando lo vi, cerró los ojos por un rato. Entendí que me acababa de dar algo que odiaba, no el arma en sí, sino la capacidad que venía con ella: vida o muerte en cuestión de una fracción de segundo.

Cuando aprendí cómo, removí el barrilete, revisé la culata y con destreza cambié la única bala que mi padre cargó en una prueba inicial. Asintió y emitió un suspiro. Juntos limpiamos el barrilete con un cepillo alternando con un trapo para restregar y luego aceitar el interior. Me mostró cómo limpiar la bomba y lubricar sus uniones. Mientras pulía el arma con un trapo, dejaba mis dedos deslizarse a lo largo de la culata, sintiendo así cada una de sus ranuras y con el tacto entendí todo el mecanismo mortal. La llenamos al máximo. Nueve balas: ocho en el barrilete y una en la cámara.

Me volví una buena tiradora. Practicaba con latas de Fanta en las azoteas (el área pública de tiro). Me hice arrogante: cuando tienes una pistola en tu poder, caminas por las calles como un Dios. Claro que cada hombre que pasaba a mi lado tenía un arma y muchos años de práctica. Por instinto, la mayoría de los niños sabía que no debía meterse con Genghis Khan. Algunos de ellos me llamaban "Levanai" que en pastún significa "loco", debido a mi temperamento. Sólo hubo un niño afgano que empezó a seguirme. Escuché rumores de que su tío era un gran tirador de los talibanes y supuse que lo enviaron para espiar a mi familia.

Todos los días era lo mismo. Yo caminaba y el chico me seguía unos pasos atrás, algunas veces me lanzaba insultos que yo ignoraba. Estaba segura de que era el peón de un grupo extremista tratando de intimidar a mi familia, y decidí que no dejaría que llegara a mí. Un día lo vi bajar por el camino y pude sentir como me hervía la sangre por las venas. Me pasé la mano por el cabello húmedo, me lo había cortado en picos esa mañana, cuando el barbero hizo una de sus rondas.

Me deslicé por un barandal hacia otro callejón y di un gran salto. Intenté desaparecer en el laberinto del pueblo mientras el polvo de las planicies lo cubría todo. Seguro podría ganarle a ese chico, así como le ganaba a cualquiera. Aunque deseé en ese momento haber llevado la bicicleta.

Tomé un atajo, bordeé las colinas, pasé la mezquita y una calle tras otra. Echaba vistazos hacia atrás. Aún podía verlo no muy lejos, detrás de mí. Su playera roja estaba empapada de sudor. Lo escuché llamarme "niñito de la Maestra." De arriba abajo, por los callejones donde hombres desdentados serruchaban piezas de rifles y pequeños niños hacían mangos de pistolas agachados sobre la tierra, pasé a un mulá sonriente: detrás de él había un rebaño de cabras camino al matadero. Pasé a un pobre hombre que mendigaba en el puesto de las frutas. Pasé junto a ricos bandidos con sus dientes de oro y lentes oscuros. Pasé al ciego y al sordo. Corrí hasta que me quedé sin aliento para seguir. El chico continuó implacable con su búsqueda. Pensé que aquella vez fue enviado para hacer algo más que sólo intimidarme. Por lo regular se daba por vencido después de una caminata larga y sin sentido bajo el sol. Me detuve sobre mis huellas, me di la vuelta y esperé. Estaba harta de él, no importaba para quién trabajara.

En un segundo ya estaba ahí, nos quedamos frente a frente, viéndonos, con las lenguas jadeantes y colgando en nuestras bocas. No dije nada por un rato, sólo lo vi de arriba abajo. En el momento en que tienes un arma empiezas a planear cómo vas a usarla. Yo no tenía el deseo de matar. Sólo sabía que podía hacerlo si se ofrecía. Si era enviado para asesinarme, decidí que yo tiraría primero.

Con suavidad deslicé mi mano por el pantalón y sujeté el negro mango de la pistola sacándola un poco sobre el resorte de mi cadera. Mientras disparaba, una hora antes, le di a una lata de Fanta justo en la primera A; aún podía oler el aceite que bañaba el barrilete. El chico me veía con fuerza, como si no le importara lo que tenía en el resorte. Así que sujeté el arma con toda mi mano. Sus ojos cambiaron al percatarse de los pequeños movimientos. Se quedó quieto, conteniendo la respiración y me vio quitar el seguro. Noté que una de sus manos estaba fuera del alcance de mi vista, detrás de él, pero mi arma ya estaba afuera. No se movió.

Por un momento, estuve de vuelta en casa, en la mesa de la cocina, con mi padre sujetando mis manos. En el sopor de esos segundos sopló un aire caliente, me encontraba en una posición en la que nunca imaginé estar. La punta de esa nueva extensión de mi cuerpo estaba a un metro de él. Tenía en mi vista el corazón que latía como loco en el pecho del niño. Desde que mi padre me dio la Makarov fantaseaba en cómo la usaría. Pensaba en lo que pude hacer con ella cuando esos hombres se burlaron de mí, los del juego de voleibol, el hombre del caballo que me golpeó con su látigo. Vi al niño a los ojos. Ahora tenía un arma. Estaba lista.

—¿Qué quieres?

—¿Para qué haces eso? ¿Qué no escuchaste nada? —parpadeó dos veces y tragó saliva.

—¿Qué quieres? —grité más alto y puse el dedo índice en el gatillo.

El chico volvió a pasar saliva.

—Sólo quiero la bicicleta de diez velocidades.

—¿Qué?

—Sólo quiero montarla. Eso es todo.

—¿Por qué me sigues? ¿Quién te envió?

Mi mano libre estaba tan húmeda que la podía sentir goteando. Al recordar las balas en la cámara, quité mi dedo del gatillo. Podía sentir tensos todos mis músculos.

—Nadie me mandó. Sólo quiero pedalear la Sohrab. Eso te dije, quiero montar tu bicicleta.

Era tan absurdo que no le creí.

—¿Qué tienes en tu bolsillo trasero? ¿Un arma? Muéstramela, pero no hagas nada estúpido o te disparo.

Él negó veloz con la cabeza.

—No, de ninguna manera, no es nada.

Entonces sacó con cuidado de su bolsillo una cajetilla de chicles. Me pareció por un momento que el paquete tenía otra forma. Quién sabe cómo lo había puesto ahí. Me ofreció la cajita con la palma de la mano abierta, sus dedos temblaban. Después se dio una vuelta para demostrar que no tenía nada más.

Despacio, bajé mi pistola y regresé el seguro a su posición original. Sacudí mi cabello y aparté el paquete de chicles de mí. Solté de la palma la escurridiza empuñadura y la lancé a mis pies como si fuera un animal muerto, todo sin dejar de ver al chico. Tuvimos suerte de que la pistola no se disparara.

Me vio hacer todos esos movimientos, su pecho se levantaba con rapidez. Cuando mi Makarov tocó el piso él dejó escapar un largo suspiro y sus ojos parpadearon. Luego se sacudió la cabeza, soltó sus brazos y se encogió de hombros.

—¿Entonces?

—¿Entonces qué?

—¿Entonces puedo dar un paseo? No te la voy a robar, si eso estás pensando.

Por un momento me sentí fuera de mi cuerpo. Caí sobre mis rodillas. Miré al chico de nuevo, me devolvió la mirada. Estuve a punto de tirar del gatillo. Era sólo una bicicleta oxidada. Yo tenía una y él no, como el papalote amarillo en Miranshah. Así de simple. La voz que escuché entonces no era la mía. Era la de alguien que estuvo al borde del infierno y volvió otra vez.

—Está bien, sígueme a casa. Debo preguntarle a mi padre, él compró la bicicleta.

8
DEIDADES, TEMPLOS
Y ÁNGELES

Cuando estábamos en Darra Adam Khel, mi hermano de cinco años, Sangeen, siempre me pedía que le contara historias de los lugares en los que habíamos vivido. Esos simples recuerdos me mantenían en calma en medio de la violencia perpetua. Después de un día de juegos en las calles y en las laderas de las montañas, caminaba a través de la puerta de entrada para encontrar a mi hermano sentado en el piso, esperando. Si ya era tarde, Ayesha (que entraba a la adolescencia) estaría en alguna parte de la casa, estudiando y cuidándolos (a él y a Babrak).

—Explícame otra vez cómo obtuve mis grandes labios pastún, Genghis.

—Eso ya lo sabes, te los dio la mujer *afridi* que estaba de visita en la casa cerca de la escuela de Baba en Dera Ismail Khan.

—No, no, no, cuenta la historia como siempre lo haces.

—Está bien, siéntate conmigo. Empezaré desde el principio.

La última vez que me senté con Sangeen y le repetí la historia fue justo antes de tener problemas en la mezquita. Mi corazón necesitaba la historia, más que sus oídos. Necesitaba recordar que el mundo está lleno de personas, no de religiones. Las deidades y los templos no nos hacen buenos, las acciones sí.

Cuando Sangeen tenía un año, lloraba de manera que podía despertar al mismísimo Dios, era ensordecedor. Una tarde llovió tan fuerte que el arroyo se desbordó y convirtió los caminos en ríos cafés. Mi hermano se despertó con un rayo. Lo acerqué a la ventana abierta desde donde vimos la inundación y comenzó a llorar como si hiciera un pacto con la tempestad. Cada vez que algo salía mal yo le rezaba a Alá (todos lo hacíamos). Mi familia estaba formada por musulmanes devotos pero de mente abierta. Hasta entonces, conocía un sólo Dios, el mío. Yo creía que cuando lo llamaba él me escuchaba. Y mientras arrullaba a mi hermano recité *aleyas* con desesperación. Así pasó una hora, luego dos, tres. "Que la paz esté con él, que la paz esté con él, que la paz esté con él", repetía mientras Sangeen gritaba al son de la tormenta. Cuando ésta se calmó, esperé que su pesado corazón también lo hiciera.

Pero no lo hizo. Tenía poco dinero esa semana y usé lo que me quedaba para la leche del desayuno. No había más rupias en el jarrón. Remojé con gotas de agua un viejo pedazo de *naan* y lo introduje a su boca pero eso sólo pareció aumentar su ira. Su cuerpo se puso tan rígido que apenas podía cargarlo, su rostro se volvió rojo y apretó tanto sus labios temblorosos que se quedaron sin sangre, casi blancos. Le di agua que engulló sólo para explotar de nuevo. Me sorprendió cómo un ser tan pequeño podía emitir tanto poder.

La mujer seraiki que vivía del otro lado de la calle escuchó el llanto y cruzó el camino. La escuché llamarnos desde el primer piso, gritó el nombre de mi hermano y el mío. Después corrió hacia la cocina en donde yo estaba, pálida y exhausta, fuera de mí y con mucho miedo. Inconsolable, Sangeen se detuvo y la observó con la boca abierta. Su voz se eclipsó al momento que la vecina comenzó a hablar en urdú. Entonces empezó de nuevo, la mujer me lo quitó jalándolo por las axilas y lo levantó hacia su pecho. Juntas salimos hacia la calle inundada.

Corrió hacia una casa vecina y entró por la puerta delantera. Desde que puse el pie dentro sentí el olor picante del té chai envolviéndome y escuché el delicado choque de tazas. La seguí hacia un cuarto extraño en el que una pastún de la tribu *afridi* estaba sentada en cojines de rafia. Supe de qué clan era al ver el color de su pañuelo, su cuerpo robusto y la brillante palidez de su rostro. A lado de ella, sobre un cojín de seda, estaba sentada una mujer a quien vi muchas veces en las calles y sabía que vivía en esa casa. Era otra señora *seraiki* con mejillas tibetanas que vestía miles de togas rosas y amarillas. Las dos mujeres se miraron sorprendidas bajo la tenue y parpadeante luz. La visita *afridi* se sentó atrás y ajustó su pesado mantón, los anillos brillaban en sus dedos. Sus ojos se movieron con toda velocidad hacia las dos figuras que la observaban paradas en el umbral. A su lado yacía un bebé dormido sobre una cuna improvisada. No recuerdo qué dijeron, si fue mucho o algo siquiera. Mi vecina caminó hacia la *afridi* y le entregó al llorón Sangeen.

Sus ojos se abrieron cuando pasó de los brazos de una mujer a los de la otra, esperé que gritara y llorara como protesta y que despertara al recién nacido que estaba a unos pasos. Pero sólo gimió y lanzó un último llanto débil al ver el pecho que le ofrecía leche materna. Abrió su boca y se pegó, volteó los ojos y su pecho se hinchó mientras respiraba. Chupaba tan fuerte que sus mejillas se llenaron y desbordaron leche mientras la mujer lo amamantaba. Nunca me aprendí su nombre. Se acomodaron en la isla de cojines y mantas como si fueran un solo cuerpo, se inclinó hacia atrás y suspiró. Un momento después, la mujer de la casa cerró los ojos y comenzó a cantar, mitad canción, mitad susurro, un mantra lleno de poesía translúcida y arrulladora. De alguna manera entendí el sentido de lo que decía aunque no pudiera descifrar una sola palabra. De vez en cuando abría los ojos y veía con una sonrisa a su visita *afridi* y al niño hambriento, como si una obra de arte estuviera adornando su casa. Sangeen moldeaba con sus dedos la piel de la mujer como si fuera una masa, zumbando con cada trago, y ella repetía el mismo coro desde un rincón del cuarto. La *afridi* le sonrió a mi hermano, le susurró un rezo y lo meció al ritmo del canto. Hicieron esa suave música hasta que se quedó dormido, sin dejar de beber.

Aliviada, tomé asiento en un grueso tapete con mi vecina, quien me sirvió una taza de té de una pequeña vasija roja con asa de bambú. Cruzó las piernas, le dio un trago a su taza de porcelana y sonrió a través de la nube de vapor perfumado. Me quedé ahí largo rato respirando el aire dulce, mirando las espirales del humo de una vela parpadeante colocada en la esquina de la mesa. La flama bailaba frente a la sonriente figura de Buda, su gran barriga era dorada, pulida por el tacto de tantos dedos. A un lado, una flor de loto navegaba en un tazón de agua clara, sus delicados pétalos eran pálidos como la piel de una diosa. Examiné las cosas hermosas que había a mi alrededor, todo estaba colocado con un objetivo misterioso. La habitación entera era como la entrada a distintos mundos espirituales, de algunos yo no sabía nada: dioses y diosas en pinturas enmarcadas y figurines, fotografías de hombres santos y profetas, una campana de latón, una cruz fija a la pared, libros bien conservados alineados en repisas. Las deidades parecían susurrar por toda la casa. Un aura de fuerza se cernía alrededor de la mujer que alimentaba a mi hermano con su generoso pecho. Las *afridis* eran tan formidables como la cordillera de Spin Ghar de donde proviene la tribu. Tomó a Sangeen y lo amamantó sin decir una palabra, sólo porque estaba hambriento y tenía lo que él necesitaba. Todos éramos pastunes, pero para ella era más simple, él era un bebé y ella era una madre. Aún recuerdo cómo la melodía de los cantos de la mujer acariciaba mis oídos en ese templo de tranquilidad.

—*Namo Gurubhya, namo Budhaya, Namo Dharmaya, Namo Sanghaya*—dijo ella varias veces con una voz titubeante, como si estuviera practicando la línea de una obra de teatro; veía hacia abajo y leía de un libro de tapas de piel que yacía sobre sus piernas como otro bebé en la habitación; seguía la línea con su dedo y asentía. Mientras tanto podía escuchar la respiración y los suspiros de colibrí de mi hermano.

Cuando volvimos a casa por las calles mojadas, la cabeza de Sangeen, mareado por tanta leche, descansaba en su cobija. Vi a mi vecina *seraiki* deslizarse hacia su puerta y desaparecer como si se fuera a otro mundo. Al día siguiente, Sangeen se hizo más fuerte y su boca se hinchó, parecía que hubiera heredado los hermosos labios de la mujer *afridi*, como un recuerdo de su generoso corazón.

Mientras le contaba la historia a Sangeen, apareció mi padre sonriente. Entró por la puerta delantera con una bolsa llena de cosas a un lado. Sonidos de armas hicieron ecos detrás de él. Le expliqué lo que pasó mientras el gemelo permanecía inmóvil sobre mi regazo. A mi padre le gustaba escucharme contar historias, tal vez porque les hablaba a mis hermanos como él a mí. Cuando acabé, nos quedamos tranquilos por un largo rato. Después les volví a contar los extraños sucesos de la tormenta de aquella tarde. Acabé con la cabeza llena de dudas. Mi mente se trasladó a la visión de la flor de loto flotando en el tazón, delicada y hermosa, y el brillo de la barriga del sonriente Buda. Sobre todo, escuché los cánticos de la mujer de las mantas golpeando mi cabeza.

Cuando Sangeen se quitó de mis piernas, giré hacia mi padre. Entonces me levanté y le pregunté si Alá, al que adorábamos sobre nuestras rodillas cinco veces al día, era el único Dios verdadero. Buda, después de todo, no era Alá. ¿Y qué hay del Dios de los cristianos y su hijo Jesús, que fue también uno de nuestros profetas? Tenía vagas nociones sobre otras religiones y sabía que había muchas maneras de alcanzar a Dios. Pero hice una conjetura sobre el todopoderoso: sólo podía haber uno, el mío. Por otro lado, lo que hacíamos era ir a la mezquita, arrodillarnos sobre los tapetes y memorizar *aleyas* y suras. Mi padre me tomó de los hombros y sonrió, como si estuviera viendo el brillo del sol dentro de mí. Me pidió que lo viera en la cocina, ahí discutíamos los asuntos importantes.

En unos minutos entró a la cocina, desenrolló un mapa gigante del mundo sobre el piso y a las cuatro orillas les colocó peso con tazas de barro. Luego prendió una luz cenital, justo sobre nosotros.

—Nuestro planeta está lleno de países, lleno de gente. Alá tiene un plan y un lugar para todos ellos.

Puso una tachuela en Pakistán.

Estudiamos las fronteras de nuestro país, líneas irregulares serpenteaban alrededor de los nombres de muchos lugares. Afganistán al oeste, India al este, Irán al lado de Irak, China comiéndose todo el terreno hasta la línea costera; más allá, el Pacífico atravesando el globo y tras algunos archipiélagos, el salvaje continente americano. Millones de seres humanos vivían y morían.

—Soy un musulmán devoto, pero también soy académico y me gusta hacer preguntas. ¿De dónde venimos, Genghis Khan? ¿A dónde vamos? ¿Por qué estamos aquí? No me importa mucho, porque tengo mi propia fe. El simple hecho de cuestionarme cosas es lo que más me gusta de estar vivo.

Uno junto al otro, nos quedamos frente al mapa, observando nuestra tachuela. Entonces cantó las palabras que se quedaron bailando en mi memoria:

—*Namo Gurubhya, Namo Buddhaya, Namo Dharmaya, Namo Sanghaya...*

—¡Sí, Baba, eso es! Lo dijo una y otra vez como un sura mientras la mujer *afridi* alimentaba a Sangeen. Pero ella es *seraiki*, no budista, y sigue al Islam como nosotros. Era una casa extraña, llena de libros y fotografías. Todo el cuarto era como un santuario, pero era sólo un cuarto. Si no era sagrado, ¿por qué lo recordaría tan bien?

—Ah, tú estabas en la casa de una experta en religión, una académica como yo. Tengo tantas preguntas como ella libros en su casa. Los *seraiki* profesan varias religiones, sobre todo el Islam. No importa. Recitó un canto tibetano: "Tomo refugio en los maestros espirituales, mis gurús, tomo refugio en Buda. Tomo refugio en la verdad, el Dharma. Tomo refugio en los seres espirituales, Sangha." Es como un hilo que guía a los budistas a su verdad, lo que podríamos llamar el Camino Recto. Nuestra verdad como musulmanes está en esta simple frase: "Todo está escrito."

—Pero la verdad es que no sabemos nada.

—Sí, sabes mucho. Tal vez lo que persigues está aún fuera de tu alcance, como la fruta en un árbol. No la obtendrás a menos que escales o te caiga en la cabeza. Así fue como Newton descubrió la gravedad.

—Ahora sólo me diste preguntas, Baba, en lugar de respuestas.

—Sí, casi lo logras. Sigue intentando. Estás a punto de alcanzar la máxima del conocimiento humano.

—¿Cuál es?

Justo en ese momento, la delgada sombra de Ayesha se esparció por el mapa. Tenía bajo el brazo un Corán forrado en piel. Pude ver el listón verde que separaba la página sobresaliendo. Ella pasaba horas a la semana estudiando en la mezquita, mientras yo vagaba afuera. Ayesha bajó la mirada hacia la tachuela, me pregunté si sentiría, como yo, que nuestro hogar se reducía a un tamaño ínfimo. Se rio.

—Incertidumbre, ¿estoy en lo correcto, Baba? Lo que nos une a todos.

—Sí, la incertidumbre es una maravilla. Te deja vivir y amar con desapego. No significa que no creas en un dios, Alá. Mi fe musulmana radica en cómo me supero. También sé que mucha gente tiene distintas maneras de alcanzar a un dios. Así como la mujer *seraiki*. Me gusta saber lo que son. Cada persona debe encontrar su camino o estará perdida. Ahora, Ayesha, dile al corazón valiente de tu hermano, ¿cuántas religiones hay esparcidas como semillas por todo el planeta?

—Bueno, de acuerdo con mi enciclopedia británica, más de veinte, incluyendo la nuestra. Es como si hubiera más de veinte dioses, pero eso no puede ser cierto.

Mi padre soltó una risa. "¿Por qué no un sólo dios al que la gente le da distintos nombres?"

Mi padre tomó la copia del Corán de Ayesha. La sostuvo, le dio vueltas, abrió y cerró el libro haciendo que sus páginas soplaran como un ventilador. Se sabía de memoria casi cada línea, 114 capítulos, los suras organizados en versos poéticos y escritos de acuerdo con su tamaño decreciente. Como el hijo mayor de una familia de sangre azul pastún, pasó su juventud estudiando el Corán para ser merecedor de su herencia: tierras, riquezas y respeto. Cuando murió su padre, se convirtió en el representante de una de las familias más famosas de FATA, pero renunció a una vida de prestigio para que nosotros pudiéramos vivir con igualdad y experimentáramos el mundo como lo que es: una maravilla.

Muchas veces nos dijo que si aceptaba esa posición, ganaría menos honor que el de dar al mundo niños de mente abierta. Para los pastún, el honor es la mayor riqueza. A diferencia de sus antepasados, él lo encontró en la paternidad y no en la guerra. Con ese simple sacrificio se acercó a la fe musulmana más que cualquier otro hombre. Todos los días nos hacía recitar un sura. El día del Juicio Final estaríamos comprometidos con nuestro corazón. Y aun así, veía las verdades sagradas en las creencias de otros. La tolerancia fue el más grande regalo que me dio. Había millones de personas en el mundo que no saben nada de nuestro libro y yo no sabía nada del de ellos (en caso de que tuvieran alguno). No importaba, todos íbamos al mismo lugar por caminos diferentes. Tal vez todo lo que tenía un budista era el Loto de Sutra. Tal vez otros sólo tenían su vida. Shams cerró las cubiertas, murmuró una oración y le devolvió el libro a Ayesha. Esa tarde, entendí por primera vez lo que significaba tener fe en mi dios: Alá me unió a mi propia alma (y a la de todos los demás).

Caminé hacia el tazón de fruta que estaba sobre la mesa y tomé dos *jambules* para nosotros y dejé las granadas para mis hermanos. Extrañaba los días en los que teníamos un jardín de verdad y plantábamos pimientos y frijoles, cuando cada mes mi padre llegaba con carne para asar en el fuego. En Darra teníamos que comprar todo en el mercado y cocinar dentro de casa. Cuando le di la pieza de fruta me besó las manos.

—Dios nunca habla directo con las personas. Manda ángeles, tanto buenos como malos, para enseñarnos. La mujer que amamantó a Sangeen hace ya tanto tiempo, fue tu mensajera divina, y tú eres la mía. *Inshallah* nunca te encuentres a los de la otra clase.

Me fui a dormir con las palabras mi padre, los sucesos del día rondaban de mi cabeza y me arrullaban en un océano de sueños vívidos. Sangeen y Babrak corrían por una extraña tierra de estrellas fugaces. Intenté seguirlos y los perseguí tropezándome con piedras mientras la tierra temblaba. Mi sueño pronto se volvió una pesadilla, el piso frente a mí se abrió como si fuera una loza que se cuarteaba. Todos caímos en un frío precipicio en el que no se podía ver ni escuchar nada. Mientras caía por la oscuridad el aire se aligeró y luchaba por respirar. En medio del terror, sentí el calor de un rayo de luz detrás de mí. De alguna manera, giré y vi a un hombre alto sentado en una roca, con las manos extendidas hacia mí. En ese mundo oscuro y vacío encontré mi camino hacia él. Entonces puse mi cabeza sobre sus rodillas y lloré por mis hermanos perdidos. Aún recuerdo la voz del hombre que tenía la fuerza de un rayo. Una y otra vez me dijo: "No tengas miedo." Aunque sabía que sólo era un sueño reconocí que era Jesucristo. Después, detrás de él vi una fila de profetas que esperaban. Cuando desperté, todavía podía sentir sus cálidas manos sobre mi cabeza y escuché el suave sonido de su voz, al cual me aferré como un salvavidas en el frío mar de la noche.

Tiempo después, Dios me envió dos ángeles. Uno pertenecía al cielo y al otro lo expulsaron de ahí. Ayesha cargaba el mismo Corán de piel que mi padre había hojeado en la cocina. Como Genghis Khan podía llevar a mi hermana adonde ella quisiera, pero sólo íbamos a la escuela y a la mezquita. Mi hermana estudiaba en una sala de oraciones varias veces por semana con un grupo de niñas, todas envueltas en velos. No estaba segura de qué aprendía ahí que no le pudiera preguntar a nuestro padre. Mi trabajo era esperarla hasta que la lección acababa y volvíamos a casa con un gran cántaro de agua fresca. No teníamos drenaje en Darra, pero en las mezquitas había agua para que cada musulmán (hombre, mujer o niño) completara sus abluciones y entrara en estado de *wudu*, impecable antes de arrodillarse. Cuando hacía calor, iba y venía de la mezquita y esperaba en largas filas para juntar agua.

Llevaba una cubeta de metal, mi hermana su Corán y caminábamos juntas. Veía el domo de nuestra sala de oraciones a la distancia, era una perla gigante que emergía de aquel mar de techos cafés, con la torre del minarete desde donde el muecín recitaba el hermoso *azan*. La vista de la mezquita en medio de la suciedad de Darra siempre me daba esperanza... ¿de qué? No lo sabía. Alrededor de nosotras había hombres disparando sus máquinas mortales por deporte y pensando en la yihad (o sin pensamiento alguno). Lo único que detenía las balas era el *azan*.

Dentro de la mezquita el aire era fresco y no entraba ningún ruido del exterior. Mosaicos de mármol se alineaban en las paredes y el piso. El sonido de nuestros pasos se amplificaba mientras caminábamos por el pasillo principal, escuchábamos el eco de nuestras respiraciones. Un susurro en la mezquita podría escucharse de un extremo a otro, nadie podía esconderle secretos a Alá.

Dejé mi cubeta en una banca frente al cuarto de abluciones y volví. Primero me detuve un momento y observé a mi hermana cruzando el corredor hacia la sala de estudio. Resplandecía envuelta en su chador blanco que nunca se ensució, ni siquiera después de caminar calle tras calle entre el polvo de Darra. Luego volví al caos del pueblo, el ruido de las calles golpeó mis oídos después de la quietud de la mezquita. Extendí la palma de mi mano sobre mis ojos, observé a la multitud en busca de mi pandilla. A donde me mudara, hacía amigos con facilidad. Yo era fuerte y desvergonzada y siempre atraía personajes pintorescos. A veces peleábamos en la tierra, pero la mayor parte del tiempo estábamos corriendo buscando algo que hacer: patear una pelota, perseguirnos, disparar cosas con resorteras, a veces sólo nos golpeábamos. Muchas veces una gran amistad empezaba con un puñetazo. Para ellos yo era un niño, nadie imaginaría otra cosa.

No sólo por mi cabello corto y mi ropa masculina. Era mi manera de ser. En casa todos me llamaban Genghis, todos nos aceptábamos como éramos. Así como había distintas formas de alcanzar a Dios, decidí que había más de una forma de ser niña. Por suerte nunca tuve que darle explicaciones a nadie. No estoy segura si habría podido.

En Darra Adam Khel, todos mis amigos eran chicos a los que la gente se refería como niños problema y ratas. Siempre estábamos juntos. Si tenían hogares, nunca lo supe ni me importó. Los encontraba esperando en una calle atrás de la mezquita. Traía en el bolsillo una resortera y no la Makarov. Me llamaban desde atrás de un auto o de un basurero. Los escuchaba antes de que estuvieran a la vista. Uno tras otro surgían como un desfile de niños con sonrisas flojas y pistolas baratas para saludarme. Nos dábamos una palmada en la espalda y después salíamos del pueblo a pie. Era usual guiar a la pandilla por escarpadas colinas, mientras los niños se movían en manada; pateábamos el polvo hasta que estuviéramos cubiertos, nos insultábamos jugando. Nadie estuvo cerca de tocarme... nunca. Sabían de la Makarov y veían los músculos de mis brazos. Podía levantar a dos de un jalón si quisiera. Las únicas riñas que se desataban terminaban en narices ensangrentadas, dedos rotos, dientes perdidos, nada serio. No se trataba de una amistad: estábamos matando el tiempo, matando la vida, dejando ir nuestras infancias. No había mucho que hacer, pero yo estaba tan enamorada de mi libertad que eso no me importaba. No recuerdo de lo que hablábamos a pesar de que pasábamos tanto tiempo juntos. Ninguno tenía televisión o videocasetera, no había libros ni revistas; a diferencia de mí, ninguno de ellos sabía de videos o películas. No sabían leer un mapa, nunca habían visto un globo terráqueo o su nombre deletreado, cualquiera que fuera, ni se sabían el alfabeto. El hecho de que nos encontráramos con regularidad, tomando en cuenta la falta de teléfonos, direcciones, relojes o algún tipo de planeación, era un extraño milagro (y aun así, lo hacíamos por todo Darra).

Uno de los chicos que conocía parecía no tener nombre. Luego de escuchar la historia de cómo llegó a Darra, comencé a llamarlo Batoor, la palabra pastún para "valiente." Arribó solo desde la ciudad de Peshawar, viajó por la carretera Indo a pie, más de cuarenta peligrosos kilómetros que atravesaban valles inhóspitos y elevados caminos. Le llevó semanas (no tenía idea de cuántas) llegar adonde pensó que tendría un trabajo estable. Era extraño saber de alguien que escapaba de una gran ciudad, pues toda la gente suele huir de todo lo demás para ir directo a una de ellas.

Batoor no tenía dinero pero sí ingenio para sobrevivir: tomaba agua de los arroyos, conseguía que los granjeros le regalaran mazorcas de maíz, y las mujeres, *naan*; además hablaba con Alá para que le permitiera seguir adelante. Encontró frutas silvestres, comió insectos. Mientras lo veía recostado hacia atrás sobre sus codos en la tierra, pensaba que tal vez era en parte animal. Un salvajismo tranquilo se dejaba ver en su piel, en sus ojos, en su huidizo modo de andar. Uno podía darse cuenta de que el chico había visto muchas cosas en su vida y yo quería saber qué. Nos sentábamos sobre piedras, Batoor nos repartía las nueces tostadas que recogía de un vendedor medio ciego que empujaba su carrito hacia el mercado y nos entretenía con historias sobre la laberíntica ciudad de la que venía. Había tanta gente que podías perderte ahí y eso fue lo que hizo (aunque parecía que por mucho más tiempo del que nos contaba). Batoor dejó Peshawar para escapar de algo, eso creí siempre.

Un día me acompañó cuando fui a buscar a Ayesha a la mezquita. Se quedó parado mientras llenaba la cubeta, sus ojos vagaban por el lugar. De pronto, se acercó a la larga fila de lavabos y se limpió. Con cuidado se quitó toda la mugre, como si hubiera entrado a bañarse a ese lugar mil veces. A veces los niños de la calle que conocía me parecían estar tan limpios que era imposible creer lo que veía; dormían en el piso de los talleres de armas y corrían sin reparo todo el día por la tierra. Vivían en un mundo de inmundicia y aun así, su piel estaba tan limpia que brillaba. Al ver a Batoor limpiándose, me di cuenta de que todos ellos debían ir con regularidad a la mezquita para tener acceso a jabón y agua limpia. Pero en mis viajes para llenar la cubeta de mi familia, nunca vi a uno.

No sólo sus cuerpos estaban impecables (lo que resumía como devoción), de vez en cuando, uno o dos desaparecían por días, sin que alguien dijera una sola palabra al respecto. Cuando yo hacía preguntas sobre el paradero de tal niño o del otro, recibía una risa ácida o una mirada prolongada. Tal vez pensaban que ya lo sabía, sólo pregunté una o dos veces. Con el tiempo, el desaparecido volvía con una nueva versión de sí mismo: corte de cabello, uñas cortadas, ropa limpia, panzas llenas. Cuando comían bien, pasaban horas hablando sobre comida, como si se hubieran ido de viaje, aunque nunca fuera demasiado lejos. Existía una línea entre ellos y yo, había cosas sobre mis amigos (no sólo sus verdaderos nombres), que no sabía. Como Batoor estaba muy limpio aquel día, lo invité a conocer a mi padre en casa. Yo estaba segura de que él podría revelar los misterios del chico. Por el grifo de la mezquita corrió agua sin interrupción por unos minutos, el jabón hizo espuma, pero Batoor no podía quitarse ese dejo de salvajismo, no había suficiente agua ni siquiera en el Indo para hacer eso. Ayesha no hizo mucho cuando lo vio parado en el vestíbulo de mármol, como un oscuro profeta. Movió la cabeza bajo el chador y apretó su Corán.

Entramos por la puerta principal y dimos unos cinco pasos o menos directo a la cocina, donde estaba mi padre sentado con la cabeza sobre sus manos y tamborileando con los dedos. Se escuchaba música salir de un viejo radio que él reconstruyó pieza por pieza. Miré a mi amigo, veía boquiabierto el aparato. Por un momento pensé que iba a llorar. Mi padre no dijo nada, ni siquiera nos vio, tampoco sabía que estábamos ahí. Tomó una bocanada de aire y suspiró, había ópera en Darra Adam Khel. Después, como si sintiera una sombra en la habitación, le echó un vistazo a Batoor y apagó el radio.

—¿A quién tenemos aquí, Genghis Khan?

—Él es Batoor.

—Sí, sí. Puedo ver que lo es.

Mi padre le dio a Batoor lo mejor de nosotros sin intentar conseguir información suya, ni el nombre de su padre o madre, de su hogar, su edad o su nombre real. No le preguntó nada (como yo esperaba). Él sólo asintió y vio al chico una y otra vez. Hablaron un poco sobre Peshawar, sobre su largo viaje por la carretera, de lo frío que son los arroyos durante la noche, aunque por el día son cálidos para bañarse. Batoor tuvo que rodear los caminos para evitar los puestos de control de la policía. A veces envían a prisión a los chicos que andan solos por la carretera, porque no hay otro lugar para ellos.

Después de hablar un rato en la cocina mi padre lo dejó jugar con el radio por un rato. Le quitó el panel trasero y dejó al descubierto las entrañas del aparato. Nos sorprendió lo ágil que era con los dedos. Trabajar en talleres de armas lo obligaba a aprender rápido con las manos. Shams separó todas las piezas y las acomodó en una fila. Batoor rearmó el radio en dos minutos. Cambiamos las estaciones, ajustamos la antena y nos perdimos en la música por un rato. Mientras mi amigo estuvo en nuestra cocina me sentí rica. Le dimos nueces, pistaches y kebabs de carne rostizada. Mi padre le dijo que había escuelas en las que enseñan a hacer cosas como radios y podría empezar antes de aprender a deletrear su nombre, aunque también le llevó un tiempo enseñarle eso. Batoor escuchó el ruido entre estaciones al tiempo que sus manos trabajaban en otro aparato que mi padre ensambló. Con cierto sigilo asintió y vio alrededor de nuestra pequeña casa de dos habitaciones como si fuera un palacio. Su mirada se atenuaba con la luz de la lámpara, pensé que estaba pensando en un sueño que dejó atrás y que ahora revivía.

Mi padre ofreció pedirle ayuda a un mulá de la mezquita para encontrar una escuela para el chico. Entonces quitó de inmediato las manos del aparato. Se levantó de su silla y dijo que era momento de irse, como si fuera un niño al que se le hacía tarde para ir a casa. Nunca respondió a la oferta de mi padre, fue como si ni siquiera la hubiera escuchado. Y tampoco le dio la oportunidad de volver a hacerla, sólo abrió la puerta delantera mientras lo seguíamos y corrió hacia el purpúreo velo de la noche.

Lo vimos alejarse hasta que desapareció en lo alto de la calle y mi padre puso la mano sobre mi hombro. Los dos nos quedamos parados en el umbral de nuestro cálido y tranquilo hogar, mientras sonaban en el radio suaves tonadas de piano. Mi padre me hizo prometerle cosas con susurros que no entendí, cosas relacionadas con vagar con Batoor y los otros niños, nunca estar sola en los callejones, no confiar en nadie ni irme con algún extraño. Si necesitaba rupias sólo tenía que pedírselas a él. Veía la oscuridad como si todavía pudiera ver a mi amigo andando por el camino. De alguna manera supe que no vería al chico de Peshawar por algunos días y que reaparecería con el cabello corto y las uñas limadas como perfectas lunas crecientes. Con suerte, tal vez tendría un par nuevo de zapatos. Tan suertudo que apenas diría algunas palabras. Mi padre me miró. Los dos éramos dos siluetas en la oscuridad. Yo quería saber por qué nunca le preguntó al chico su historia, como lo hacía con todas nuestras visitas. Después de todo, era la primera vez que yo llevaba un tesoro humano.

—Batoor ya vivió miles de años. Pedirle que cuente su historia es como pedirle que viva otros mil años.

Al día siguiente, regresé a la mezquita como siempre, con mi hermana y mi cubeta vacía. Ella bajó al vestíbulo con su chador impecable para encontrarse con su grupo, mientras yo fui a lavarme y a rezar. De vez en cuando me gustaba detenerme en la sala de oraciones, como si mi alma estuviera vacía y necesitara llenarse. Me paré bajo el domo central. Sobre mí, la blanca bóveda parecía proyectarse hasta el cielo. Una circunferencia con ventanas en forma de medias lunas la rodeaban como una docena de soles. Se suponía que teníamos que ver el cielo, y siempre creí que así era. Entonces, antes de arrodillarme, me puse frente a la hendidura de mármol negro en la pared que mostraba la *alquibla* (la dirección en la que hay que rezar).

Si pudieras caminar a través de la hendidura y continuaras en esa dirección, llegarías a la Kaaba en la Meca. Olvidé dejar mi cubeta en el cuarto de lavado y pensé en volver y colocarla en una banca para más tarde. Ahí estaba cuando escuché a un hombre tosiendo detrás de mí, me di la vuelta y vi el rostro sonriente de un mulá con túnica y turbante, un hombre al que no reconocí a pesar de ir a la mezquita todos los días. Podía oler en él el fresco aroma a jabón, como en Batoor y otros niños. Estaba limpiando sus manos con un trapo. Señaló mi cubeta y me hizo una seña para que lo siguiera.

Así lo hice. Nos deslizamos por un pasillo vacío. Recuerdo que pensé que él parecía flotar como un hombre santo de su tamaño lo haría, mientras que yo caminaba a tropezones con unos zapatos que eran muy grandes para mis pies. Por alguna razón sentí suciedad en mi cabello, en mis manos, en mi piel, a pesar de que me limpié bien en los lavabos. No estábamos yendo a los cuartos de abluciones, no estábamos yendo a ninguna parte. Alguna vez estuve ahí antes. El mulá me guió hasta un edificio adjunto y me hizo dejar la cubeta en el piso al lado de una puerta. Tenía que oponer gran fuerza para que se mantuviera abierta y cuando la soltó, se cerró detrás de nosotros, con un fuerte sonido que retumbó en mi corazón. Adentro, todas las cortinas que cubrían los cuatro ventanales estaban cerradas, a excepción de una que dejaba entrar un poco de luz. Había un escritorio impresionante, un brillante cojín de seda color rubí y en el fondo un gran tapete otomano cubierto de cojines. Era difícil notarlo, pero pude ver un par de zapatos de niño abandonados hacia un lado, como si fueran objetos muertos.

Después vi la espiral de vapor saliendo de una tetera roja en la esquina. El murmullo del té chai rondó la habitación como si viajara por el tiempo, desde mi vida en la vieja ciudad universitaria para alcanzarme justo ahí. Sin Buda esta vez, sin flores de loto o cruces en la pared, sin fotografías de profetas ni libros sagrados, ninguna mujer que me ofreciera su consuelo si lloraba. Sin mi hermano sentado en mi regazo para contarle una historia, lo que estuviera pasando era real. Cómo deseé estar de nuevo en la tranquilidad de la sala de aquella mujer *seraiki*, tomando té y viendo a la *afridi* amamantando a mi hermano, confiando en la amabilidad de los extraños. Podía escuchar los cantos de la mujer en mi oído y luego a mi padre explicarme aquella escena más tarde. Mi memoria se aferraba a los recuerdos como si fueran una pequeña balsa de madera. Estar en la oficina del mulá mientras intentaba atraerme hacia su sombra, fue como tener la premonición de una pesadilla. Después, en la fresca oscuridad de un terror puro, sentí sus cálidas manos sobre mi cabeza y escuché una profunda voz susurrándome: "No tengas miedo." Más tarde me di cuenta de lo peculiar que fue ese momento de terror vivido en mi propia mezquita. No conjuré ninguna *aleya*. En vez de eso, conjuré a un grupo de mujeres pacíficas sentadas en la sala y después al profeta de mis sueños. Sólo por eso, el mulá podía darme latigazos. Se acercó a su escritorio y se quedó parado en el umbral. Comparado con la frescura de la mezquita que se había quedado atrás, el calor en esa oficina era tal que no se podía ni pensar. El mulá estaba hurgando en su escritorio y humedecía sus labios como si tuviera sed. Tenía una pila de rupias en su palma abierta, pude verlas brillar. Observé el dinero, era más de lo que hubiera visto junto en toda mi vida, justo ahí, para que lo tomara. El mulá soltó una risa y habló de los chicos con los que me juntaba. Nos vio muchas veces, los conocía a todos, menos a mí y quería tomarse tiempo para conocerme mejor. Se sentó en el tapete otomano y me hizo una seña para acompañarlo entre los cojines carmesí. Me veía desde la penumbra, no mi rostro, sino mi cuerpo de arriba a abajo y justo entonces supe lo que quería.

Como si una mano me empujara, la mano de Dios, la mano de mi padre, la mano de Jesucristo, cuya sagrada voz aún podía escuchar, comencé a retroceder. El mulá frunció el ceño y continuó hablando, jugando con su pila de monedas y tocando los cojines rojos. Me hizo señas de nuevo y me pidió que cerrara la puerta. Entonces, en la oscuridad, alcanzó una granada madura y me la mostró. Sentí el suave aire del corredor, me incliné para tomar mi cubeta que se columpió tan fuerte que generó un estruendo al golpear la pared. El golpe reverberó por toda la mezquita como una campana descompuesta. Me detuve por un momento y antes de salir corriendo dije lo que sabía que tenía que decir.

—Cuando necesito rupias se las pido a mi padre, y cuando quiero una fruta, él también me la da. Molésteme otra vez y le juro que lo matará.

Me moví rápido por el corredor hacia la limpia luz. Seguí derecho, pasé la sala de oraciones y el domo rodeando los pilares. Atravesé las puertas principales, tiré mi cubeta pero no escuché nada. Sólo avancé sin parar.

Cuando puse un pie afuera, la suciedad y el ruido cayeron sobre mí. Me detuve y respiré el aire como si fuera agua clara y no hubiera tomado una gota en días. Sentí que mis pulmones olvidaron cómo respirar, no podía recuperar el aliento. En el otro lado de la calle vi a algunos chicos con los que solía jugar. Uno de ellos tenía una camisa planchada y zapatos nuevos. No me notaron. Examiné sus rostros en busca de Batoor, pero no estaba. Entonces supe que estuve a un paso de entrar al oscuro mundo de esos niños. Pronto me vieron. Eché a correr, sentí la mano de mi padre en mi hombro y escuché su voz en mi oído. Cada palabra me perforó:

—Batoor ya vivió miles de años.

9
FUERA DE LAS ÁREAS TRIBALES

Cada día se volvía más peligroso Darra Adam Khel, así que volvimos a cargar la camioneta, esta vez en busca de paz. Desde la caja, contemplé un valle circular del tamaño del mar bajo la Autopista Indus. Y cuando vi la metrópolis extendida como una gran colmena de edificios altos y agrupados, pensé que Peshawar era una ciudad para reconocer. Tenía razón. De inmediato luché para encontrar mi lugar entre la multitud, ahí donde no tenía a dónde correr libre y no conocía a un alma. Era 2001, apenas tenía diez años y sentí que la última mudanza de mi infancia (fuera de las malas y hermosas áreas tribales) tendría un fin.

Antes de nuestra partida, mi padre describió la capital de la provincia Jáiber Pajtunjuá: sería la primera ciudad de verdad que verían mis ojos. Los antiguos textos de los parsis describieron el área como el sexto lugar más hermoso de la tierra, y en alguna época seguro fue cierto, cuando todavía era la joya descrita en los libros de historia, enclavada en el extremo oriental del paso Jáiber. Ahora era una extensión de fríos edificios, como si del antiguo valle hubieran brotado una infinidad de árboles enormes y sin color, todos irguiéndose medio muertos en una neblina amarillenta. Mi padre nos contó sobre las universidades, los hospitales modernos, los mercados y los parques. Nos mudamos ahí por las oportunidades que no podíamos encontrar en la franja tribal: buenas escuelas, atención médica, trabajo estable y no más armas (una vida mejor). Sonaba demasiado bueno para ser verdad. Tal vez lo era. Todo lo que vi fue una imponente jungla urbana que pasó con rapidez al dar la vuelta en la carretera y entrar en la avenida Kohat Road. Cuando por fin llegamos al centro de la ciudad, las calles de Peshawar zumbaban con el clamor enfurecido del tránsito, las paredes de sus edificios se alzaban tanto... La ciudad parecía no tener fin. Pensé: "Podría tragarme completa, si la dejo."

Nuestra nueva casa era un edificio de estuco, tenía un tono mostaza descolorido que contaba muchas historias. Me quedé viendo su fachada, estirando el cuello, cautivada por su altura y por la multitud de ventanas que la marcaban. Viviría como en una colmena gigante. Nuestro edificio corría a lo largo de una banqueta llena de peatones apresurados y puestos de vendedores de frutas que tenían limones, naranjas, limas, mangos, todos acomodados en pirámides. Cada vez que alguien compraba una fruta, los vendedores rápido reacomodaban el montón. Una parada de bicitaxis motorizados frenaba el paso, así que muchos autos obstruían la calle y sólo dejaban poco espacio entre las defensas. La ciudad zumbaba como un enjambre de abejas.

Un adolescente enjuto, parado en la alcantarilla, nos veía descargar el equipaje, maletas y demás. Saltó hacia nosotros y tendió una palma callosa, de inmediato vi su muñeca llena de heridas pequeñitas: otro adicto a la heroína. Parecía que en Peshawar había niños adictos y vagabundos por todas partes. Mi padre asintió con la cabeza, le dio una moneda y le prometió otra si nos ayudaba a llevar las cosas al edificio (las pocas pertenencias que representaban un hogar). Sin un cuarto para pollos en este nuevo departamento, todo lo que trajimos fueron libros y ropa, la caja de recuerdos de mi madre, dos ventiladores en vez de uno y la Sohrab.

Durante las primeras semanas en Peshawar, tuve dificultades para orientarme. Veníamos de un paisaje de llanura, de un espacio abierto donde todos los puntos de referencia eran de la tierra (cimas de montañas, una curva en el río, un árbol de acacia, rocas, campos de girasoles, un nido de águilas abandonado, etcétera). Con un vistazo a la posición del sol adivinaba qué hora era. Ahora estaba perdida en una red caótica de avenidas, callejones y edificios, todos mezclados. Mi padre le dio a cada uno un mapa de las calles y un reloj. Yo no los quería, deseaba regresar a los valles. Anhelaba respirar el aire limpio y correr por los techos y planicies.

El departamento era suficiente y estaba limpio. Teníamos baño propio, una linda cocina con gabinetes, dos recámaras, una sala con un sofá cama donde dormían mis padres. Taimur y los gemelos compartían un cuarto, Ayesha y yo el otro. Mis hermanos se acostumbraron de inmediato a la vida en la ciudad, acomodándose bien a las rutinas de la escuela. Al principio, mis papás todavía me daban clases en casa, pero con sus trabajos de maestros les quedaba poco tiempo para dedicarlo a mis lecciones. La mayoría de los días me quedaba en casa, esperando junto a la ventana que alguien regresara. Cuando la abría, la ciudad llenaba el departamento con ruido y calor. Era una sensación extraña vivir encerrada tantos metros arriba del suelo y como un sándwich entre pisos. Afuera, sólo podía ver otros edificios, el sol no me daba en la cara. Sentía que me sofocaba. A veces lloraba hasta dormir. Seguido pensaba en salirme y caminar a lo largo de la carretera siguiendo la ruta de regreso a Darra Adam Khel, donde podría vagar por las montañas con mi resortera. Desde el primer día en Peshawar, mi familia se dio cuenta de que me volví taciturna, mi estado de ánimo bajaba a la menor provocación. Merodeaba por las habitaciones como una criatura atrapada en una jaula. Al mudarnos a la ciudad me cortaron las alas.

El consejo de educación tenía las oficinas centrales en Peshawar, pero los cursos de entrenamiento de mi madre y su asignación de clases fueron en toda el área. Casi todos los días, mi padre viajaba a las áreas tribales para dar lecciones en varias universidades. En las primeras semanas, Aami nos llevó a Ayesha y a mí a la escuela para niñas donde le dieron un puesto temporal. Tomábamos el típico *jingle bus*, un camión de pasajeros, viejo y pintado de muchos colores que tiene bancas y campanas adentro. El viaje en el pesado autobús era feliz y ruidoso, lleno de niñas platicando en las bancas mientras yo me sentaba en silencio, apretada entre madre y hermana. De vez en cuando, algunas niñas se me quedaban viendo.

En Peshawar, mis padres me pidieron que tratara de ser Maria otra vez. Usaba el uniforme de la escuela, un vestido oscuro que me picaba y un velo que me cubría la cabeza y los hombros. La única forma en que podía ir a la escuela de niñas, era vestida como ellas, y sólo tendría una educación regular si asistía a las clases. Taimur entró en una buena preparatoria al otro lado de la ciudad y a Ayesha le faltaban dos años para hacer lo mismo. Los gemelos iban al kínder que estaba cerca de la casa.

Todas las mañanas, ponerme la túnica de lana era como meterme en la piel de alguien más. Mi cabello todavía estaba corto. Era como una tabla alta y musculosa dentro de un vestido planchado. El uniforme me causaba un doloroso sarpullido. Mis grandes manos mostraban su historia de escalar montañas y disparar flechas. Pronto las otras niñas me criticaban cuando me retorcía en la silla del escritorio tratando de concentrarme en las clases. Había rumores de que en realidad era un niño, pero nadie decía ni una palabra en mi contra porque era la hija de la Maestra. Sólo actuaban como si yo no estuviera. Y en esencia, no estaba. Durante esos largos y tortuosos días de escuela me retraía en un mundo imaginario, caminando en los barrancos profundos y fértiles de las montañas, bebiendo de los arroyos. No tenía ningún interés en leer libros de texto o aprender cosas de palabras garabateadas en un pizarrón. Hasta entonces, me gustó aprender en casa y no imaginaba adquirir conocimiento de otra manera. Mi madre me había enseñado en la calidez de la cocina; mi padre, en la suave sombra de los árboles frutales, sentados en el frío piso de tierra de nuestra sala o caminando por el valle rocoso.

Todos los días, Ayesha se asomaba a mi salón y siempre movía la cabeza.

—Siento pena por ti Maria. No perteneces ahí —me decía.

Tenía razón. Estaba fuera de lugar por completo y no aprendía nada. Así que mi padre me liberó de la prisión del uniforme sofocante, me volvió a dar clases cuando podía y me buscó una actividad.

Mi nuevo trabajo era hacer mandados para la familia: comprar las cosas de la comida, de la escuela, de la limpieza, medicinas, el periódico, libros. Todo lo que necesitábamos. Tenía que conocer el mapa de la ciudad como la palma de mi mano, y con el transcurrir de unos meses lo logré. Cuando ya me orientaba muy bien me dejaron usar la Sohrab en la ciudad, le pusimos unas bolsas a los lados y un timbre en el manubrio. Me encantaba ir rápido por las calles pavimentadas, zigzagueando a través del tránsito, burlando a los conductores, tocando el timbre, ignorando los semáforos, los señalamientos, sin detenerme por nada ni por nadie. Me vestía en *shorts* y playeras, pedaleaba fuerte y sorteaba los baches. La ciudad se extendía frente a mí en un manchón de edificios blancos mientras pasaba las antiguas puertas *(Gate)* de la ciudad, los campos de juego y los estadios a lo largo del canal del río Kabul. Pero cada vez que me subía en la bici, pensaba en atravesar Peshawar y tomar el largo camino de regreso a las salvajes áreas tribales.

Un día cualquiera, mi padre podía enviarme por muchas cosas: pasta de dientes, hojas de afeitar o una penca de plátanos. Una tarde en particular me pidió comprar un paquete de harina. La mayoría del tiempo sabía que me mandaba a hacer algo sólo para tenerme afuera. Si no se le ocurría nada, me pedía que fuera a algún lugar: los hermosos jardines de Ali Mardan Khan, los callejones estrechos y llenos de hoyos de la Ciudad Vieja de Peshawar, tan fragantes por las especias que regresaba yo oliendo a azafrán y clavo. Una vez me mandó con un cuaderno de dibujo y un lápiz a dar la vuelta por los antiguos monumentos: el puente

Bara, construido por los Mughals y la torre del reloj de Cunningham, por los ingleses. Pero con el tiempo se le acabaron las ideas y fue cuando empecé a correr fuera de control.

Empecé en la puerta Kabuli (Khooni Darwaza), la más importante de las dieciséis puertas que alguna vez llevaban a la ciudad vieja. Mi llanta se ponchó con un pedazo de manguera rota y tuve que parar, sudando y sin aliento para parcharla. Después de repararla, no pude regresar mi respiración a la normalidad. Tenía la boca seca, rasposa y mi corazón latía muy fuerte. Me di un masaje en las sienes, el escándalo de autos, motos y camiones pesados era intenso. Ese día odié la ciudad más que nunca. Estaba sedienta pero no quedaba agua en mi cantimplora y sólo tenía dinero para comprar el paquete de harina por el que me mandó mi padre. En la ciudad, si no tienes rupias, no tienes nada. No era como vivir en el campo donde el agua corre libre para beberla en los arroyos y los árboles dejan caer las frutas maduras en tu mano extendida.

Estaba en el corazón de la Ciudad Vieja de Peshawar. Los muros de piedra dividen el área en tres zonas: Sard Chah, Gunj y Dhaki Nalbandi. Quién sabe en cuál estaría cuando me empezaron a seguir unos niños. Cuando me habló el primero, volteé para atrás y me subí en la bici. Muchos otros se subieron en las suyas, seguro ya andaban por ahí esperando a alguien para molestarlo. Algunos empezaron a correr y entonces, de alguna manera su pequeño grupo se multiplicó. Cuando sentí el viento de su movimiento, pedaleé más fuerte, las piernas se movían como pistones. Los escuchaba gritar y burlarse. Pensé que querían quitarme algo: el reloj, los zapatos, la vieja Sohrab. Su deporte era robar, lo sabía, pero no sabían lo fuerte que era cuando tomé la delantera. Me pareció que eran débiles niños de ciudad sin músculo que pasaban sus días holgazaneando en las calles. Sólo con ver sobre mi hombro las miradas enojadas, supe que podía con todos, uno a la vez. Y quise hacerlo. Giré en un callejón, dejé de pedalear, me bajé de la bicicleta y caminé.

El hedor de las alcantarillas de la ciudad flotaba en el aire. Todos los niños se detuvieron en el callejón. Sin palabras, uno o dos de la media docena todavía me seguían en sus bicis. Uno dijo algo en un lenguaje que no reconocí. No le respondí. Supuse que el más fuerte avanzaría, era fácil de identificar. Siempre hay un macho alfa en un grupo. En Darra Adam Khel, yo era el alfa.

El niño que caminó para enfrentarme era una cabeza más pequeño que yo, pero bajo, fornido y corpulento, como un bulto de cemento. Manos grandes, amplios hombros, daría una buena pelea. Aun así, pensé que sería rápido. Nos golpearíamos varias veces. Trataría de quitarme algo, tal vez mi reloj, pero no lo dejaría. En vez de eso, le haría una llave de estrangulación que lo asustaría un poco, tan simple como eso. Los otros verían, gritarían, harían apuestas. Había visto esta muestra de dominio muchas veces en Darra.

Por unos pocos segundos, todo estuvo quieto en ese callejón oscuro. Escuché agua goteando de una tubería detrás de mí y sentí sed otra vez. Estaba calmada y tragaba con fuerza. Mi pulso era estable. Parada ahí, rodeada de niños sin nombre que detenían sus bicicletas, su líder acercándose, doblé mis dedos. El niño llegó a mí y nos sostuvimos la mirada un momento, ambas iluminadas por una pelea próxima. Entonces, sin separar sus ojos de los míos, asintió con la cabeza y escupió en mis pies. Esa fue la manera en que quiso que empezaran las cosas entre nosotros.

No pensé muy bien en lo que hice después. El resultado ya era claro en mi mente: nadie podría golpearme, ni ahora, ni nunca. Replegué mi brazo como un martillo neumático y solté el primer golpe en su mandíbula. Tartamudeó un grito y su cabeza se fue para atrás, pero se puso firme rápido, se plantó bien y me devolvió el golpe justo en medio de la boca. Sentí que se me aflojó un diente y un hilo de sangre tibia; usé la lengua para acomodar el diente en el borde de la encía. Pronto el niño y yo estábamos enredados, luchando brazo a brazo, frente a frente, resoplando con gruñidos como perros de pelea. Su resistencia no tardó mucho en declinar, sólo debilité un poco su agarre y lo puse bajo una llave de estrangulamiento, una rodilla en el piso perforando el pavimento, la otra doblada para detener al chico que había vencido. Respiraba con un silbido por la fuerza de mis músculos alrededor de su cuello. Su corazón inestable y entrecortado latía contra mi antebrazo doblado. Su sudor apestaba.

Uno por uno, los niños en el callejón se calmaron, tomaron sus bicis y se fueron con lentitud. El espectáculo había terminado, los vi marcharse. Todavía tenía al niño sujeto por el cuello y esperé hasta que el último se alejó, dio vuelta en la esquina y desapareció. Cuando estuvimos solos, lo solté y cayó desde mi rodilla al piso. Tragando aire para respirar y agarrándose el lastimado cuello, nunca me miró. Había una botella de agua en su bici, caminé hacia ella, la agarré y le di un gran trago. Luego fui hacia el niño y la vacié sobre su asquerosa cara empapada de sudor. Me sentía bien parada sobre él, viendo su debilidad. En mi mente, ese niño jadeando en el piso ya no era una persona: le había dado una paliza a Peshawar en el primer round… pero presentía que habría otros.

⚬

Crucé la puerta de nuestro departamento con un hilo de sangre corriendo al lado de mi boca y actué como si nada hubiera pasado. Me quité las sandalias despacio y las puse con cuidado en el clóset. Mi padre vio mi labio hinchado cuando le di el paquete de harina que me había mandado a comprar y movió la cabeza. Seguro creyó que en mi primera pelea callejera en la gran ciudad, estaba sacando algo de mi organismo, pero fuera lo que fuera, ya se había infiltrado en mis venas. Disfruté la emoción de la pelea. También me encantó la sensación de ganar.

—¿Qué hiciste Genghis Khan? ¿Peleaste con una horda de mongoles invasores?

—Algo así, Baba.

—Bueno, entonces mi selección del momento oportuno es tanto desafortunada como perfecta.

Seguí a mi padre a la sala, esforzándome por no tocar los moretones que me iban saliendo en la cara. Vi una televisión y una videocasetera en un rincón. Mi padre siempre encontraba la manera de conseguir que los vendedores le rentaran el equipo y los videocasetes (a veces llegaba a casa hasta con siete películas envueltas en una gran bolsa de papel). Los fines de semana llenábamos el piso de la sala de nuestro pequeño departamento con un desorden de cobijas y cojines, nos sentábamos o acostábamos y las veíamos juntos. A veces poníamos programas de televisión grabados en Estados Unidos. Nunca supe de dónde sacaba esas rarezas. Mi favorito era *Chips: Patrulla motorizada*. La serie trataba de dos oficiales de la patrulla de caminos (con los dientes más blancos del mundo) que combatían el crimen por todo California, siempre en sus motos. La sierra seca que se veía detrás de Los Ángeles lucía justo como las hermosas faldas ondulantes y cafés de las montañas de Darra. Cuando mi padre deslizó *Rocky* en la videocasetera y oprimió el botón *play*, giró hacia mí y sonrió. No sé si esperaba que Rocky Balboa se convirtiera en mi nuevo héroe, pero desde el momento en que este boxeador (que llevaba las de perder) acepta pelear con el invencible Apollo Creed, me cautivó. De inmediato me identifiqué con el héroe perdido y fuerte que combatía sus demonios por reconocimiento en una ciudad despiadada. Lo que él hacía en el ring, yo lo hacía en las calles. Mi padre tenía razón, su selección del momento oportuno fue perfecta.

El mundo de los barrios de Filadelfia, de Rocky Balboa, era similar al mío. Era miserable viviendo en Peshawar y sólo veía sus defectos: caminos con baches, puertas descuidadas, autos destartalados, banquetas rotas, basureros desbordados, autobuses llenos de gente… una ausencia total de verde. Caminabas kilómetro y medio y no veías un solo árbol. Nada podía suavizar ese enojo contra la ciudad que me atrapaba. Peshawar era el Apollo Creed que tenía que vencer, pero temía que no podría (simplemente la

ciudad era demasiado grande). Y cuando Rocky Balboa habló en
la pantalla, sentí que era para mí. Sus palabras, las cuales leí
en los subtítulos, hicieron que mi corazón latiera con fuerza:

"Déjame decirte algo que ya sabes. El mundo no está lleno
de arcoíris y de rayos de sol. Es un lugar muy ruin y sucio, y sin
importar qué tan duro seas, te golpeará hasta que te arrodilles y
ahí te mantendrá de manera permanente si se lo permites. Ni tú,
ni yo, ni nadie golpea más fuerte que la vida. Pero no se trata de
qué tan fuerte pegues, sino de qué tan fuerte puedes ser golpeado
y seguir avanzando."

Y yo siempre avanzaba, de pueblo en pueblo, de valle en valle,
de barrio en barrio, superé mezquitas y santuarios, hospitales, escuelas, guetos, campos de refugiados afganos, los callejones de los
barrios bajos de la ciudad vieja. La próxima vez que saliera en la
Sohrab, iría buscando una pelea como Rocky Balboa. Y no tardé
mucho en encontrarla.

No tenía una pandilla (ni invitaciones para unirme a una). Corrí con mi bici por las principales arterias de Peshawar hacía la
periferia y los suburbios, donde el tránsito y los caminos dismi-
nuían. En mi mente estaba en Filadelfia, corriendo por las calles.
Me transportaba a las escenas de la película, la cual vi muchas
veces: Rocky Balboa entrenando con canales de carne en vez de
costales de boxeo, la manera en que golpeaban su cara y regresaba por más.

A lo largo de la orilla de la ciudad, pasé grupos de jóvenes
holgazaneando. Algunos eran afganos, perdiendo el tiempo hasta
que una repatriación oficial los regresara a su hogar. La Organización de las Naciones Unidas (ONU) supuso que estos desplazados por la guerra soviética eran refugiados oficiales, pero muchos
llevaban más de diez años. Otros sólo llegaron a Peshawar huyendo de los talibanes, quienes estaban en el poder del otro lado
de la Línea Durand. Mi padre nos enseñó fotos del campamento
Jalozai, un océano de refugios y tiendas improvisadas plantadas
en una depresión del terreno polvoso y desperdiciado 30 km fuera

de Peshawar. El nuevo campamento Shamshatoo designado por la ONU estaba a 25 km de un camino sin pavimentar en una tierra deshabitada. Los oficiales transportaban gente de un campamento a otro. Vi el largo y dañado camino de tierra que guiaba al campamento, los camiones de agua moviéndose con lentitud llevando raciones y provocando nubes de polvo amarillento, y después a la gente entrando a la ciudad en busca de trabajo o más comida. Al ver el vacío de sus caras, pensé: "No tienes que estar muerto para ya no vivir." Baba siempre decía:

—La burocracia mata más gente que las balas.

Tenía razón.

Giré hacía una pequeña calle habitacional donde había ropa lavada en los tendederos. Los niños lloraban a través de las ventanas abiertas, un borrego baló. No sabía que me seguían, tal vez desde hacía horas y kilómetros. Cuando le hice la llave de estrangulación a ese niño, me convertí en el blanco, el centro de la diana. Todos esos chicos sabían dónde vivía y me estaban esperando. Aprendería que dentro del laberinto urbano de Peshawar había toda una red de salvajes pandillas callejeras. Y cuando identificaban a un niño para una pelea, no tenías escapatoria. Sin querer, al golpear a uno de los suyos, empecé una guerra.

Algunas de las calles en la parte vieja de la ciudad eran callejones desconocidos y peligrosos: tierra de nadie. Muchos de los edificios (búngalos en mal estado y tiendas en las esquinas) estaban cerrados. La basura se salía de los contenedores. Como si supieran algo que yo no, muchos señores viejos que estaban sentados afuera bajo los toldos, con calma se metieron a sus casas cuando me vieron. Puse el pie en el pavimento y miré la franja de cielo azul justo cuando un pájaro pasó batiendo sus alas.

Sentí que alguien venía hacia mí por detrás como una corriente eléctrica y de repente el aire cambió. Al girar, mis manos se deslizaron por el manubrio. Un pañuelo a cuadros cubría la mitad de su cara. Su mirada me dijo todo lo que necesitaba saber y tras lo que iba: nada material que tuviera, sólo yo. Otros niños llegaron tranquilos en sus bicicletas o a pie. Algunos salieron de sus casas sólo para observar. Tenían la mirada fría que surge al saber que eres dueño del lugar y del tiempo. Los conté rápido, llegué a diez y paré. El niño que me enfrentaba estaba tan cerca que podía oler su aliento a alcaravea. Con indiferencia, avancé hacia una pared cacariza, apoyé mi bicicleta y regresé. Estaba lista y serena: no sabían que estaba poseída por Rocky: ésa era la razón principal para seguir ahí.

El primer niño empezó a gritonearme lo que le había hecho a su hermano. No le di ninguna explicación. Su hermano me buscó primero, no al revés. Me encogí de hombros sin decirle nada. Dos chicos se pusieron a cada lado de mí, pensé que me tirarían en una revuelta de golpes y patadas. Entonces mi oponente levantó una mano, sacudió la cabeza y retrocedieron con lentitud. En ese momento me sentí como si en verdad fuera Rocky, en el ring, lista para empezar. No tenía nada que perder, salvo mi orgullo, y era todo lo que valía la pena mantener. Me mantuve al principio de la cadena alimenticia en Darra y no había razón para creer que aquí sería diferente. La gente nos veía como sombras detrás de sus ventanas. Escuchaba sus voces y cerraban sus puertas. El deseo de ganar picaba mis nervios. Mi mente se apropió de una frase de la película, no sé si la pensé o la dije en voz alta, ya no me acuerdo, pero fue: "¡Vas a comer relámpagos!"

Después me empujó fuerte con una mano para probarme. Su respiración escapó en un rápido: "¡Huh!" Entonces lo empujé con las dos manos justo contra su torso, se cayó hacia atrás y entramos en la espesura del primer round. Le pegué en la cara una y otra vez y él me hizo lo mismo. Fingí un poco de debilidad para ver qué tenía en mente. Nos tanteamos con algunos saltos, agachadas y nos golpeamos en el callejón. Me di cuenta de que trataba de imitar mi llave de estrangulamiento, seguro los otros niños y su hermano derrotado se la describieron. Venía hacia mí con el brazo doblado y trataba de pescar mi cuello. Sabía que sería su perdición porque se concentraba sólo en una maniobra final, mientras yo calculaba en su contra. Cada adversario oculta una debilidad fatal, nada más debes encontrarla y no dar tu brazo a torcer (esto me lo enseñó mi padre hace mucho tiempo cuando me explicó el proverbial talón de Aquiles). Sólo necesitaba agarrar el brazo doblado primero, estirarlo y forzarlo con las dos manos para zafar su codo, igual que si rompiera una bisagra.

Su articulación sonó hueca cuando la giré. Sostuve su extremidad mientras pensaba mi siguiente movimiento. Luego, nos miramos uno al otro por primera vez. Percibí el miedo en sus ojos negros e intercambiamos ese conocimiento certero de que si quería, le podía partir el brazo en dos. Iba ganando y él lo sabía, un centímetro más y tendría que usar yeso. Esos ojos húmedos suplicaron que me detuviera. Con eso era suficiente. Lo solté aventándolo hacia abajo como un saco de harina. Habíamos terminado.

En el aire flotaba la música del radio: sonido de tambores y una guitarra eléctrica. Pensé en mi padre y en lo que diría cuando viera mis nudillos golpeados, llenos de sangre, y la cortada en mi labio superior. Todo el aire se había ido de la larga y asquerosa calle, como si lo hubiéramos succionado con cada aspiración de oxígeno en nuestra pelea. Estuvimos ahí mucho tiempo, quizá media hora. De repente, hizo mucho calor. Los otros niños se fueron despacio en sus bicicletas, como la audiencia emocionada que sale del auditorio, todos callados con sus destartalados zapatos igual que antes, abandonando a su camarada en el piso, donde se sobaba el codo. Esta vez, en lugar de sólo desvanecerse, uno o dos de ellos voltearon para mirarme y asintieron con la cabeza. Silencio de aprobación y respeto: todo lo que necesitaba. Me giré y tendí mi sangrienta mano para ayudar a mi Apollo Greed a levantarse, después fui por mi bici. Le di la espalda y caminé por la calle.

Cuando el ladrillo golpeó mi cabeza, me cortó justo en la parte baja del cráneo. La sangre salió a chorros, podía sentirla y olerla. Me paré titubeando, solté la bici. Cayó con estrépito en el piso, una rueda seguía girando. Luego estaba de rodillas. La espalda de mi playera de repente se sintió pegajosa y tibia, pensé en una cosa: miel. Toda la adrenalina de la pelea se había esfumado de mi cuerpo. El hechizo de Hollywood se rompió. Por un momento, pensé que el niño me había golpeado tan fuerte, lo suficiente para matarme, pero sentía mi corazón latiendo como una estampida. Al principio, el dolor no salía de la herida, sino que explotó en la panza y se esparció por mi garganta. Me tambaleé hacia delante y vomité. Al levantar la vista a la calle, mareada, enfoqué lo suficiente para ver unos tenis rotos que se pararon un momento frente a mí. Después, simplemente todo se puso blanco, igual que una televisión vieja al apagarla. Mi cabeza cayó al piso con el resto de mi cuerpo y cerré los ojos.

Momentos más tarde, no sé cuánto tiempo después, desperté y me tambaleé a casa. Recuerdo ver mi edificio erguido sobre la calle, disparando rayos de sol del panal de ventanas de vidrio, sin saber cómo llegué ahí. Por algún milagro, todavía tenía la bici y la empujaba. Mugre, sangre y sudor cubrían el manubrio. No quiero saber cómo me veía cuando tropecé a través de la puerta de nuestro departamento y pedí un vaso de agua.

No importó qué pasó o dónde. Creo que nunca me preguntaron. Mi padre sólo vio mi sangre. Entrelazamos nuestros brazos, me llevó al sillón y revisó cada parte de mi cuerpo. Me pidió decir mi nombre, nuestra dirección, contar hasta diez al revés. No había nadie más. A veces, mis padres compensaban días ocupándose de la casa entre sus turnos de clases. La sala se llenaba con nuestros murmullos, nada más. Mantuve los ojos cerrados mientras me hablaba con suavidad, usó un trapo limpio para presionar mi herida y detener el sangrado. Nunca olvidaré el sonido de su voz, era como una versión mucho más joven de él mismo, como un hombre cuidando a su bebé.

En el hospital de Peshawar, los doctores me practicaron unas puntadas y administraron medicamentos para el dolor. Hicieron exámenes y me dejaron ir. Antes de salir, mi padre entró en la sala de observación y se paró frente a mí, gotas de mi sangre habían manchado su *shalwar kameez*. Me quitaba grumos secos de sangre del cabello y traté de no verlo. Me sentía avergonzada. Me habló sobre el enojo, cómo necesitaba agarrarlo por las riendas y jalarlo. Volvió a ser él mismo, un sólido barítono de fuerza ahora que su hija estaba mejor. Cuando terminó, tomó mis hombros y me sostuvo cerca de su pecho, de manera que podía escuchar su respiración y la seguridad de los latidos de su corazón. Justo entonces, quería doblarme e incorporarme en él. Peshawar no era mi hogar: mi hogar era mi padre. No necesitaba nada más.

—Maria, ¿recuerdas lo que dice Rocky Balboa sobre lo que estás haciendo?

—Dijo muchas cosas, Baba. Muchas cosas sobre tratar de ganar.

Se apartó un poco y me miró, medio sonrió. Entonces tocó mi rostro hinchado.

—Tienes que ser un imbécil… tienes que ser un imbécil para querer ser boxeador.

10
LA CAPITAL DE LOS IMPERIOS

Trece puntadas no me detuvieron, tampoco los sentimientos de mi padre en el hospital, aunque al principio traté de mejorar mi actuación. La historia del ladrillo que me descalabró tomó proporciones legendarias entre los niños de la calle y pronto no podía caminar por el pavimento sin un nuevo contendiente siguiéndome. Parecía que todo el mundo quería pelear con el nuevo pastún. No sentía que tuviera opción. Uno tras otro, vencí a todos los niños rápido y con la menor sangre posible.

Pelear con los puños, a mano limpia, se volvió un deporte para mí. De manera extraña, era una forma segura de hacer amigos, lo que ansiaba con desesperación. Las peleas eran la manera en que los niños de la calle socializaban y se protegían entre ellos. Supuse que al haberme probado, sería invitada a una pandilla. Así trabajaba el sistema y esperaba mi turno. Al mismo tiempo, estas sudorosas peleas liberaban el insaciable impulso de ejercitar mi fuerza física. Me volví una maestra lanzando la combinación de golpe uno-dos, siempre directo a los ojos. El primer golpe atontaba a mi oponente y el segundo lo mandaba al piso (en diez segundos o menos todo había terminado). Abrí labios, tiré dientes, rompí narices y nunca le volví a dar la espalda a ninguno de mis rivales. Los vencía pero nunca los pulverizaba, me hice esa promesa. A veces, peleaba por rupias o comida, pero la mayoría del tiempo sólo por el placer de ganar. No nada más la lucha, sino una posición de respeto entre las pandillas. Eran similares a las tribus: sabía que necesitaba una para sobrevivir mi día a día sin mucho qué hacer y ningún lugar a dónde ir. Cuando terminaba, le tendía la mano a mi contrincante y le ayudaba a levantarse, palmeaba su espalda, le hacía un cumplido y nos íbamos al mercado. Si tenía suficientes rupias, le compraba un mango de reconciliación: nada de resentimientos.

Pronto recorrí los barrios con una pandilla de diez niños. Después de vencer a todos me aceptaron como uno de ellos. Teníamos apodos y hablábamos con nuestro propio *slang*. Me llevaban de un extremo al otro de la ciudad. La gente nos llamaba bandidos, aunque no rompíamos ninguna ley (cuando mucho robar una pieza de *naan)*. Nunca nos hacíamos preguntas personales y eso me gustaba.

Un día de julio, justo antes de una tormenta de verano, tuve mi última pelea en la calle de los cuentacuentos Quissa Khawani. Debí suponer que mi padre atravesaría caminando la avenida del atascado mercado donde compraba libros. El cielo negro y fuertes vientos advertían un diluvio de diez días. La gente llenaba el bazar, comprando cosas de último minuto: pilas, keroseno, harina, arroz basmati, o (en el caso de mi padre) libros, revistas y películas estadounidenses.

Estaba parada en una calle lateral entre edificios de departamentos. Había tanta humedad en el ambiente que sentía como si viviéramos dentro de una nube espesa. Las bandadas de cuervos negros agrupados y posados sobre los techos y cables eléctricos entrecruzados formaban filas por docenas. Graznaban como un coro misterioso. Su barullo incesante era suficiente para volver loca a una persona.

—¡Infieles vociferantes! —gritaban algunos de los chicos y les aventaban cosas con sus resorteras.

Justo en ese momento, supe que algo estaba mal. Mi hermana llamaría presagio a la escena y mi madre diría que lo que iba a pasar estaba escrito (tal vez las dos tenían razón).

Mi adversario era un matón afgano con brazos como jamones y una misión: bajarme los humos. Supuse que era miembro de una pandilla rival. Me siguió, hablando sobre su despiadado grupo en el campo de refugiados. Nos paramos firmes y sostuvimos la mirada. Me mantuve quieta y sin parpadear (mi rutina acostumbrada). Entonces, justo cuando los pájaros empezaron a graznar otra vez, replegué mi puño y solté mi combinación uno-dos. Nada. Sólo aire. Tal vez se encogió, estaba demasiado asombrada para notarlo, él sólo estaba parado y sonriendo. Volví a replegarme y con un paso a la derecha golpeé más fuerte: uno-dos. Apenas lo rocé, mis puños no dieron en el blanco. De nuevo: uno-dos. Esta vez le pegué con solidez, pero sentí que mis nudillos se rompían como un hueso de la suerte. Fue como darle un puñetazo a una pared de ladrillos.

Mi turno de sufrir un golpe llegó rápido y un segundo después mi mundo se nubló. En cuestión de minutos, era como luchar bajo el agua. Sólo un trueno y llegó la lluvia, cayendo como si el cielo se hubiera desgarrado, derramando un mar cálido sobre Peshawar. Apenas podía ver. De alguna manera mi oponente estaba sobre mí y sentí que mi espalda pegó contra el piso. Estábamos en el pavimento, luchando como perros. Entonces, el afgano usó su peso para mantenerme abajo y sin importar cuánto me retorciera me tenía asegurado. Mis antebrazos estaban arriba, protegiendo mi cara y sentía la herida de mi cabeza raspando contra el piso mojado, pero la costra estaba bien pegada. Todos los pájaros levantaron el vuelo, figuras negras desplegándose en un cielo oscuro, sobre el que se esparcían como un fuego antiaéreo. Por un momento, registré la auténtica belleza de estas aves huyendo y la insensatez de lo que estaba haciendo. Al respiro siguiente estaba contraatacando y tenía su cabello agarrado con los puños.

En ese momento pasó mi padre, se detuvo y miró la calle con detenimiento. Tal vez escuchó el grupo de cuervos graznando bajo las marquesinas y vio las sombrillas alrededor del perímetro. Giré la cabeza hacia un lado y nuestros ojos se encontraron. Tenía un paquete de libros acomodados bajo su brazo para protegerlos del clima. Por un momento pensé que no era mi padre de carne y hueso, sino una manifestación de mi humillación (evocado no porque estuviera peleando tan pronto después del ladrillazo, sino porque estaba en peligro de perder la pelea). De manera metódica, metió los libros en una bolsa y la puso en el piso. El matón estaba sentado a horcajadas y me tenía inmóvil, pero cuando mi padre atravesó la línea de los espectadores y entró en la escena, encontré una segunda maniobra para separarme y rápidamente le di la vuelta. Le di un golpe rápido en la cuenca del ojo. Aturdido y ciego un momento por el golpe se tambaleó. Entonces lo empujé con fuerza, arqueé la espalda y me arrojé sobre él. Ahora estaba arriba del afgano, arañando sus ojos con desesperación. Ahí fue cuando sentí un par de manos grandes sobre mis hombros jalándome hacia arriba y afuera.

A pesar de la apariencia contraria (su *shalwar kameez* limpio y planchado, la solemne kufiya que enrollaba en su cabeza, sus largos y elegantes dedos y extremidades) mi padre podía ser un hombre agresivo. Por primera vez en mi vida, sentí su verdadero poder físico al jalarme del cuello y decirles a los desconcertados niños que se me hacía tarde para cenar. Entonces me llevó con firmeza por la calle y sólo se paró a recoger su bolsa. No tuve oportunidad de voltear, pero parte de mí se sentía aliviada. Sabía que había salido victoriosa, todavía podía escuchar al afgano quejándose.

Fuera del bazar, mi padre soltó mi lastimado cuello, pero dejó su mano apretando mi hombro mientras nos revolvimos en el río de transeúntes. Si dijo algo, ya no me acuerdo, pero no había mucho que decir. Todavía estaba recuperando mi aliento. Toda esa rabia interrumpida de repente no tuvo a dónde ir y daba vueltas en mi cabeza como un animal atrapado dejándome de mal humor por un tiempo. Un bicitaxi se orilló y nos subimos, cuando nos sentamos bajo el toldo, escuché a mi padre indicar una dirección que no era la de casa, la fuerte lluvia golpeaba nuestras caras. Entonces me miró, estudió mi rostro, el cual, a pesar de lo salvaje de la pelea, apenas tenía alguna marca. Tomó mi mano lastimada y revisó la línea de moretones, sacó un pañuelo de su bolsillo y limpió los restos de sangre. Después agarró la bolsa escondida detrás de sus pies. Murmurando y protegiendo sus preciosos libros de segunda mano (la tormenta nos golpeaba por todos lados a través del delgado toldo que nos cubría) sacó uno con las cubiertas desgastadas y el lomo roto. Sólo resaltaba un nombre: Platón, luego seguía Sócrates, su favorito entre los antiguos filósofos griegos. Mi padre pasó las páginas hasta que encontró lo que estaba buscando, señaló una línea con su dedo índice y leyó:

—La victoria más grande e importante es conquistarse a uno mismo.

Confundida, aparté la mirada de él. En la calma de mi padre, vi mi propia vergüenza.

—¿Estás enojado, Baba?

—No, no todavía. Estoy buscando una solución.

—¿A dónde me llevas?

—A un lugar donde por fin pelearás contra tus propios demonios en lugar de contra todos esos inútiles vándalos de la calle. *Inshallah* haremos algo bueno de ti, Genghis Khan.

❧

Incluso a través de la fuerte lluvia, el deportivo era enorme e imponente. Incluía un estadio, un gimnasio y muchas otras construcciones grandes. Debido al aguacero, nadie estaba en el patio cuadrangular de cemento o atravesando los pasos peatonales; temí que me estuviera llevando a una prisión juvenil o inscribiéndome en una escuela de delincuentes. Todavía no me decía con exactitud qué tenía en mente. Sólo había pateado un balón de futbol años antes, en las llanuras. A mi edad, casi todos los niños habían elegido y perfeccionado algún un deporte. Mi padre dijo: "Hasta ahora sólo has practicado la pelea callejera, ya es tiempo de hacer un cambio."

Dentro del edificio principal, todas las luces fluorescentes estaban prendidas, pero el enorme vestíbulo estaba vacío. Sólo había un hombre en el otro extremo, sentado en una silla y leyendo un periódico. Cada vez que caía un trueno las luces parpadeaban. Al principio, pensé que el hombre estaba dormido porque no se movía a pesar de las interrupciones del clima violento, pero entonces nos vio y sonrió cuando nos aproximamos. El hombre tenía una cara amigable, gran sonrisa, dientes blancos que me hacían recordar los programas de televisión estadounidenses y nos saludó con la mano. Se levantó, me miró de pies a cabeza, caminó por un lado y tuvo una conversación breve con mi padre. Escuché las palabras: "fuerte", "valiente", "niño", "peleas" y "doce años". El hombre se acercó, estudio mis manos amoratadas, señaló la costra de mi cráneo y vio a mi padre. Toda golpeada y mojada por la lluvia, era digna de ser vista, ambos se rieron.

—Así que eres un niño muy fuerte. ¿Te gustaría levantar pesas?

Lo pensé por un momento, vi a mi padre que asintió con la cabeza y cruzó los brazos.

—Está bien, ¿por qué no?

—¿Cómo te llamas, niño?

—Ghengis Khan.

—¡Ah! El Gran Khan —se rio más fuerte echando la cabeza hacia atrás—. Perfecto.

Desde el principio tuve talento natural. Resultó que el hombre sentado en la silla era el entrenador de halterofilia y tenía pocos niños en su equipo. Con una mirada a mi estructura (brazos musculosos y manos fuertes) supo que tenía el tipo correcto de habilidad: la fuerza para levantar pesas y el don de la tenacidad. Al siguiente día, mi padre nos inscribió a Taimur y a mí.

Antes de empezar con la halterofilia, Taimur y yo habíamos pasado poco tiempo juntos, era cuatro años más grande que yo y siempre estaba estudiando con sus amigos de la preparatoria. Pero cuando entré al deportivo, casi diario entrenábamos. Mi padre no confiaba en todos esos sudorosos hombres ejercitándose en el gimnasio y le preocupaba que descubrieran que era una niña. El trabajo de Taimur era asegurarse de que eso no pasara, también fue una oportunidad para cimentar nuestra relación. La única razón por la que él estaba ahí, levantando pesas, era para cuidarme. Si le molestó tener que unirse al equipo, nunca lo demostró. Mi hermano, callado y responsable, nunca mostró mucha emoción, pero se tomó muy en serio su tarea. Adonde fuera, me seguía como una sombra constante.

Taimur y yo no conocimos a los otros niños del equipo, todos entrenaban de modo individual, nosotros fuimos la excepción por ser hermanos. Muchas veces lo veía parado al lado, alto, callado y seguro, sus ojos iban de aquí para allá por todo el salón de pesas (lleno de gente). Sabía que si alguien me molestaba, mi hermano de dieciséis años, 1.80m y mirada suave lo pondría en su lugar. Pensaba que yo era para él, lo que Sangeen y Babrak eran para mí: cosas preciosas para proteger a toda costa. Tenerlo conmigo me hacía sentir muy bien.

En el deporte de la halterofilia, un competidor debe dominar dos levantamientos básicos: el de arrancada y el de dos tiempos (cargada y envión). No se trata sólo de alzar la barra, de hecho, eso es lo más fácil. Lo primero fue descubrir cómo prepararse física y mentalmente. En el de arrancada, el atleta debe levantar la pesa del suelo a una posición por arriba de su cabeza en un sólo movimiento explosivo. Requiere de una repentina detonación de fuerza bruta así que el movimiento me salió casi por instinto. Ya poseía un temperamento volátil, sólo tuve que meter esa reserva de emoción salvaje en unos tornillos de poder sincronizados. De alguna manera, cuando enfocaba toda mi furia y realizaba la maniobra de forma perfecta (la postura, la respiración y el movimiento), el peso que podría romper mis huesos se encontraba por un momento bajo mis órdenes.

El levantamiento de dos tiempos requiere dos movimientos: en la cargada elevas la barra desde el piso hasta los hombros, haces una pausa breve y luego el envión consiste en un empuje poderoso para ponerla por completo arriba de la cabeza. La breve pausa hace el levantamiento más retador físicamente. Al principio, luché para pasar la pesa arriba de mi clavícula. Lo intenté durante días y siempre se me caía. Cuando por fin pude sostenerla alto en medio del salón, me sentí transformada.

Desde ese momento de victoria, descubrí lo que une a todos los deportistas: ganar o perder empieza en el cerebro y le da una sola orden al resto del cuerpo. Cuando tenía la barra frente a mis pies, me decía que podía hacer un levantamiento completo y mis músculos estaban de acuerdo conmigo de modo natural. Si permitía que una pequeña duda entrara en mi cabeza, al tomarla rápidamente se me caía. Me dije que era invencible, y de alguna manera mi cuerpo lo creyó. Logré conocer cada fibra de músculo a lo largo de mis extremidades y comunicarme con ellas como si fuera telepatía. Por primera vez entendí que era un ser material, una estructura ósea encerrada en una armadura viva de músculos tensos y creí que era más fuerte que cualquier persona de mi edad (niño o niña).

Tuve la oportunidad de probarlo en mi primer torneo en Lahore, capital de la provincia de Punjab (una de las ciudades con mayor densidad de población en el mundo). Nuestro equipo representaba al área de Jáiber Pajtunjuá. Viajamos 511 km por la autopista AH-1 Grand Trunk Road en un autobús azul con blanco de la FAP (Fuerza Aérea de Pakistán). Taimur y yo nos sentamos adelante y mirábamos a través del gran parabrisas manchado del autobús. La carretera era larga y regular, el cielo nublado e ilimitado. Por fin, ser fuerte significaba ir a algún lugar: al subirme al autobús con mi maleta deportiva y usando mi nueva playera del equipo, me sentí muy lejos de los callejones llenos de baches de Peshawar. Mi familia de intrépidos waziris había viajado por las peligrosas longitudes de nuestras áreas tribales, pero nunca habían ido tan lejos en las profundidades pobladas de Pakistán. Había muchos pueblos y ciudades a lo largo del camino: Rawalpindi, Talagang, Kallar Kahar, Bhalwal, Pindi Bhattian,

Sheikhupura. En este viaje de seis horas sobre las verdes montañas me enamoré de mi país, mi Pakistán, tan vasto y hermoso... Sólo un dios pudo haberlo hecho.

Lahore hacía que Peshawar se viera como un pobre pueblo. Sus rascacielos, minaretes, mezquitas, cientos de templos e iglesias con cúpulas, museos, mausoleos, fuertes coloniales, campus universitarios, hospitales y miles de parques floreciendo, todo era increíble. Esta ciudad tiene una historia milenaria como lugar de poder. Desde el imperio ghaznavid del siglo XI, pasando por los mongoles en el XVI (quienes establecieron los jardines más famosos de la ciudad) y el imperio sij en el XIX, hasta el raj británico, cuando Lahore se convirtió en la capital de Punjab.

Pero yo estaba ahí para competir y ganar. No pensaba en nada más. La halterofilia es un deporte poco practicado en Pakistán (no como el hockey, squash o críquet), por eso los torneos son escasos y lejanos. Pasaría todo un año para que volviera a tener la oportunidad de competir así. Para mí, no sólo se trataba de vencer a los otros niños: primero y ante todo quería encontrar la profundidad de mi fuerza. Deseaba ir a casa y decirle a mi padre que había hecho lo que Platón me había aconsejado: conquistarme (y en la capital de los imperios).

En apariencia no estaba preocupada por dormir tres días entre un montón de niños en un cuarto de hostal. Me rehusaba a pensar en que alguien pudiera descubrir mi verdadero género. Tenía tanto miedo que, como al borde de un precipicio, ni siquiera quería acercarme.

Taimur se aseguró de que me tocara la cama de la esquina más alejada y se acomodó a un lado. Aunque competiría en una división diferente, se tomaba muy en serio su trabajo principal de que no me descubrieran. Mientras tanto, me fui a conocer a mis compañeros provenientes de todas partes de la provincia Jáiber Pajtunjuá de la manera típica: armando alboroto, diciendo bromas e intercambiando insultos en tono amistoso. Cinco veces al día, el almuédano llamaba de manera melodiosa, y aunque estábamos tan lejos de casa, nos uníamos en nuestra fe y nos arrodillábamos a orar.

Todo el tiempo que estuve ahí, Taimur revisó la periferia, era mi guardaespaldas, firme y fuerte. Amable con los demás, de vez en cuando intercambiaba bromas, pero la mayoría del tiempo andaba como un pilar imponente. Se aseguraba de que me cambiara la ropa sola en el baño comunal parándose afuera de la puerta con los brazos cruzados. De cualquier manera, no tenía que preocuparme porque algún niño entrara mientras yo usaba el sanitario. La modestia y la limpieza son dogmas en la fe musulmana, así que ninguno de estos niños se atrevería a usar un mingitorio si hay otra persona cerca. Me sentía cómoda con mi disfraz y muchas veces le dije a Taimur que se relajara y disfrutara nuestra aventura por el país. A los doce años, llevaba casi ocho viviendo como niño, por lo que Ghengis Khan se había convertido en mi segunda piel. Lo conocía mejor que a mí. Incluso Taimur no me decía Maria desde hacía varios años.

El estadio de atletismo estaba cerca de la antigua ciudad amurallada. El día del registro caminamos desde el hostal como un equipo, traíamos las maletas deportivas colgadas de nuestros amplios hombros y de vez en cuando tomábamos grandes tragos de agua. La noche anterior nos hicimos amigos y estrechamos nuestros vínculos: paseamos alrededor del parque Gulshan Iqbal, comimos kebabs de los vendedores ambulantes y echamos carreras alrededor del pilar Minar-e-Pakistán, que al iluminarse en la noche parecía una daga llena de joyas. Construido para conmemorar la independencia de nuestro país en 1947, muchas veces lo compararon con la Torre Eiffel de París. Sólo lo había visto en libros. Recuerdo que observé fascinada sus cascadas de luz eléctrica y pensé que, por primera vez en mi vida, pertenecía a un grupo fuera de mi familia en el que no tenía que pelear. Cuando entré al estadio para el registro, un grupo de oficiales nos condujo a un gran gimnasio lleno de niños de todo el país. Me formé en una de las muchas filas que llevaban a las mesas y puse mi maleta en los pies. El ambiente era eléctrico. Vi alrededor para revisar la competencia. Algunos niños eran pequeños y enjutos (y no les hice caso), pero otros parecían robles. Me crucé con algunos ojos y sostuvimos la mirada, igual que en las calles. Todos nos mareábamos y desesperábamos un poco por el hambre: no habíamos comido nada desde la noche anterior para mantener nuestro peso de registro en la categoría más baja posible. En los torneos donde los competidores caen dentro de una misma categoría de masa corporal, gana el que levante la barra más pesada con la técnica apropiada. Después del pesaje, el oficial dividiría nuestros equipos en clases. En las competencias donde hay un empate, sólo la masa corporal determina al triunfador: el atleta más ligero gana. Mi entrenador ya había establecido nuestras clases de peso en Peshawar, pero necesitábamos una medida oficial tomada justo antes del campeonato. No pensaba en nada del proceso, estaba parada con indiferencia junto a Taimur y otros miembros de nuestro equipo. Hacíamos planes para salir a cenar esa noche y explorar la ciudad amurallada luego del torneo. Entonces, mientras me acercaba al principio de la fila, noté que después de registrarse, cada equipo era enviado a otra habitación. Sólo distinguía la hilera de básculas a través de la puerta abierta. Luego vi como los niños de adentro se quitaban la ropa, ponían sus *shorts* y playeras sobre una mesa antes de subirse a la báscula sólo con ropa interior. Entendí lo que estaba pasando y sentí que algo se rompía dentro de mí. En Peshawar, siempre nos pesaban con ropa. Perlas de sudor empezaron a reunirse alrededor de mi frente. Volteé a ver a Taimur que ya había observado lo mismo, intercambiamos una mirada de pánico, pero permanecimos quietos. De repente, el aire en la habitación se hizo pesado y lo tragué como si no pudiera obtener suficiente oxígeno. Nuestro equipo estaba hasta adelante. Taimur tocó mi hombro y susurró:

—No lo hagas.

El hombre detrás de la mesa hizo señas a nuestro grupo y todos avanzamos al registro. Pensé que podría vomitar. Busqué con desesperación una excusa durante los segundos en los que llenaba la solicitud: *Ghengis Khan, hombre, 12 años*, pero sólo sentí pánico y la mente en blanco al caminar con los otros niños a la habitación de las básculas. Vi a un niño bajarse de la plataforma y ponerse la ropa. Mi hermano estaba a mi lado y me decía algo sobre dejarlo pasar primero. El hombre en el cuarto me observó. Todo mi cuerpo estaba muy caliente. Tuve una pistola apuntándome en Darra Adam Khel, pero el quitarme la ropa y revelar mi secreto en ese lugar me mandó a un estado de terror que nunca había experimentado. Taimur tenía razón, no había opción, no podía hacerlo. El oficial parado junto a la báscula con la tabla portapapeles miró mi cara pálida y supo que algo andaba mal. Señaló la mesa y me indicó que me quitara la ropa y subiera en la plataforma. Mis compañeros ya se estaban desabotonando. Creo que me lo dijo dos o tres veces antes de que pensara en qué decir.

—No, señor. No puedo —la voz de Taimur fue débil, pero clara.

A mi hermano mayor no le importaba la halterofilia y sólo había accedido a competir para que pudiera cuidarme en el torneo. Ahora lo ponía en una posición muy complicada. Con el sonido de su voz atravesando mi miedo, pensé en la oportunidad perdida de mostrar mi fuerza después de dos meses de entrenamiento. Supuse que esto siempre me pasaría, no sólo en el levantamiento de pesas, sino al practicar cualquier deporte. Regresaría a las calles (a las peleas callejeras con los niños) en menos de una semana. Y pensé en mi valiente hermano que estaba dispuesto a sacrificar su propio orgullo sólo por mí.

Entonces me paré junto a él y dije:

—Yo tampoco.

El hombre se nos quedó viendo. Estaba limpio, rasurado, alto y olía mucho a jabón. Noté que tenía una copia del Corán en la mesa al lado de la báscula y un grueso tapete para orar enrollado en la esquina. Sus ojos oscuros y largas pestañas me miraron con atención. Sin una sombra de duda, pensé que podía ver a través de mi ropa. Estaba a punto de salir corriendo (atravesar el parque de regreso al hostal) cuando se acercó, puso una mano en mi hombro y bajó la vista hacia mí.

—A ustedes dos les da vergüenza. Entiendo.

Asentimos con la cabeza. Yo veía el piso, con el corazón tan encogido que apenas podía respirar. Esperé, ¿para qué? No lo sé. ¿Una cachetada en nuestros rostros? ¿Una ofensa? ¿Una humillación final seguida del fin de mi mundo? Pero sólo me llevó del brazo a la báscula, vestida con mis *shorts* y playera, y me pidió que me quitara los tenis. Me dejé los calcetines. Cuando ajustó la pesa, leyó el número y lo escribió, yo seguía ahí congelada. Un segundo más tarde, todo había terminado. Me bajé de la báscula por el otro lado de mi miedo como si hubiera cruzado un peligroso océano. Al agacharme para ponerme los tenis, respiraba con dificultad y estaba al borde de un desmayo. El hombre me dio unas palmaditas en la espalda y me deseó buena suerte. Con manos temblorosas me amarré las agujetas y alcé la mirada justo a tiempo para ver a mi hermano parado sobre la báscula con toda su ropa puesta. Cuando me encontré con él, nos miramos sin decir nada, aunque intercambiamos miles de palabras con los ojos, y vi que el estoico Taimur tenía lágrimas en el rostro.

Por la gracia de Dios, los vestidores estaban vacíos cuando me cambié para la competencia. Taimur se puso de guardia en la puerta. Mis ojos se adaptaron a esa extraña luz artificial (en ausencia de ventanas), nunca había estado en un cuarto subterráneo. Había un ligero olor a talco y salía un zumbido de la luz fluorescente. Toallas, papeles mojados, envolturas de barras de chocolate estaban tirados sobre las hileras de bancas metálicas y un montón de pañuelos de papel ensangrentados en el piso. Podía escuchar el apagado escándalo de la multitud en el estadio sobre mí. De vez en cuando sonaba el timbre, señalando el final de una competencia y los aplausos retumbaban por encima como una línea de tambores. Tenía unos minutos para alistarme antes de que me llamaran. Era la primera vez que competía en mi vida, pero no tenía miedo, sólo quería ganar.

Respiré y me puse tiza en las manos. Entonces el estadio explotó sobre mí otra vez, la multitud golpeaba el piso al unísono. Miré el techo imaginando a todos ahí, las caras llenando el lugar, la fuerza de sus gritos, entonces y sentí que mi corazón arrancó. Todavía estaba nerviosa de la escapada por un pelo que tuve en el pesaje, pero no permitiría que la más mínima duda entrara en mi mente. Pensé en el hombre de la báscula, la certeza de su decisión para salvarme de la vergüenza y en el Corán sobre la mesa, al alcance de su mano. Así que me arrodillé para hacer la única cosa que podía calmarme. Agaché la cabeza, cerré los ojos, apoyé las manos en los muslos y dije en voz baja suras a Alá, uno tras otro, hasta que sentí mi pulso tranquilo y las punzadas en mi cabeza se desvanecieron con los sonidos de la multitud, tres pisos arriba de mí.

Mi mente estable y párpados cerrados me transportaron al pa-sado, vi a mi padre parado junto a mí, al lado del fuego que consumía un montón de vestidos. Sentí que me abrazaba, escuché su voz susurrando mi nuevo nombre y el *azan*. Su trabajo en las áreas tribales impidió que estuviera conmigo en Lahore, pero traía algo suyo: busqué en mi maleta y encontré la moneda de oro que me había dado tanto tiempo atrás bajo el antiguo domo azul de Waziristán. Seguí inclinada, orando en el piso y sosteniendo la moneda muy fuerte en mi mano. El metal se calentó y penetró mi piel. Como si estuviera al lado mío, lo escuché decir mi nombre fuerte y claro: Ghengis Khan. Y supe que podía vencerlos a todos.

Me levanté y fui a la competencia. Primero era el levantamiento de arrancada. Una barra estaba frente a mí. La contemplé a lo largo como si fuera un oponente vivo y estabilicé mi respiración. Me agaché en posición, los pies alineados con las caderas, la espalda recta, inhalé y exhalé con un ritmo fuerte y rápido. Mi cabeza llena de furia contra nada y contra todo, contra el hecho de estar ahí como un niño, sentí la furia recorrerme, disparando mis extremidades como un rayo. Tomé la barra (manos abiertas, columna bloqueada) y la separé del piso. Una profunda bocanada de aire y todo en mi cuerpo y mente se concentró en un movimiento: levantar la pesa por encima de mi cabeza. Me quedé mirando hacia fuera, los ojos me saltaban y el peso completo pareció desvanecerse mientras hice el recorrido, poniendo toda mi fuerza en ella. Sostuve la barra, brazos rectos sobre mi cabeza, la multitud gritando, hasta que escuché la señal del timbre. Entonces saqué el aire y la arrojé al piso. El público aplaudió tan fuerte que resonó en mi pecho. Sentí que mi cuerpo retumbaba de orgullo. Una y otra vez, repetí la maniobra, cada vez más peso hasta 25.5 kg y superé a todos los oponentes de mi categoría. El levantamiento de dos tiempos era mi última actuación. Estaba contra un corpulento joven punjabi, varios años mayor que yo, que tenía manos de bloque de hormigón y piernas como cañones: era el campeón actual. En el corredor le dije que su hora había llegado y se rio en mi cara. Antes de ponerme en posición, lo vi de lado y le guiñé el ojo. Entonces, explotando con fuerza, hice una serie de levantamientos perfectos hasta que él y yo estábamos compitiendo peso contra peso. En ese momento, no se trataba de vencer a este niño o a alguien más. Me sentía en mi elemento bajo los reflectores, la audiencia emocionada, atestiguando mi muestra de fuerza. Ya había superado lo mejor de ellos y de mí. Entonces, cuando levanté la última barra para ganar (75 kg), pasé mi deltoides (músculo del hombro), mi rodilla se torció y sentí que algo se rompió. La barra estaba justo arriba de mi cabeza y la dejé caer, casi al mismo tiempo que el timbre (por una milésima de segundo). La multitud se apagó y cerré los ojos, mordiendo mi labio con tanta fuerza que me salió sangre.

Cuando el punjabi subió por su oro, hubo una ronda de aplausos de cortesía. Hizo lo que se esperaba de él, era más grande, más fuerte y había entrenado años. Luego fue mi turno de pasar al escenario por la plata. Me había resignado a un momento de gloria silenciosa. Considerando todas las cosas, no se suponía que debería estar ahí, ganando nada. El anunciador gritó mi

nombre: ¡LES PRESENTO A GENGHIS KHAN DE PESHA-
WAR, el más joven, desconocido, compitiendo con apenas ocho
semanas en este deporte! Y fue como si un trueno cayera en el
estadio. La audiencia aplaudía de pie, gritaba mi nombre una y
otra vez. Me paré en la plataforma, sonriendo, con los brazos en
alto como un campeón e incliné la cabeza ante la multitud que
me apoyaba. Para ellos, yo gané ese día. Me sentí como el niño
más fuerte de Pakistán. Empecé a reír con lágrimas en mis ojos,
hice lo que mi padre me pidió y conseguí la victoria más grande
e importante. En secreto, disfrutaba haber vencido a tantos niños
sin que supieran que era una niña. Los había engañado a todos y
ésa era la mejor parte.

Camino a casa, en el autobús, mi hermano me veía pero no
estaba sonriendo. Suspiró muchas veces sin decir nada. Le dije
que si tenía algo que decir, mejor lo hiciera de una vez. Durante el
viaje apenas intercambiamos unos enunciados (así era él). Taimur
tomó mi mano y la apretó fuerte, pero no me veía. Volteó la cara
y se quedó mirando mucho rato hacia fuera, al paisaje borroso
que pasaba por la ventana: llovía a cántaros. Escuchamos algunas sirenas y vimos luces intermitentes a lo largo de la carretera. Había muchos accidentes y llegaríamos tarde a casa. Cuando
Taimur me habló, fue con un susurro que apenas pude escuchar,
aunque después supe que le costó trabajo decirlo. Me dijo que se
veía como mi gran protector y me di cuenta de que durante tres
días seguidos, mientras yo vivía y respiraba la gloria de la competencia, él vivía con el terror de fallarme.

—Si algún día descubren lo que hiciste en Lahore, Maria, vencerlos de esa manera… te cazarán, créeme: te perseguirán y te
matarán.

11
YO SOY MARIA

De alguna manera mi momento de gloria no duró. La medalla de plata acabó colgada de un ganchito en la sala de nuestra casa. También me dieron un gran trofeo que ocupaba el lugar de honor en una mesa. Al lado estaba el certificado del campeonato enmarcado, tenía mi nombre falso (Genghis Khan) escrito a lo largo del papel blanco con una caligrafía rebuscada. El trofeo era de vidrio cortado y proyectaba destellos en la ventana sombría como mil cuchillos diminutos. Quizá tenía la esperanza de que ocurriría un cambio significativo después de ese triunfo al estilo Rocky Balboa en Lahore, pero no sucedió. De regreso a casa, el tiempo pasaba como gira un carrusel. Los torneos de levantamiento de pesas eran raros: podía pasar otro año antes de que surgiera una oportunidad para competir en otra ciudad. Y ya no tenía caso salir al caos de la calle para forcejear con los niños otra vez.

Varias veces a la semana iba al salón de pesas del deportivo para entrenar junto a Taimur. Cuando mi padre no estaba para mí (en Peshawar o en cualquier otro lado), Taimur me acompañaba. No tenía que decirme nada, siempre que volteaba, él me buscaba con la mirada. Además nos entendíamos el uno al otro. Era como un hermano pequeño para él, más que una hermana. Jugábamos juntos y usaba la ropa que dejaba. Hablábamos poco, sólo cargábamos y descargábamos las barras. Contábamos los levantamientos. Tomábamos sorbos de las botellas de agua.

Intercambiábamos algún choque de palmas. A veces venía el entrenador a revisarnos o a llevarnos a otra habitación para subirnos en la báscula (siempre vestida de pies a cabeza).

Mi primera victoria había llegado tan fácil como lanzar una moneda al aire y verla caer, pero en términos de ambición, yo era peso pluma. Una parte de mí quería regresar a Lahore a competir por el oro y aplastar al niño que me ganó por un pelo. A la otra parte de mí no le importaba gran cosa. Ya sabía que le había ganado; el rugido de la multitud me lo dijo, igual que los números: un mes más de entrenar en casa y lo superaría incrementando kilogramos. El problema es que tenía que esperar todo un año para demostrarlo. En términos emocionales, me encontraba en un estado de zozobra. Parecía que sólo me columpiaba en un péndulo, cruzando Peshawar de la casa al deportivo o a cualquier otro lado. La mayor parte del tiempo viajaba en un *jingle bus*, ese camión público atiborrado y tintineante, empacada como sardina junto a mi inalterable hermano.

El levantamiento de pesas también es una empresa solitaria. En todas las semanas posteriores al torneo nunca encontré a mis compañeros de equipo en el deportivo ni en algún otro lado. A veces creía que sólo nos habíamos reunido en un sueño vibrante en Lahore, esa ciudad resplandeciente que, con cada día, se iba reduciendo a una ilusión apenas iluminada, que se desvanecía en la memoria mientras me arrastraba aburrida en la corriente de mis rutinas.

Cuando era muy pequeña, mi padre nos contó el mito griego de Sísifo. Lo recordaba (con docenas historias que Baba me contó) para pasar el tiempo mientras entrenaba. Zeus condenó a Sísifo a empujar una roca hasta la cima de un monte por tener el atrevimiento de compararse con un inmortal. Cada vez que el exhausto rey estaba a punto de alcanzar la cima, Zeus la hacía resbalar y rodar al principio de la colina. Hasta el fin de los tiempos, el rey cansado tenía que comenzar de nuevo cada amanecer, consignado a una eternidad de inmensos esfuerzos vanos. De hecho, cada tercer día Taimur y yo hacíamos los mismos levantamientos una y otra y otra vez, apilando los discos, como si estuviéramos sentenciados a la suerte de Sísifo. Nos sentíamos condenados.

Sólo una cosa era diferente y cambiaba todo el tiempo: yo. Las fibras vivientes, que se arremolinaban a lo largo de mis huesos, se hinchaban, se rasgaban y se reformaban con el peso de los discos como si fueran cañones vueltos a fundir. En casa o en los puestos de comida del mercado, comía con la voracidad de un animal enjaulado: arrancaba pedazos de carne y *naan*, devoraba el arroz a cucharadas y tragaba agua en botellas de aluminio dando enormes sorbos. Mis bíceps sobresalían bajo las playeras que Taimur desechaba, la tela empapada de sudor se pegaba a mi piel como un yeso húmedo y mostraba cada contorno. Mi cuello se ensanchó como un tronco. A veces, veía de reojo mi reflejo en los grandes espejos que cubrían las paredes del salón de pesas mientras hacía levantamientos. Me sobresaltaba y casi me dejaba caer la barra encima: "¿Quién será ese niño enorme? No soy yo, ésa no soy yo." En términos físicos ya no me reconocía por fuera. Quizá por dentro tampoco. La gente se detenía cuando se cruzaba conmigo en el salón de entrenamiento, o incluso en la calle, para mirar con detenimiento mi constitución. Las cuerdas de mis tendones al flexionarse a lo largo de mis piernas cuando me movía, eran como sogas serpenteantes.

Entrené en ese lugar aburrido durante cientos de horas. A mi alrededor, escuchaba el choque de los discos de metal, los gruñidos tensos de los hombres y el zumbido del sistema de ventilación. La luz fluorescente inundaba la habitación y no había ventanas. Muros de espejo. El hedor agrio del sudor masculino. Hombres y niños iban y venían pero nada cambiaba, excepto las manecillas del reloj. La completa impasibilidad de mi deporte tenía cierta belleza y, para mí, una monotonía letal: nunca estuve más aburrida en mi vida.

Recuerdo que vi a mi hermano cuando solté la barra y los discos en sus extremos rebotaron al golpear con el piso de concreto:

"¡Pum!" Ladeó su cabeza y no dijo nada, sus ojos estaban en los discos que rodaban hacia sus pies.

—¿Qué hacemos aquí, Taimur?

—Levantamos pesas.

—Ya no me gusta. ¿A ti?

—No, no mucho.

De camino a casa, en el *jingle bus* lleno de hombres, nos colgábamos de las barandillas suspendidas por fuera de la parte trasera del camión mientras el vehículo (pintado de dorado, amarillo y rosa, cubierto de adornos) traqueteaba en las vueltas y se tambaleaba al recorrer las calles como un ferri sobrecargado. Las campanas del autobús resonaban, los hombres mascullaban y el motor gemía con el tubo de escape escupiendo hollín al aire. Los *jingle bus* nunca se detenían del todo para recoger a los pasajeros; sólo reducían la velocidad y después aceleraban de nuevo, dando tumbos en los embotellamientos. Serenos en la acera, Taimur y yo veíamos aproximarse el autobús atravesando el enorme caos del tránsito. Todo dependía de un gran salto, de meter mi sandalia y de encontrar cualquier cosa para sujetarse (una mano extendida, una manija de la ventanilla, un barandal) y luego levantar mi cuerpo en el momento preciso en que el vehículo ganaba velocidad y avanzar a empujones a través de la masa sudorosa de cuerpos. Algunas veces nos perdíamos uno al otro y nos llamábamos riendo, si miraba a través del bosque de extremidades y lo veía aún parado en la acera, con los brazos extendidos y gritando. Entonces me abría paso a la fuerza hasta la parte trasera del autobús y saltaba. Los hombres me gritaban que me detuviera pero yo me lanzaba al tránsito con los ojos bien abiertos y una sonrisa para regresar con mi hermano. Era un juego para mí, el único momento del día en que me sentía viva.

Cuando supe que ya no quería levantar pesas, miré hacia fuera al atravesar la ciudad de un extremo a otro, con todos esos cuerpos masculinos empujando el mío, cada uno vestido con un *shalwar kameez* y el cabello negro peinado y aceitado brillando como piel de visón. Usaba pantalones deportivos sudorosos y una playera. Parada entre ellos, resaltaba como un pilar duro pero muy varonil. No tenía que inventar nada, sólo era lo que era. Me gustaba vestir ropa deportiva: nunca (ni una sola vez) deseé un vestido. Todos los hombres en ese autobús, en Peshawar, en el propio Pakistán o en el mundo entero, hubieran apostado su vida a que yo era un muchacho. Mi sofocada existencia no tenía nada que ver con mi mentira monumental, o con el hecho de ser mujer o no. En la ciudad vivía de sueños desvanecidos sobre las montañas y el cielo abierto, con los ojos cerrados mientras rodábamos por las calles cacarizas. Allá fuera, en el mundo al desnudo con mis viejos amigos, zigzagueando por los valles llenos de rocas dispersas, pateando balones de soccer, persiguiendo papalotes, ningún día era igual a otro. En Peshawar, sólo tenía el camión.

Hacía poco comenzaba a sentir que el tiempo apremiaba. Al cabo de uno o dos años no podría seguir escondiendo el hecho de que era mujer de manera tan fácil. La pubertad inminente me acosaba como una sentencia de muerte. Vivía al filo de una navaja. Cuando veía a Ayesha, convertida en una mujer segura, me asombraba de ella y me aterrorizaba por mí. No había escapatoria de las hormonas y de las expectativas culturales. Durante mucho tiempo estuve consciente de los cambios inevitables que experimentaría mi cuerpo. Transformarme físicamente en una mujer era una realidad que nunca quise enfrentar. Significaba el fin de Genghis y de mi libertad. En la quietud de la noche o mientras iba en el camión, me preguntaba qué pasaría conmigo cuando comenzara a cambiar y perdiera el don de la androginia. El futuro era un oponente al que no podía superar.

De vez en cuando pensaba en los estadounidenses que se habían quedado con nosotros en Miranshah unos días, contando historias y dando atisbos de su brillante lado del mundo como dulces cayendo en mis manos abiertas. Mi padre siempre decía que esos jóvenes tuvieron suerte de haber sobrevivido a su viaje por las áreas tribales, y esperaba que se hubieran alejado de

Peshawar. En aquél entonces yo no entendía bien a qué se refería. Nunca se me ocurrió que viviéramos en un área que fuera peligrosa para los extranjeros (porque no llegaba ninguno). Desde que había vuelto de Lahore y triunfado como Genghis Khan, me preguntaba si tendría tanta suerte como esos visitantes de Nueva York. Puede que no duraran treinta segundos en ese *jingle bus* sin toparse con problemas, pero ahí estaba yo, a plena vista, con mi cabello corto y disfrazada con la ropa de mi hermano. En ese camión, los hombres citadinos me rodeaban. Era tan extranjera como el que más.

Cuando llegué a casa, aventé la maleta deportiva y fui directo con mi padre. En esos días daba cátedra unas veces a la semana y volvía a casa. Sabía que extrañaba a mi madre, como todos, que parecía trabajar todo el tiempo. Mis hermanos todavía estaban a la mitad de la jornada escolar y regresarían para comer. Mi papá y yo preparábamos juntos la comida. Muchas veces hacíamos platos sencillos de papas fritas en aceite con chiles y jitomates. Mi tarea era hornear el pan. Guardábamos un plato para mi mamá y después limpiábamos juntos. Encontré a mi padre solo en la ventana de la sala, con su larga silueta gris y un poco jorobada al mirar por el cristal como si fuera una televisión gigantesca. Miraba con unos binoculares y pensé en los hombres de los safaris en lo profundo de África. Pero era mi padre, parado varios pisos por encima de las pululantes calles de Peshawar.

—¿Dónde conseguiste esos binoculares, Baba?

Cuando volteó hacia mí, su gran sonrisa blanca en la luz tenue casi me tira de espaldas. No importaba dónde estuviera, mi padre siempre vivía como si hubiera nacido para un gran propósito. Amaba la vida, y ese amor irradiaba de todo su cuerpo como si estuviera hecho de luz, incluso ahí.

—Me los prestó un amigo. Quería ver más de cerca las cosas. Mañana tengo que devolverlos.

—Todo es igual, Baba. Te apuesto a que puedo recorrer todas las calles y ver a los mismos hombres haciendo las mismas cosas.

Mi padre dejó de sonreír y me miró muy fijo.

—Vaya, vaya, vaya. Me preguntaba cuándo te decepcionarías de las pesas.

Se rio de su propio chiste. Se alejó de la ventana mugrienta, la limpió y me pasó los binoculares.

Sostuve los lentes pesados contra mis ojos y los dirigí hacia la calle abarrotada. Era como recorrer la superficie de un río con poca corriente: las embarcaciones navegaban y los hombres recorrían las anchas márgenes. Todo era un borrón. Yo movía el dial como mi padre me indicaba y enfocaba la vista, poniéndola sobre el mundo bajo nosotros, que no se daba cuenta de que lo mirábamos. Era muy gracioso observar de cerca el mismo terreno que acababa de cruzar hacía unos minutos. Di un paso atrás y me reí observando atónita a mi padre. Antes, sólo una vez sentí un poder así: cuando prendí la televisión por primera vez. Oprimí el botón una y otra vez, prendiendo y apagando el mundo al capricho de mi dedo índice.

Mi padre sonrió y me animó a hacerlo otra vez. Muy lento pasé la mirada sobre el camino pavimentado de arriba abajo: figuras y cosas en movimiento. Me sentí un poco depredadora enfocando los cristales sobre un desfile de gente distraída: las personas atravesaban la calle como en trance o se sentaban en autos, calesas, motocicletas y se colgaban de los autobuses sin expresión en la cara, despiertos pero dormidos, vivos pero muertos.

Mi padre murmuró en mi oído. Bien podría haber leído una página arrancada de mi mente:

—Zombies.

La horda se movía con la velocidad de un caracol. Algunas personas estaban quietas en la acera, revisando sus bolsillos, esperando un camión o envueltos en una conversación con sus acompañantes: los dramas de la vida en escena. Miré a dos hombres discutiendo bajo un toldo, gesticulando con los brazos. Luego, mientras avancé por la calle, un niño robó un mango de una carretilla. Al verlo solté una risita. Cuando el mango estuvo en su mano, lo lanzó como si fuera una pelota a las manos de un astuto compañero que se encontraba a cierta distancia, y metió la fruta en una mochila andrajosa. Robaron al menos cinco piezas de esta manera, lanzando frutas brillantes al aire en un abrir y cerrar de ojos con maniobras tan bien practicadas que nadie notó su falta, sólo yo mirándolos como desde una nube.

Después enfoqué más de cerca y recorrí el bulevar. Desde la distancia ahogada en humo observé a un grupo de niños moviéndose por la calle, corriendo hacia mi edificio con la corriente del tránsito, cambiando de dirección de un lado a otro por los espacios entre los vehículos. No tenía que fijarme demasiado para adivinar: todos eran miembros de mi antigua pandilla. Con sólo verlos podía escuchar sus ruidos: gritos agudos, llamadas que iban y venían de uno a otro por encima del estruendo de motores y bocinas, girando como avispas a toda velocidad entre autos y camiones. Tenían dominio absoluto de la calle y me quedaba claro que lo sabían al verlos correr en ese enjambre disperso sin ningún titubeo. Era tan extraño observarlos así, en la quietud de mi sala. De todas formas, mientras los miraba moverse por el río de asfalto y hacia el borrón de la urbe, imaginé verme corriendo con ellos, siempre al frente de la manada. Todos habíamos recorrido la ciudad a lo largo como guerreros y actuábamos por puro impulso, en constante movimiento. A pesar de la sangre y el dolor de nuestras peleas, de pronto extrañé a mi pandilla, aunque no recordaba ni un solo nombre de esas caras golpeadas que corrían por el bulevar. Estaba segura de que se corrió el rumor de que levantaba pesas. Ningún niño en Peshawar, sin importar qué tan descarado fuera, se atrevería a desafiarme. Esos días se terminaron y lo sabía. Regresé los binoculares a mi padre.

—Me pregunto si así se siente Alá, mirándonos, Baba.

—Alá no observa, más bien sabe. No necesita binoculares.

—Me gustaría saber qué quiere que haga.

—Lo que sea que quiera, Genghis, ya lo estás haciendo.

—No estoy haciendo nada.

Mi padre volvía a mirar por los binoculares, observando la escena bajo nosotros.

—Comienza mañana mirando a tu alrededor. Puede que notes una bifurcación en el camino. Yo las veo todo el tiempo.

—¿Una bifurcación?

—Sí. Abre tus ojos. A veces debes tomar el camino equivocado para encontrar el correcto.

_⸺꩜⸺_

Menos de una semana después, el sol estaba enojado. Las sirenas y bocinas sonaban. Las personas gritaban en la calle. Una o dos veces creí oír un disparo o quizá fue la explosión de un motor (era difícil saber). Caminé por los senderos de concreto afuera del deportivo en la luz enceguecedora del día. Sentí como si el cielo estuviera en llamas. Las nubes eran un sueño, el fresco un deseo imposible. Me colgué la maleta deportiva al hombro con la cantimplora llena columpiándose contra mi muslo. Esperé bajo la tenue sombra de un árbol a que Taimur me alcanzara terminando sus clases. Sentada en una barda baja de bloques de hormigón tomaba sorbos pequeños de agua tibia de mi botella mientras limpiaba todo el tiempo gotas de sudor de mis cejas. Los niños que pasaban por la acera echaban un vistazo a mis extremidades duras como rocas, ya nadie parecía verme a los ojos.

El cemento me cortaba en las piernas y tenía que cambiar el peso de un lado al otro de modo constante. Esperaba a mi hermano como un transeúnte espera a que el semáforo cambie de color durante lo que me parecieron horas. Estudié el complejo que se encontraba en el extremo opuesto del patio. Era alto y estaba pintado de naranja pálido, hacía que el gimnasio y su salón de pesas se vieran pequeños. Las personas entraban en reducidos grupos entusiastas. Cada vez que las grandes puertas principales se abrían, el sonido errático de un partido en pleno era inconfundible, pero tenía que hacer un esfuerzo para entender las tensiones cambiantes: vitoreo agudo, quejidos graves. Cuando las puertas se cerraban, el ruido cesaba, dejándome en el tedio del terrible calor.

Cansada de perder el tiempo, me levanté de la barda y caminé por el patio cuadrangular de cemento. Si jugaban un partido, yo quería verlo. Miré a través de las puertas de vidrio, presionando mis manos contra la superficie fría. El vidrio parecía vibrar desde adentro, como si el partido alcanzara su clímax. Un hombre alto se acercó por detrás de mí y abrió la puerta. Crucé el umbral después de él. Traía una funda de raqueta colgando de su hombro y seguro medía más de 1.80 m. Su cuerpo era delgado y se movía con una agilidad que no había visto antes. Quizá sintió que lo observaba y volteó, se detuvo y me sonrió de una manera que me invitaba a entrar. Lo seguí como una sombra a lo largo de un corredor silencioso hasta las gradas. Todo el mundo de calor y monotonía de afuera se desvaneció. Se adelantó bastante, descendiendo por las escaleras de concreto de dos en dos escalones para reunirse con su grupo en la primera fila. Arrastrándome entre la gradería de bancas retacadas de gente, miré hacia la cancha. Era una gran caja de cristal. Una pecera gigante. El aire era suave y la luz más tenue; sentí que respiraba otra vez. Esperé a que comenzara el siguiente partido.

Encontrarme ahí era inesperado por completo. Dos hombres vestidos con ropa deportiva vibrante se pararon en la cancha alumbrada como si estuvieran en el centro de un cubo de hielo. Una energía expectante y silenciosa irradiaba del vacío oscuro y abarrotado que los rodeaba. Por un momento no se escuchó ni un ruido. Los dos jugadores hicieron girar la raqueta como un trompo para decidir quien tendría el primer saque. La raqueta repiqueteó al golpear el piso. Unas cuantas personas gritaron desde las gradas. Sólo había visto un juego de squash, pero en la televisión y sin sonido. Con el críquet, el squash era el deporte más popular en Pakistán, aunque yo no sabía nada de él excepto que se jugaba contra las paredes.

El primer hombre lanzó un potente saque. Nunca olvidaré el sonido de la bola de caucho al rebotar, de inmediato lanzó a los jugadores a un peloteo salvaje. Corrían dentro de la caja. Saltaban, se tiraban. Los tenis rechinaban contra la superficie pulida del suelo. Desde el golpe inicial quedé enganchada al caos controlado de movimientos que siguió y la pelota viajaba rápida como una bala. En el calor de ese primer peloteo, los jugadores nunca dejaron de moverse. No me importó quién ganaba. Sólo miré, asombrada, como si mi mundo entero se hubiera volteado sobre su eje en un abrir y cerrar de ojos.

—¿Qué haces aquí?

La voz baja y paternal de Taimur me sobresaltó y levanté la mirada un poco aturdida. Había seguido la trayectoria de la pelota de caucho en un extraño trance frenético. Cada vez que pegaba en la pared, sentía el golpe en mi corazón. Mi hermano, alto y de hombros anchos, tenía la costumbre de parecer desaliñado cuando estaba confuso, aunque su cabello seguía peinado de modo perfecto. Una sonrisa grande y ancha se dibujó en mi cara.

—¿Qué opinas del squash, Taimur? Es hermoso.

Taimur se abrió un espacio con trabajos en la banca, puso la mochila de la escuela en el piso, la maleta deportiva en su regazo y se sentó a ver el partido. Estuvimos uno junto al otro por un buen rato, sin decir palabra, ninguno de los dos hizo un movimiento para irse. Varias veces pude sentir sus ojos dirigirse hacia mí y regresar al fuerte ritmo del juego. Era difícil decir si estaba tan cautivado como yo. Sólo observaba al grupo ruidoso y emocionado de espectadores que nos rodeaba, con sus miradas fijas en los ágiles jugadores y en la caja blanca y brillante. Cuando la audiencia estalló después de un peloteo bastante largo, Taimur no demostró reacción alguna. Grité varias veces y me pareció que se reía. Nosotros debíamos estar levantando pesas. Seguí esperando a que me tocara el brazo y tomara sus maletas, quizá sabía que tendría que arrastrarme para que me levantara de mi asiento. Entre más tiempo pasábamos sentados ahí, más me convencía de que nunca regresaría al salón de pesas. Por fin Taimur exhaló como si hubiera tomado una decisión. A veces él hablaba en un idioma particular de suspiros, gestos y gruñidos. Tomó su maleta deportiva del regazo y la echó al piso, pateándola para meterla bajo su asiento. Se reclinó en el respaldo, cruzó los brazos sobre su pecho y asintió. Luego se volteó hacia mí y me susurró al oído.

—Me gusta, Genghis.

—Me encanta, Taimur.

—Vamos a necesitar raquetas.

Cuando llegamos con Baba esa tarde, lo encontramos sentado en la tenue luz de una lámpara de lectura, cosiendo una rasgadura en su *kameez*. Un grueso vendaje de cinta plateada sujetaba una parte de la lámpara como si tuviera un apéndice roto. No sé dónde encontró la cinta plateada pero últimamente la usaba para arreglar todo: patas flojas de la mesa, lomos raídos de los libros, el aspa de un ventilador, un cepillo de dientes y la lámpara fracturada. Mi padre tenía grandes manos cuadradas, pero sus largos dedos eran ágiles con el hilo. Lo observé con la aguja entre su índice y pulgar, haciendo puntadas, arriba y abajo, acariciando el aire con habilidad y siguiendo sin duda el ritmo de alguna música que escuchaba en su cabeza. Ejecutaba una tarea doméstica por la que sería insultado en cualquier lugar fuera de nuestra casa. De repente levantó la mirada, posó sus ojos en mí con una sonrisa a medias. Pasó un momento sin decirnos nada. Bien podría haberme ido a un largo viaje… de cierta manera lo había hecho.

—Bueno, aquí estás, Genghis Khan, por fin regresaste de una aventura, ¿verdad? Puedo verlo en tus ojos: atrapaste algunas estrellas y las traes en ellos.

No había parado de sonreír desde que dejé el deportivo al terminar el partido: "Encontré una bifurcación, Baba. Tal como me dijiste."

—¡Ajá!, lo sabía. Siempre has sabido escuchar. Déjame adivinar: no fue en el salón de pesas.

—No, fue dentro de un cubo de hielo gigante.

Cuando le conté a mi padre que descubrí el juego, describiendo el atractivo de su ritmo veloz, me escuchó y miró con atención. Después de unos cuantos minutos, se levantó de la silla y apagó la lámpara lisiada. Mi madre había aceptado un puesto como directora de una escuela cerca de Darra Adam Khel y no estaba en casa. Cinco días a la semana, luego de arrodillarnos todos a recitar juntos nuestras *fajr* (oraciones matutinas) y de compartir un desayuno rápido, se iba a su nuevo trabajo para regresar cansada y hambrienta por la tarde. En su ausencia, el resto de la familia se dividía las responsabilidades domésticas como un escuadrón de limpieza, con mi padre en el puesto de capitán. Ver a Baba participar en las tareas domésticas era algo abominable para la mayoría de los niños pastún, pero para nosotros era una bendición. Me encantaba regresar a casa y encontrarlo ahí. A menudo nos sentábamos juntos a tomar té y a esperar a que regresaran mi madre y el resto de los niños.

Sin decir palabra, crucé la puerta, bajé los tramos de escaleras en penumbras y salí a la ruidosa ciudad para detener un bicitaxi. Mi padre no pareció darle mucha importancia al hecho de que quisiera dejar la halterofilia y empezar con el squash. Resuelto como siempre, sólo aceptó mi decisión sin cuestionarla, igual que ocho años atrás había aceptado la quema de mis vestidos. Más tarde, cuando mi madre se opuso a la idea de que jugara squash en lugar de regresar a la escuela, él la convenció de que olvidara sus miedos.

Desde hacía mucho tiempo esperaba que yo, igual que mi hermana, siguiera sus pasos y obtuviera un título y después una carrera en educación. Nunca pensó tener una hija que jugara un deporte profesional. Ni siquiera conocía a una mujer atleta. En nuestro lado del mundo no existían. Más de una vez los escuché debatir sobre mi destino en susurros acalorados hasta muy entrada la noche. Una vez escuché a mi padre decir: "Maria no es como las otras niñas. No es Ayesha y no como es tú." Al final, mi madre estuvo de acuerdo.

De alguna manera yo sabía que mi padre pensaba en su hermana mientras me escuchaba parlotear acerca del emocionante juego de squash. A menudo pensaba en ella cuando hablábamos de mis planes. Unas veces, cuando me miraba, la veía y me lo decía. Otras veces, la vislumbraba y hablaba poco, como esa tarde. Ella y yo éramos tan semejantes, en nuestra apariencia, los modales agresivos, el temperamento volátil, pero no compartiríamos el mismo destino trágico. Cuando nos sentamos en el bicitaxi, mi padre tomó mi mano un momento y besó mi cabeza. Susurró algo al viento mientras el conductor se alejaba y se adentraba en el tránsito, pero nunca escuché lo que dijo.

En el complejo del otro lado del gimnasio de halterofilia se abrió una puerta que daba paso a un mar de mosaicos pulidos, extendidos por la recepción desierta. Estuve ahí apenas unas horas antes, pero ahora el silencio nos dio la bienvenida en la brillante luz artificial. Supuse que sería como la última vez: encontraríamos un entrenador, anotaríamos mi nombre y me inscribiría. Había un hombre sentado detrás de un escritorio a un costado y nos dirigimos hacia él. Estaba bien rasurado y olía a cáscara de naranja. Sus manos eran anchas y toscas. Cuando levantó la mirada nos reconocimos el uno al otro. Era el hombre alto con la funda de raqueta que seguí ese mismo día.

Mi padre habló con él en voz baja durante unos minutos mientras yo caminaba por ahí, sintiéndome ya segura en el lugar. Pasé la mirada a lo largo de las paredes con fotos enmarcadas de jugadores sosteniendo trofeos. Sonrisas radiantes, letreros grabados con fechas y nombres de ciudades alrededor del mundo: Londres, Tokio, Hong Kong, Filadelfia, Nueva York. Podía escuchar el ruido sordo de gente jugando en las cajas de cristal. Sonaba como si en las profundidades de ese edificio hubiera un gran panal de esas peceras de juego. Una energía embriagadora surcaba el ambiente como una tormenta, me encontraba parada en su periferia de la misma manera en que esperaba serenamente en la acera al *jingle bus*, lista para saltar a la acción. Nunca había deseado algo con tanta fuerza. La sola idea de sostener una raqueta y golpear la pelota contra las paredes blancas, hacía que todo mi cuerpo volara dentro de sí mismo.

Mi padre me llamó al escritorio y el hombre me miró sin evaluarme, sólo con curiosidad. Me preguntó si en verdad quería aprender a jugar squash. Asentí. El hombre abrió un cajón, sacó una solicitud, una pluma y me las acercó. Después, levantó un dedo mientras firmaba al final de la hoja y me miró.

—Muy bien, ahora sólo necesitamos tu acta de nacimiento.

De golpe toda la sangre se fue a mi cabeza y me dieron náuseas. Miré a mi padre y me di cuenta de que no quería dar ninguna explicación, no ahí en ese momento. Nos quedamos parados en completo silencio y sentí que me alejaba cada vez más del sueño que acababa de atrapar en la palma de mi mano. Lo único que tenía era mi credencial de identificación y escuché a mi padre decir que tendríamos que regresar a casa por el acta de nacimiento. El hombre asintió y dijo que la credencial sería suficiente por ahora. De cualquier manera, con o sin el acta, no había marcha atrás. Con los segundos corriendo como una bomba de tiempo en mi corazón, hurgué en mi memoria buscando una excusa, una razón para no entregar el documento que me delataría. Incluso de perfil podía ver la tensión en el rostro de mi padre, con las venas pulsando en su cuello. No parpadeó ni una vez. Sabía que estaba haciendo lo mismo que yo, buscando una manera de rodear el cerco, de evitar la verdad. Estaba segura de que quería irse, en ese momento, sin ofrecer una explicación.

No sé qué me poseyó para tomar el control en ese momento, pero lo hice. Con suavidad toqué el brazo de mi padre y asentí. Nos miramos el uno al otro de manera profunda, directo a las pupilas del otro y supo lo que quería que hiciera.

—¿Dejan jugar a las chicas? Mi hija quiere saber.

El hombre se asomó a través del escritorio, con los ojos crispados y se tocó la cara asombrado. Por la forma en que me miraba se podría pensar que había llegado volando para posarme ahí delante de él. Luego sonrió y fue como si el mundo entero se abriera para dejarme pasar.

—Así que eres una niña —me dijo como si mi padre no estuviera presente.

Lo sentí dar un paso atrás, abriéndole espacio a mi valentía: sabía que yo estaba bien (y lo estaba).

—Sí, soy Maria.

El hombre rodeó el escritorio para acercarse. Nunca estuve más agradecida en mi vida por la sonrisa de un extraño.

—Bienvenida.

12
JUGAR COMO NIÑA

Al principio nada cambió. Entre la neblina del sueño me levanté y me vestí como antes, con los viejos *shorts* y playera de Taimur. En la cúspide de la mañana, un silencio relajado cubría todo como el rocío. Me lavé la cara, miré el espejo roto sobre el lavabo: cabello corto en picos, patillas. Si quisiera verme como una chica, no sabría por dónde empezar. Con la maleta deportiva a la espalda monté en mi Sohrab y atravesé el pálido amanecer que bañaba Peshawar; mis pies pedaleaban dentro de unos tenis desgastados. En apariencia no era menos Genghis que el día anterior cuando dije mi nombre real y contuve la respiración. No se me ocurrió cambiar nada de mí en términos físicos. La aceptación de mi familia significaba que no tenía que hacerlo, ni por ellos ni por nadie más. Después de tantos años de vivir como lo hice, sin preocupaciones, con la ropa vieja de mi hermano, cómoda en mi piel curtida... mi existencia estaba a medio camino entre Genghis y Maria, habitaba tanto en el primero como en la segunda.

Unas cuantas personas me estudiaron desde sus autos cuando me detuve en un semáforo y tomé un sorbo rápido de mi cantimplora, con un pie en el piso apenas tocando el concreto. Los miré de vuelta, apretando el manubrio y mostrando el contorno de mis músculos tensándose a lo largo de mis brazos. Era tan temprano que la mayoría de las tiendas estaban cerradas y las largas calles vacías. Miré los grandes bancos de nubes levantándose a la distancia y me imaginé las cordilleras dormidas de mi Waziristán perdido. Todo estaba tan quieto y tranquilo que si cerraba los ojos estaba de regreso en los valles, viviendo bajo la Morada de Dios otra vez. Aquí, andando miles de metros entre las fachadas cerradas de los edificios, veía el mismo camino durante varias cuadras. A lo largo de las aceras, los vendedores de kebab arrastraban los canales de la parte trasera de sus carretas y los colgaban en ganchos. Durante toda la mañana cortarían la carne. Las alcantarillas de las calles se llenarían de sangre roja y fresca. Olor a humo conforme se encendían los fuegos en las cocinas, aroma a lluvia en el horizonte. Se adivinaba que afuera sería un largo, húmedo y caluroso día, pero lo pasaría corriendo dentro de cuatro paredes.

Llegué al deportivo sola, al tiempo que las calles comenzaban a llenarse de sonidos. Taimur tenía exámenes ese mes y no podría comenzar a jugar hasta que terminaran. Adentro sólo escuchaba el suave aporreo del caucho contra una pared. El golpeteo fue subiendo de volumen mientras me acerqué a la cancha. El hombre amable que me había inscrito apenas unos días antes estaba vestido todo de un blanco perfecto y golpeaba la pelota contra la pared del fondo. Había algo de feroz y hermoso en ello, fuerte y rápido como los ecos agudos de un campo de tiro. Igual que la vez pasada, sentí cada golpe contra la pared reverberar en lo profundo de mi pecho. Dentro de la cancha sus pies cubrían toda la superficie del piso pulido, mientras bailaba de un lado al otro a través del aire iluminado. La pelota de caucho negro salía disparada de una pared a otra como un borrón tan rápido que mareaba. Dibujaba ángulos hipnotizantes.

Mi primer entrenador de squash también era coronel de la Fuerza Aérea Pakistaní y director de la Academia de Squash de la FAP en Peshawar. Tenía los reflejos instantáneos del hombre acostumbrado a comandar cosas que vuelan a velocidades *mach*, era amo de la pelota. Sin descansar para respirar o beber agua, golpeaba una y otra vez, brazo y raqueta cortaban el aire, una precisión eléctrica impulsaba cada uno de sus movimientos. Observaba la inclinación de su antebrazo, el ligero tirón de su omóplato, el movimiento mínimo de la raqueta alterando ángulos, cambiando trayectorias. Largo y delgado, el cuerpo de ese hombre era capaz de alcanzar velocidades fascinantes. Parecía que podía atrapar una bala en la palma de su mano. Luego, como si escuchara mis pensamientos fugaces, se detuvo en seco, levantó un brazo y atrapó la pelota en el aire. Se dio la vuelta y lanzó una sonrisa breve a través de la oscuridad hasta donde yo estaba. Después me llamó con la mano, invitándome a entrar.

—Taimur dijo que necesitabas una raqueta. Ésta es para ti.

Me entregó una.

El mango estaba tibio y húmedo de su sudor. Cuando la raqueta se deslizó en mi palma, la sentí conectarse con el resto de mi cuerpo como una articulación entrando en su cuenca. Ahora recuerdo ese momento y creo que fue como encontrar una extremidad perdida. Mi entrenador dio un paso atrás, su cara cubierta con el brillo del sudor, entonces me miró. Sabía que pensaba cosas sobre mí: quizá lo varonil o valiente (ojalá) que era. Apreté la empuñadura, al principio moví la raqueta lento: arriba y abajo, adelante y atrás. Al poner la mano contra la cara tensa y llena de cuerdas, sentí la apretada red cortando mi piel. Estaba lista: de pronto, sólo pensaba en golpear la pelota.

—Gracias, entrenador. Se siente bien.

—Es una edición especial con la firma de Jonathon Power. Es un campeón mundial. *Inshallah* te traiga buena suerte.

—Creo que ya lo hizo.

Mi entrenador, a quién casi siempre llamaba coronel, me miró y asintió con un destello de curiosidad que no tenía ni rastro de malicia. Recuerdo que tenía unos ojos como los de mi padre. Desde el momento en que nos conocimos, le hubiera podido confiar mi vida a ese hombre. Tomó mi mano y me ofreció la pelota, suave y caliente por la anterior ronda de golpes inmisericorde. La encerré entre mis dedos, sentí el calor atrapado y cada músculo de mi cuerpo cobró vida de golpe. Creí que había encontrado el squash, pero entonces pensé que él me encontró a mí.

Aunque sentía el alma del juego, aún no sabía nada de las reglas. Mi entrenador me paró contra la pared del fondo y me explicó en qué consistía el juego. En teoría, no había mucho qué saber; en la práctica, dominar el juego requería una combinación monumental de agilidad y resistencia. Para perseguir una bala, necesitas correr como una; para controlarla en un milisegundo se requiere una maestría que sólo puede describirse como magia. El coronel me colocó entre las líneas del cuadro de saque. Practicamos unos cuantos movimientos de raqueta sin pelota. Cortaba el aire con mi raqueta nueva, golpeando una pelota imaginaria tan fuerte que sentí que partía átomos. Luego se fue al otro lado y me dijo que lo intentara.

—Sólo ve si puedes pegarle. Golpea cuanto quieras, lo más que puedas.

Yo estaba comprometida desde el primer golpe. A la orden de mi brazo, las cuerdas de la raqueta hicieron contacto limpio. Antes de que me diera cuenta, el caucho caliente se precipitó en el aire, abofeteó la pared del fondo y regresó disparada. Yo di un brinco a la línea central, incliné mi raqueta y mandé la pelota de regreso a la pared. Apenas la tocó y cayó muerta al piso, pero había logrado una ronda completa. La alegría de haber hecho ese primer tiro estalló dentro de mí y dejé salir una risa que resonó contra las cuatro paredes de la caja. Hasta este día todavía puedo escucharla. Afuera, la lluvia comenzó a caer y golpeaba el techo. Un rayo nos sacudió dentro de la pecera. Estábamos dentro de una fortaleza, en el exterior el mundo estaba en guerra consigo mismo. La raqueta estaba en mi mano, mis pies en el piso de la cancha, la pelota en la mira. Por primera vez (desde que nos mudamos a Peshawar) me sentía en mi elemento.

Cuando me caía era con todo mi cuerpo, chocando contra el piso como un árbol cortado. No lo veía venir, mi cuerpo sólo cedía. Me levantaba de un brinco, apenas me sacudía y regresaba de inmediato a mi posición. El coronel me detuvo en ese momento y me explicó varias cosas: la línea de falta superior, la banda de falta (inferior), el punto óptimo central al que debía apuntar en mi saque. Una vez más, me dejó para que lo intentara: sólo golpear, mandar la pelota a la pared del fondo, cuidar mi puntería, hacer cada movimiento como lo había observado en él hasta que mi pecho jadeara. Mientras, se mantenía atrás gritando:

—Cuida tus pies. Baja la velocidad. Acostúmbrate a la sensación. Sigue regresando a la T, a la zona de atrás, la que está entre los dos cuadros de saque.

Una y otra vez me tropezaba al correr para dar un golpe, sacándome moretones en las rodillas, golpeándome en los costados, pero no me importaba: cada momento de dolor al golpear el suelo y volver a levantarme era dulce. El coronel sólo me observaba, con los brazos cruzados en el pecho, asintiendo con cada tac-tac, tac-tac, tac-tac. Jugaba con una urgencia que no había experimentado antes, pero no lo hacía bien. Era una niña de doce años con brazos colosales y pies torpes. No importaba.

Cuando el entrenador dio un salto y atrapó la pelota en el aire, me sacó de un trance.

—Estás jugando contra tus demonios, Maria Toorpakai… y tienes muchos.

—¿Eso es bueno? —el sudor escurría por mi cara.

—Sí, es la única manera de ganar.

Levantó su raqueta y comenzamos un juego.

Aprendí lo básico, batallé, me tropecé con mis propios pies, grité, sentí mi corazón latir tan rápido que pensé que me daría un infarto. Era como un gigante en una caja de zapatos. La pelota zigzagueaba a mi alrededor como un colibrí. Antes de que me diera cuenta, dos horas se convirtieron en tres y el coronel atrapó la pelota con su mano. Me miró girando su cabeza de costado, jadeando. Yo ya estaba tumbada en el piso, con mi pecho latiendo muy fuerte. La lluvia seguía golpeando encima de nosotros y las luces parpadeaban, se prendían y apagaban. Me sentía como si hubiera rayos dentro de la cancha.

Luego me levanté y me erguí, girando la raqueta en mis palmas aporreadas. Si creía que ya estaba acabada, se equivocaba. No era buena, apenas podía sostener un peloteo por más de diez segundos. De hecho, era un desastre. Pero sabía una cosa: acababa de encontrar mi juego dentro de esa caja. Me acerqué y mi entrenador chocó mis palmas. Nunca había tenido a un niño que se lo tomara tan en serio como yo, como un guerrero (y me lo dijo). Ahí fue cuando le dije que no era sólo una niña. Era la hija de mi padre: una wazir, hasta la última gota de mi sangre.

♲

Todos los niños cruzaron la cancha con sus tenis blancos y nuevos; eran más de una docena. Nadie dijo su nombre, sólo enviaban miradas sospechosas. Apenas llevaba diez semanas jugando squash, pero ya me había topado con algunos de ellos en los dos meses de torneos de liga semanales. A los que había derrotado en seguida, nunca los volví a ver. El coronel nos organizó en equipos. Había otros entrenadores, pero él era el líder y dirigía la academia. Taimur estaba ahí conmigo, a la espera, en el fondo, amarrando sus tenis (más nuevos que los míos, pero tan rotos como los de un mendigo). Me quedé parada delante de mi hermano, mirando directo al frente, escuchando el eco de todas esas voces bajas masculinas contra el alto techo blanco, como si fuera el interior de una mezquita. Estábamos dentro de una larga sucesión de peceras. Había una hilera de bancas tras la pared trasera de cristal, donde esperaban más niños. Nuestro entrenador recorrió todo lo largo de esas canchas, evaluando sus equipos. Hasta ahora yo seguía siendo la única niña.

Entró a nuestra caja y revisó su tabla portapapeles. Nos alineó contra la pared y contó cabezas. No sabía para qué. Cuando llegó a mí, se detuvo un momento y asintió. Incluso entonces, no me di cuenta de que seguía caminando de puntillas por el filo de una navaja: nadie podía decir por mi aspecto que no fuera 100 por ciento varón. Me había inscrito como niña, pero para efectos prácticos jugaba como si fuera hombre. A decir verdad, me sentía más cómoda no declarando de manera abierta mi verdadero género. Dejaba que los demás pensaran lo que quisieran. No había ninguna otra niña a la vista.

Cuando el coronel entraba o pasaba frente a una cancha, todas las voces se callaban. En Pakistán, las divisiones del ejército supervisan y administran los tres deportes principales: el críquet es de la armada, el hockey sobre pasto de la marina y el squash de la fuerza aérea. El sistema está diseñado para que el gobierno canalice fondos federales de modo directo hacia los equipos y los programas afiliados más importantes. En mi país, en términos de orgullo nacional e identidad cultural, las destrezas militares y deportivas van de la mano. Cada chico se comportaba muy bien (bajo la mirada de la organización más poderosa de Pakistán); incluso con tanta cercanía y tiempos muertos, nadie platicaba ni se preguntaban sus nombres.

Otro entrenador entró, se paró en el centro de la T (la cruceta que marca el centro geométrico de la cancha) sujetando una pelota en su mano y comenzó con nuestro primer ejercicio. Un chico tras otro salió corriendo tras la pelota y se apresuró a formarse de nuevo. Al principio sólo golpeábamos la pelota con fuerza directo al fondo: una maniobra estándar del juego. Al poco tiempo, trabajamos en las jugadas y los tiros básicos cuyos nombres me tomó meses aprender: *rolling nicks, drive, corkscrews* (saque tirabuzón), *cross courts* (cruzada) y *boasts* (tiro de dos paredes). Todos corrimos por la pecera hasta que cada uno de los niños de la fila jadeaba como un perro. Poco a poco, el mismo entrenador nos fue reduciendo a grupos más pequeños y nos organizó en pequeños partidos uno a uno. Taimur fue enviado a jugar con chicos de otra división. Se volteó para echarme un ojo y mirar a los chicos de mi grupo. Asentí y le dije que se fuera.

Casi nadie hablaba. El silencio me daba la oportunidad de mantener las cosas en orden. Me tomaba más en serio el squash que cualquier otra cosa en mi vida. Mi mente estaba involucrada por completo en aprender el juego y en descifrar a los otros chicos (quién podría vencerme, quién no tenía oportunidad). No quería molestarme con los débiles; fuera niña o niño, yo era la más grande. Algunos me miraron y otros con más experiencia (los que vestían de blanco brillante, con agujetas nuevas, raquetas que se veían caras y sus propias fundas de cuero) me hicieron un poco de burla mientras estaban cerca de la cancha. Era extraño cómo, con una sola mirada, un niño podía hacerme sentir inferior. Muchos lo habían intentado en callejones y valles, pero hasta esa mañana todos habían fallado. Durante los entrenamientos había visto a esos chicos ligeros correr por toda la caja con una agilidad que yo no poseía. Tenían una resistencia aeróbica que me faltaba, pero mis brazos eran como arietes y esa era la única bala de plata en mi cartuchera. No podía responder a sus miradas insolentes con un golpe, más bien planeaba mandarlos a todos al piso tarde o temprano.

Mi oportunidad llegó antes de que pasara una hora, cuando me mandaron a la pecera con otro niño, quizá una o dos cabezas más alto que yo pero mucho más delgado. Ni siquiera nos dimos la mano (eso no se acostumbraba). Por mí, mejor. ¿Qué le hubiera dicho? Yo estaba ahí como Maria Toorpakai Wazir, pero sólo el coronel y mi hermano lo sabían. El chico enjuto observó mi ropa deportiva andrajosa y evaluó mi raqueta. Se veía de segunda mano pero yo sabía que resaltaba: era una edición especial (Taimur me explicó lo que eso significaba). En un instante vi que sólo por mi equipo pensó que ya conocía bien la cancha y llevaba años jugando. El giro de la raqueta determinó que yo tendría el primer saque. Cuando respiré y golpeé la pelota, pegó en la pared y rebotó disparada como un rayo. El niño junto a mí se lanzó tras ella. Escuché salir el aire de sus pulmones con un soplido rápido de frustración. La falló y asintió dirigiéndose a mí, mirando con detenimiento mi brazo pulsante y el afluente de venas azules que resaltaban cuando hacía un esfuerzo. Regresé a la caja y saqué de nuevo con el mismo *drive* recto y brutal. Hice lo mismo cinco veces de un jalón. Cada vez que la pelota se moría delante de él, el chico exhalaba y se mordía el labio. Cuando dirigí la mirada hacia el cristal, vi una hilera de caras observando. Todos habían oído mi primer saque como un trueno y habían soltado sus raquetas. Entonces el coronel entró y me miró.

—Cambien —dijo.

Le lancé la pelota tibia a mi oponente. Se paró en su esquina mirando directo hacia el frente. Prendí algo dentro de él. El deseo de ponerse en mi lugar, creo. Hizo un globo con la pelota a propósito, tan suave como la respiración de un bebé. Me lancé hacia delante y choqué contra el suelo con mi raqueta extendida al máximo, quedé a un kilómetro de la pelota. Entonces lo volvió a hacer: el mismo tiro, tan leve como una pluma. Me arrojé con todo y apenas alcancé a levantar la pelota con el marco de mi raqueta. Cuando probó su punto cinco veces para ponerse a mano conmigo, me lanzó un buen *drive* limpio. Yo lo alcancé y devolví el golpe. Necesitábamos un peloteo serio para entrar en el juego auténtico. En ese momento me recordaron que esto no era una pelea callejera de sudor y sangre, era squash y era miembro de un equipo. Voleamos de ida y vuelta, suave al principio. No duró mucho. Él lo tenía todo: precisión y velocidad. Después de unos minutos de cruzar la cancha, las gotas de sudor sobre mis ojos resbalaban por mis pestañas.

En un peloteo que duró apenas diez segundos, ese chico descubrió mi evidente talón de Aquiles y lo expuso a la vista de todos: yo podía asesinar con un golpe, pero no perseguir una pelota aunque me fuera la vida en ello. Así que me lanzó a una carrera inútil de una esquina a otra. Compensé mis debilidades como siempre: a fuerza de pura tenacidad. La pelota se alejaba de la pared hacia mí y siempre se moría antes de que la alcanzara. Sólo éramos niños aprendiendo el juego pero la competencia entre nosotros tenía algo de tribal que nos enganchaba. Nos gritamos el uno al otro, a veces riendo, a veces insultándonos. Las burlas no significaban nada entre chicos (ya lo sabía). Una o dos veces, devolví un golpe tan fuerte que se alejó de mí de un salto como si yo acabara de disparar una bala con una pistola. En el curso de esos peloteos cortos varias veces me caí y me levanté, siempre con una sonrisa adolorida.

Los chicos reunidos tras el cristal nunca habían visto a alguien como yo en una cancha de squash. El poder de mis piernas me catapultaba demasiado fuerte y rápido. No podía detenerme a tiempo para alcanzar y controlar la pelota con mi raqueta, pero tenía dientes y garras hincados en este juego. Mi adinerado oponente sabía elegir los tiros y tenía en mente todos los ángulos. Yo sólo tenía poder en bruto y un instinto despiadado. Aun así me defendí por un buen rato, incluso cuando respiraba tan fuerte que sentía como si tuviera un cuchillo en el pecho. El entrenador nos detuvo y sacudió su cabeza, me miró de arriba abajo, mis rodillas amoratadas y mis manos hinchadas. Recogió nuestra pelota, enroscó sus dedos alrededor de ella silbando a través de los dientes y la tiró al piso como una pepita de carbón ardiente. Yo me quité los tenis y me saqué los calcetines manchados de sangre. Unos cuantos niños golpearon en la pared. Ahora todos querían jugar contra mí. El chico a mi lado recuperaba el aliento, tomaba agua y me echaba un vistazo que reconocí de mis días en la halterofilia. Había ganado pero también perdió. Me pasó una toalla. A través de la puerta abierta de la cancha pude oír a los espectadores parloteando. Hablaban de sus propios partidos y de mí; escuché que uno dijo:

—¿Qué clase de chico juega a muerte?

—Mira a ese pastún grandote. Parece como su alguien le hubiera disparado en las rodillas.

Supuse que estaría segura en ese grupo. Superé el rito de paso igual que siempre: demostré mi rango entre ellos con una exhibición de fuerza. Sería un miembro del grupo a pesar de mis zapatos rotos.

El coronel nos llamó a mi oponente y a mí al centro de la T y dijo que nos diéramos la mano. Recuerdo que el chico tenía el nombre de mi hermano, Sangeen, y se lo dije. Nos sonreímos el uno al otro al estrecharnos las manos y luego fuimos a reunirnos con nuestros compañeros de equipo. Cuando iba saliendo de la cancha, el coronel me miró y dijo algo que cambió todo… en lo que dura un suspiro.

—Al paso que vas, —dijo— romperás esa raqueta muy pronto, Maria.

Igual pudo haber lanzado una bengala al aire.

Después salió por la pequeña puerta blanca de la pared trasera. Antes de que se cerrara, sentí el cambio de energía dentro de la pecera. Mi respiración de pronto se hizo ligera, escuchaba la sangre precipitándose por mis venas. Esperé a que alguno de los niños dijera algo y prendiera un cerillo. Mi cabeza todavía martilleaba por el juego. No había corrido tanto desde que vivía en los valles. Recogí la pelota del piso donde la dejó el entrenador y la sostuve en mis manos. Nadie dijo una palabra.

—Todavía está caliente —dije sin titubear y se la pasé a mi oponente.

Él la tomó, me miró a los ojos por un segundo y volteó la mirada. Los demás chicos seguían observando por el cristal. Uno o dos escucharon mi nombre. Podía verlo en sus ojos clavados en mí a través de la ventana de la cancha. Me miraban como si fuera una criatura extraña en exhibición. Aun así no sentí vergüenza ni miedo. El gato había salido de la bolsa, no había nada que pudiera hacer. Los días en que escapaba habían quedado muy atrás. Estaba ahí para jugar squash por invitación del coronel y lo hice delante de todos hasta el borde de la locura. Ninguno de esos niños podía tocarme. Cuando tosí en la toalla blanca, mis pulmones se apretaron y pensé que iba a escupir sangre. Si querían confrontarme (o apenas preguntarme) no se atreverían. Todavía no. No después de ese partido. La sangre escurría de mis rodillas. Por mis grandes manos cuadradas y mis brazos de hormigón, sabían que lo que hice con la pelota de squash (fuera lo que fuera) se lo podría hacer a cualquiera de ellos con facilidad.

Mi oponente pretendió que fue un error, que tan sólo escuchó mal. Veía su confusión en la forma frenética en que parpadeaba al prepararse para salir de la cancha. Los demás siguieron su ejemplo, echaban vistazos sobre sus hombros mientras nos reuníamos en el corredor para recoger nuestras maletas del piso. Miraban mi pecho, mis *shorts* desgastados, mis piernas cortas y fornidas buscando pistas. Leía las interrogantes en sus mentes y pensaba: "Que pregunten, no le debo nada a nadie."

El chico más grande se apartó del grupo, debí anticipar lo que iba a suceder. Incluso en los niveles más altos de un deporte limpio como el squash había un código animal. Siempre alguien era el alfa. Vino junto a mí cuando salía, columpiando mi cantimplora con seguridad, seguido de algunos que escuchaban en silencio. Lo distinguí en un segundo: ropa blanca perfecta, una vida fácil. Incluso después de una mañana de entrenamiento duro, aún estaba impecable. Podía oler el dulce aroma a sándalo que despedía en ráfagas embriagadoras como insultos a la miseria de la que suponía que yo provenía. Quizá pensó que podía verlo todo, sólo por las rasgaduras a lo largo de las costuras de mi playera y por las viejas manchas en mis pantaloncillos.

—Debí adivinarlo. Juegas como niña. Ni siquiera puedes correr.

Pensé en detenerme y enfrentarlo ahí mismo bajo las brillantes luces del *lobby*. Nuestro entrenador estaba en su escritorio, hablando por teléfono. Los retratos de cinco décadas de campeones colgaban contra la pared, no había ninguna mujer entre ellos. De pronto, me sentí orgullosa. Me había unido a un deporte reverenciado en toda la nación por invitación de la fuerza aérea. El coronel me dijo que el gobierno seguía un mandato para incluir a más mujeres en los deportes. Sabía que era de las primeras. El presidente de Pakistán, por la razón que fuera, quería más chicas en la cancha.

Me volví hacia los demás, apunté con mi raqueta extendida al frente y sonreí.

—Así es. Te mostraré de nuevo la próxima semana.

⁓

Nada de lo que dijera o hiciera importó. Después de eso, los chicos estuvieron tras de mí. Cada vez que jugaba me miraban de forma lasciva a través del cristal con sus lenguas de fuera. El chisme había corrido: había una niña pastún en las canchas. Nada que el coronel pudiera decir o hacer borraría esa marca sobre mí. Su orgullo masculino estaba en carne viva. Había dejado a más de uno en un ataque de frustración con un solo golpe letal en la pecera. La verdad era que me temían. Podía verlo. No era como las otras niñas que conocían: las hermanas bajo el velo, las madres cariñosas y tranquilas. Era como ellos, pero más fuerte. Cuando el chico de la ropa blanca impecable caminó detrás de mí y pasó su mano por mi trasero, riendo mientras entraba en la caja, algo dentro de mí se partió en dos. No me volteé a enfrentarlo, sólo salí al corredor con mi raqueta, mi maleta desgastada y me fui a casa. A la mañana siguiente (y en todos los días posteriores) me levanté antes del amanecer, me puse mis viejos pants y pedaleé a través de Peshawar hacia las canchas. La única manera de vencerlos era jugando. Eso era todo lo que sabía.

Ahí fue cuando el squash pasó de ser un juego a una adicción absoluta. Los conserjes siempre me dejaban entrar y a veces jugábamos juntos. Yo aceptaba un partido con quien fuera. Taimur sólo era bueno para unos cuantos partidos aquí y allá, saliendo de la escuela. Pero yo me enfrentaba a pilotos de la fuerza aérea, personal de protección, maestros y cocineros en busca de un juego después del trabajo. Cuando no había un alma con una raqueta que quisiera jugar, sólo buscaba una caja vacía y golpeaba la pelota. Sabía lo que tenía que dominar: una velocidad ágil y la precisión que la acompañaba. En el transcurso de esas semanas frenéticas de jugar durante horas en la cancha, a veces hasta ocho si me salía con la mía, me transformé. Ya no era sólo un pasatiempo, una ocupación que me mantendría lejos de las calles sucias y de los problemas, una manera de agotar mi agresividad salvaje. Jugar squash se convirtió en la búsqueda de mi alma. Mi padre no cuestionó mi repentino impulso obsesivo (salir con las primeras luces, regresar apaleada e hinchada en la noche). Mejor una raqueta que una pistola o un puño. Mejor una cancha de squash que el fondo de un callejón y trece puntadas atrás de mi cabeza. Hay una diferencia entre un ganador y un campeón. Era una actitud de "todo o nada" que yo poseía. Cada vez que perseguía esa pelota salvaje, veía a los niños con su ropa blanca impecable y me imaginaba derrotándolos, uno tras otro.

◦◦

Estaba en la escalera con mi raqueta el día en que oí venir a todos los niños. Algunos ya estaban ahí, congregados afuera de las cajas, revisando la alineación de partidos que habían publicado. Mis manos estaban llenas de cinta para ocultar los callos agrietados de mis palmas y mis rodillas arruinadas envueltas en gasas. Perdí dos uñas de las manos (por caídas en la cancha) y muchos kilos (ahora usaba unos pants viejos con el cordón de la cintura bien apretado). Todavía era un muro de músculos, pero perdí el volumen suficiente para mejorar mi agilidad.

Me dejé crecer el cabello desafiando cada mirada lujuriosa en el cristal a mis espaldas mientras entrenaba, que me vieran como una chica todo lo que quisieran. Conseguí un cubo de hielo, lo pegué a los lóbulos de las orejas y me las perforé en el lavabo del baño con una aguja de coser. Si esos niños impecables de escuela privada trataban de molestarme, lo hacían de la manera equivocada.

Cuando caminé por el corredor a lo largo de las bancas, las cabezas giraron enviando una señal mientras pasaba. Tenía una diadema rosa brillante en el cabello. El entrenador no estaba al principio de la práctica. Puse mi maleta en el piso y saqué mi raqueta, buscando una pelota. Algunos ya estaban empezando: se paraban detrás de mí, echaban miradas, se retaban unos a otros a hacer quién sabe qué. Los pasé de largo caminando hacia la pecera que me correspondía, miré a mi alrededor buscando a mi pareja y luego apunté con mi raqueta para elegir uno yo misma. Todos se reían. Era igual que en las calles, pensé, incluso entre esos jugadores de élite con su ropa almidonada. Todos iban a la escuela cinco días a la semana pero eran tan tontos como el que más, eso creía y quizá lo dije. Ya no me acuerdo.

Mi primer oponente y yo nos paramos en la cancha con las raquetas listas. No recuerdo quién sacó, sólo lo que sucedió después. A partir de ahí, levanté mi brazo y le disparé una y otra vez. Como si no fuera nada, masacré la pelota y lo derroté en un estupor de confusión. Ahí fue cuando me decidí: iba a derrotar a todos ahí mismo. El número era catorce, lo recuerdo bien. Antes de que llegara a siete, ya comenzaban a callarse detrás del cristal, todos menos el chico de la ropa blanca impecable y planchada. Gritó algo sobre que le gustaba mi nuevo peinado y preguntó si mi padre sabía lo que su hija ramera andaba haciendo. Y ahí fue cuando lo invité a entrar a la caja conmigo. Conforme entró con calma, nuestras tensiones individuales chocaron y electrificaron la cancha. Él sabía que si perdía estaba acabado. Yo sabía que si ganaba todos me odiarían mucho más que antes. La paradoja era un asunto de supervivencia para mí, con ese odio particular vendría un respeto distante. Si no lo aniquilaba nunca me dejarían jugar en paz.

De modo deliberado me tomé mi tiempo con el saque. Él ya estaba contrariado por haber perdido en el giro de la raqueta. Casi con pereza caminé a mi esquina, sintiendo la pelota, apretándola en mi mano y mirándolo. Las luces iban y venían y los demás detrás de nosotros soltaban un coro de gemidos. Podía sentir el olor a quemado del sistema eléctrico trabajando a toda su capacidad. El aire zumbaba. Después, sin siquiera respirar, tomé la pelota y la golpeé, disparando un tiro tan fuerte que la bola se partió en dos antes de tocar la pared. Miré por encima de mi hombro y uno de ellos me trajo una nueva. Noté que no me vio a los ojos cuando le di las gracias. El cambio ya había comenzado. Tenía que llegar hasta el final y derrotarlo o estaría acabada en la academia.

Me gustaría decir que mi oponente dio pelea, pero sólo se encogió. Lo derroté mentalmente en el momento en que partí la pelota con el primer saque. Y era una niña, directo en su cara, con una diadema brillante y las pequeñas arracadas que mi hermana me encontró. Ese día me veía más femenina que en años y, de alguna manera, creo que eso le dificultó el enfrentarse cara a cara conmigo. Así que hice lo adecuado, en el momento justo, para lo que había entrenado cada día, horas interminables, semana tras semana. Lo aplasté, un punto tras otro. Para cuando terminé, escuchaba su respiración salir en ráfagas largas y rabiosas. Salió por la puerta con la mandíbula apretada, abriéndola tan fuerte que se azotó contra la pared trasera. Luego se volteó hacia mí:

—Rezaré por tu padre. Ningún hombre, sin importar sus pecados, debería tener una puta como tú por hija.

Salió. Entonces, desde el otro lado, se pegó al cristal para encararme, con todos rodeándolo. Yo me quedé parada observando cómo presionaba sus pantalones contra el cristal y sacaba la lengua. Algunos soltaban risitas, la mayoría sólo miraba, sin saber qué hacer. Los más valientes se marcharon.

Sentí ese calor hirviente y familiar subiendo por mi cuello. Tomé mi raqueta, la levanté y le grité, a él y a cualquier niño u hombre que alguna vez trató de atormentarme. Mientras mi furia explotaba, arrojé mi raqueta como una jabalina directo al cristal. El chico dio un salto hacia atrás cuando golpeó la superficie y el marco se partió. Entonces lo invité a entrar en un enfrentamiento de otro tipo. Vio que yo iba muy en serio. Me quedé parada esperando, golpeando con mi pie, llamándolo con la mano. Fui directo a la pared de cristal, me puse cara a cara con él y le sostuve la mirada hasta que vi el terror trepar por él como una enfermedad repentina. Le hice saber que no tenía miedo de lastimarlo. Si entraba en la pecera conmigo, lo partiría en pedazos y él lo sabía. Ya se había alejado cuando le grité con todas mis fuerzas:

—¿Quieres ver cómo juegan las niñas? ¡Así jugamos!

13
FUMAR ESCORPIONES

Los perros salvajes acostumbraban merodear por las colinas de nuestras áreas tribales. Cuando nos mudamos a Peshawar, esos animales aparecían en mis sueños inquietos, a veces sólo como sonidos escalofriantes. Por la noche, oía los ecos de sus ladridos agudos al cazar a lo largo de la cordillera negra. Siendo una niña pequeña, me acostaba y escuchaba a las manadas rabiosas persiguiendo a la criatura que cazaban (dando vueltas por la orilla de nuestro valle). Sentía el cambio de sus movimientos por la manera en que subían o bajaban los sonidos: siempre aumentaban cuando los perros rodeaban a su presa poco a poco. Luego venía una serie de salvajes aullidos finales cuando todos se abalanzaban y desgarraban en pedazos lo que hubieran atrapado. Desde entonces, el gemido de la muerte ya era inconfundible para mí.

Cuando era más pequeña, mi familia tenía una perra domesticada en casa. Muchas familias del pueblo usaban estos animales para proteger su casa o sus rebaños de ovejas. Siempre, en la nueva calidez de la primavera, su olor atraía a los perros salvajes hasta nuestro pueblo tranquilo. Entraban en una larga fila de diez o más, se movían a lo largo de la vereda del río como una pandilla de *hooligans* con sus húmedas lenguas colgando y sus cabezas gachas. Cuando se deslizaban en nuestro patio, mi perra se encogía de miedo dentro de una habitación trasera, aunque la puerta delantera estaba atrancada y las ventanas cerradas. Mi padre nos dijo que no podíamos hacer nada para mantenerlos alejados mientras la lluvia de feroces ladridos caía contra nuestras paredes. Sabían que teníamos a una hembra dentro y la querían. Al final, entraban en tal frenesí que atacaban la puerta con una ferocidad que me aterraba, arañando y gruñendo como si se hubieran vuelto locos. A pesar de estar en los brazos reconfortantes de mi padre, creía que esos animales violentos venían por mí, por nosotros, y no se detendrían hasta entrar. Una o dos veces, hombres del pueblo vinieron y mataron a tiros a unos cuantos, dispersando a los otros de regreso a las colinas.

Años más tarde, cuando me mudé a Peshawar, me pregunté por qué soñaba tan seguido con esos perros, siempre persiguiéndome a mí y sólo a mí, a través del mar muerto de la noche. Entre 2001 y 2002, la ciudad de Peshawar, que alguna vez fue una vibrante ciudad fronteriza, pareció ensombrecerse. Las multitudes que pululaban a lo largo de las calles de comercios disminuyeron, aunque la población crecía de modo constante las caras en la calle se veían demacradas, con malos presagios. Pero siendo una niña, eso no me decía nada. Yo sólo notaba que la atmósfera de la ciudad parecía más densa. La gente perdía los estribos con más frecuencia, los niños refugiados quedaban hambrientos a los costados de los caminos, las pandillas de adictos se multiplicaron como virus. En casa, muchas veces mi padre caía bajo largos hechizos de contemplación callada. Nunca le pregunté por qué. Yo estaba demasiado concentrada en golpear la pelota de caucho tan fuerte y rápido como pudiera. Ya desde entonces, aunque tenía un montón de tropiezos y tiros fallados, jugar squash era todo mi mundo. Con frecuencia reflexiono y me sorprendo del milagro que lograron mis padres: criar a su familia en un santuario de paz dentro de una guerra tan fanática que amenazaba con destruir todo a su paso.

Durante toda mi vida y por más de veinte años, Afganistán (con quién compartimos frontera y antiguos lazos de sangre) estuvo envuelto en conflicto: la invasión y ocupación soviética (1979-

1989); la subsiguiente guerra civil (1989-2001); la primera expulsión del gobierno comunista de Najibulá y el paso al régimen talibán. Mi padre me enseñó lo básico y yo entendía que el conflicto era parte del material con el que estaba hecho ese país (y el nuestro). Pero 2001 fue un año muy diferente, uno que desató una brutalidad sin precedentes, que ya es decir bastante en un área con una historia tan llena de sangre. A lo largo de FATA y de la Línea Durand, el creciente llamado a la guerra agitó nuestra parte del mundo como si estuviéramos en un caldero gigante. Las tensiones que se acumularon (algunas desde hacía generaciones) alcanzaron su clímax y un día apocalíptico encendieron una mecha larga e interminable.

He aprendido que la mayoría de los occidentales recuerdan de modo preciso dónde estaban cuando ocurrieron ciertos eventos históricos: el asesinato del presidente John F. Kennedy; la llegada del hombre a la luna; el desastre del transbordador espacial *Challenger;* el 9/11. Yo no tengo idea de qué estaba haciendo el 11 de septiembre de 2001 cuando los terroristas dirigieron dos aviones de pasajeros llenos de combustible, con los motores rugiendo, hacia el World Trade Center en Nueva York, luego otro hacia el Pentágono en Washington, D.C. y después perdieron otro por la valentía de sus pasajeros inocentes en un campo solitario en Pennsylvania. Nosotros todavía éramos recién llegados a Peshawar, sin televisión ni acceso a cualquier noticia en absoluto. Tomó horas para que la historia (que al principio parecía poco probable) nos alcanzara. Incluso cuando escuché sobre el ataque y vi breves imágenes en los puestos de periódicos al pasar en mi Sohrab, no registré ni la magnitud del horror ni la pérdida de miles de vidas civiles, de las cuales nadie dijo nada. Tampoco entendí cómo podía relacionarse ese momento terrible en el tiempo, a través de una serie de vínculos, con nuestro pequeño punto en el mapa del mundo. Estados Unidos estaba a continentes y océanos de distancia, y no era más real que las películas de Hollywood que mi padre pedía prestadas de vez en cuando. El hogar de esos legendarios mochileros era un sueño difuso de dulces colores y sonrisas vistosas.

En el 9/11 yo tenía casi once años y pasaba mis días peleando a puñetazos por esas calles urbanas congestionadas, enojada e inconsciente. Al mirar atrás, recuerdo despertar y encontrar a una Ayesha adolescente sentada en el piso, como si estuviera congelada por la pena con la cabeza baja y el chador blanco como un charco a su alrededor; mi padre inclinado hablaba muy suave. Taimur era una silueta triste al fondo, mirando sus manos. En algún lugar vieron imágenes de los ataques terroristas, consiguieron un periódico y leyeron los espantosos relatos y el número de muertos. Mi madre se enteró hasta después, cuando regresó a casa y mi padre se sentó con ella tomando té en una esquina de la sala. La escuché suspirar una y otra vez mientras mi padre susurraba en su oído hasta entrada la noche. Recuerdo que escuché la palabra "Al Qaeda" en un rápido murmullo como si fuera un conjuro prohibido, pero no significaba nada para mí. Más tarde, la escuché ofreciendo plegarias por las almas difuntas y luego los sonidos de sus pies moviéndose por el suelo mientras deambulaba de una habitación a otra. No durmió esa noche, ninguno de nosotros lo hizo. Días más tarde, mi padre y Ayesha salieron juntos bajo la lluvia y los miré desde la ventana, con sus formas arqueadas disolviéndose entre la bruma. Regresaron mucho tiempo después, luego de hacer fila durante horas en la calle Hospital Road para firmar el libro de condolencias en el consulado general de Estados Unidos. Volvieron empapados y silenciosos, sólo hablaron para pedirme té y se sentaron juntos meditando en sombría quietud. Sabían lo que yo desconocía: vivíamos en medio de una situación explosiva y sólo era cuestión de tiempo antes de que detonara.

Para Pakistán, como para el resto del mundo, el 9/11 trazó una línea roja en el tiempo. La vida antes no se parecería nada a lo que vino después. Miembros de Al Qaeda inundaron Afganistán. Su líder, Osama bin Laden, vivía bajo la protección del régimen talibán reinante y cuando éste se rehusó a entregarlo a

Estados Unidos, Occidente movilizó sus ejércitos. Dos semanas después de los ataques, Pakistán cambió el apoyo que desde hacía mucho tiempo había ofrecido a los talibanes, a Estados Unidos y sus aliados. Fue una decisión llena de graves consecuencias. Desde 1947, cuando la creación de la Línea Durand dividió al área tribal, Afganistán se negó a aceptar esa frontera y reclamó el territorio pastún del lado pakistaní. Para mantener la paz, mi país hizo concesiones, aunque también tuvo que considerar su compleja y polémica relación con India (al otro lado). Las decisiones políticas no tenían nada que ver con el bien y el mal, sino con la supervivencia de la nación. Un movimiento en falso y Pakistán podría verse atrapado entre la espada y la pared de manera muy fácil. Cuando el presidente estadounidense, George W. Bush, declaró al mundo: "O están con nosotros o están con los terroristas", Pakistán tomó nota y decidió que sería mala idea estar en contra de una superpotencia.

La guerra de la coalición liderada por Estados Unidos en Afganistán terminó pronto (en menos de tres meses). Los talibanes cayeron luego de la sangrienta defensa final en un fuerte cerca de Mazar-e-Sharif, en noviembre. Aunque la gente se alegró de la derrota de un régimen bárbaro, la violencia apenas había comenzado. Mi padre lo predijo, aunque me tomó muchos años entender a qué se refería. Caminaba de un lado a otro de la sala, repetía de modo constante las palabras "caja de Pandora" y movía la cabeza. Los militantes (talibanes, Al Qaeda, uzbekos, tajiks, chechenos y árabes, incluyendo al mismo Osama bin Laden) se empeñaron en aplastar a los invasores occidentales. Se movieron a hurtadillas entrando y saliendo de Afganistán a través de la porosa Línea Durand, igual que sus ancestros durante siglos. Se escondieron en el terreno inclemente bajo la protección de los ancianos de las tribus, con quienes compartían una historia que antecede a la era cristiana, en pueblos remotos a lo largo de toda FATA.

Para los hombres tribales, la historia es mucho más larga que un problema particular. Para ellos, la caída de los talibanes en

Afganistán era un contratiempo pasajero. La rendición era sólo una palabra, la guerra estaba lejos de terminar. Obligados a retroceder, los militantes sólo se reagruparon esperando su momento. No era sólo un conflicto, era una yihad a gran escala, una cruzada por Dios en contra de los infieles invasores. No iba a terminar con misiles antibúnker y papel. Y no importaba que Pakistán fuera aliado de los ejércitos invasores, esos militantes eran libres de circular en lo profundo de la franja tribal, una tierra de nadie que nunca había caído bajo el dominio de ningún poder. En los meses y años que siguieron, los grupos militantes se volvieron más fuertes y numerosos. Mientras tanto, los refugiados civiles de la guerra inundaron nuestra ciudad. Poco a poco, con el paso del tiempo, el temor reptó por Peshawar como una serpiente.

Camuflados entre las hordas de desplazados afganos, los soldados yihadistas resentidos se filtraron y juntaron un ejército discreto. Se reunían en casas de seguridad o se escondían dentro de la miseria de los campos de refugiados en las márgenes de la ciudad. Esos guerreros furtivos se agazaparon, construyeron provisiones de armas, expandieron sus redes, organizaron contingentes de narcotraficantes y secuestradores, adoctrinaron a los desamparados, los indigentes, los hambrientos y los drogadictos. Luego sus planes salieron del cascarón e hicieron lo único en lo que eran mucho mejores que sus enemigos: como esos perros cazadores de las colinas, rodearon a su presa, cerraron filas y esperaron.

❧

Cuando nos mudamos a una casa en la puerta de Bara (Bara Darwaza), un vecindario más tranquilo en el sureste del centro de Peshawar, la vida diaria su volvió más fácil. El consejo de educación proveía viviendas a los directores y otros empleados en colonias residenciales agradables, cuando había alguna disponible. Mi madre aguardó meses para que fuera su turno en la lista de espera. Era 2002, nunca pensaba en la guerra de Afganistán, en los ataques o en lo que pasaba en las montañas más allá de nuestro ajetreado valle urbano. Bien podría haber sucedido al otro lado del mundo.

Incluso después del 9/11, mi padre siguió enseñado en universidades en lo profundo de FATA; esto lo obligaba a un tedioso ciclo de muchas horas de traslados cada semana yendo y viniendo a un territorio cada vez más hostil. Aunque era demasiado peligroso para que nuestra familia viviera ahí, no renunciaba a dar clases en esos pequeños lugares en paz que aún existían. Cada mañana empacaba una maleta, tomaba una fruta, una hebra de cuentas sagradas y se subía al camión.

Cruzaba muchos puestos de control militares y cambiaba de autobuses que lo llevaban a lo profundo de la franja tribal. Ninguna autoridad cuestionaba su presencia ahí. Si eras un pastún genuino, te dejaban pasar sin más. Cuando regresaba por la noche, en el mismo camión, como cualquier otro padre volviendo del trabajo, podías ver en su rostro, cubierto de polvo y de cansancio, que había visto cosas allá de las que no hablaría hasta años más tarde: cuerpos con muchos agujeros de balas pudriéndose a los costados del camino, pueblos completos saqueados, ni una niña a la vista.

Nuestra casa en Bara Darwaza era una vivienda modesta de ladrillo, pero tenía ventanas que dejaban entrar los rayos de luz, escaleras, una puerta delantera y una trasera. Se escuchaba el constante zumbido de los autos y motocicletas de la ciudad. Nos encontrábamos a unas cuadras de distancia de la calle principal llamada también Bara y por fin tuvimos la única cosa que añorábamos: nuestro propio pedazo de cielo del tamaño de una estampilla. La casa estaba anidada en un vecindario lleno de escuelas locales y cuando me aventuré a salir, había niños por todos lados corriendo por las calles, saltando la cuerda con ropa multicolor. Iba en bicicleta al complejo de squash FAP Jansher Khan y mis hermanos estaban cerca de sus escuelas.

Teníamos poco dinero para cualquier cosa que no fuera esencial, nuestra ropa estaba raída y llevábamos los zapatos a reparar hasta que ya era imposible. Más de una vez, los gemelos pasaron periodos descalzos. Una cosa compensaba la pobreza: el acceso a la educación. Mis hermanos iban a una buena escuela. Mi padre pensaba que yo era una hija muy diferente a los demás y decidió que necesitaba ser libre para aprender afuera, a cielo abierto, como siempre lo hice. No encajaba con los niños sumisos y estudiosos que me rodeaban y que podían sepultarse en libros durante horas. Afuera, mi imaginación, que estaba llena de tantas aventuras como una película de Hollywood, volvía a la vida. Mi padre creía que para mantenerme con vida y feliz, no debía estar enjaulada. Era inteligente y decía que de una manera u otra aprendería lo que necesitaba... y lo hice. Así que me quedé en la banca, adquiriendo una educación de otro tipo: jugando deportes, ayudando en casa, escuchando las clases de matemáticas, geometría y física cuando mis padres enseñaban a mis hermanos los libros de texto. Y paseando por la ciudad de una parte a otra.

El mes de julio de 2002 fue memorable por su calor y polvo. Los numerosos pastunes que poblaban nuestro vecindario se juntaban en grandes grupos a lo largo de la calle, bajo la delgada sombra de las marquesinas y los árboles medio muertos. Ahí se apiñaban en la niebla seca, todos vestidos con ropa blanca y holgada. Los veía a través de un velo de polvo, con el piso irradiando calor hacia mis piernas amoratadas. Cuando recuerdo esa época, siempre la veo de la misma manera, como si la hubieran filmado con un extraño filtro dorado de polvo que aún me da escalofríos. Lo que esos hombres discutían (batallas y derramamientos de sangre) sólo era ruido de fondo para mí. Me deslizaba entre ellos muy lento y alcanzaba a escuchar fragmentos de historias y de palabras que aún no tenían significado en mi mente. "Talibán" era la más común. Yo no lo sabía entonces, pero ese año fue un parteaguas.

Por primera vez desde la división de 1947, el ejército pakistaní desplegó tropas en las áreas tribales autónomas (paranoicas con los extraños). Su presencia surgió después de negociaciones con las tribus principales, pero no todos los clanes estuvieron de acuerdo con la entrada de soldados armados del gobierno. A pesar de un esfuerzo enorme del ejército, sólo un puñado de terroristas fue atrapado dentro de los pueblos. Encontraron refugios de paz por todos lados aprovechándose del código de hospitalidad pastunwali. Al poco tiempo, las subtribus wazir vieron la presencia prolongada del ejército pakistaní en su tierra como un intento descarado de subyugar a su pueblo y tomar el control y poco a poco la desconfianza natural se volvió maligna.

Mi madre regresó a su puesto como directora de una escuela en Darra Adam Khel. Esta vez, el consejo de educación le dio lo que había pedido: sus estudiantes tenían un edificio formal de cemento, libros de texto, pizarrones, un equipo de bádminton, pelotas y bates de críquet, lápices y papel. Sólo faltaban maestros. Mi madre y unos cuantos profesores más estaban a cargo y daban tantas clases como podían. Aunque las colinas fronterizas a menudo retumbaban mientras crecían las tensiones (bombas, granadas, armas de fuego) todavía había niños, familias tratando de labrar una vida en los valles, de levantar las cosechas, alimentar y criar rebaños, administrar pequeñas tiendas e ir a la escuela. El futuro era la única arma que tenían. "Lo que está escrito, escrito está", decía mi madre al empacar su maleta cada mañana y tomar el camión (que todavía hacía la ruta diaria a través de puestos de control). Nuestros padres siempre regresaban a casa a tiempo para cenar con nosotros.

Lo único que no me gustaba de esa época era jugar squash con niños. Disfrutaba un viaje placentero en mi bicicleta por la calle Bara hasta el complejo de squash, dejando atrás los estruendosos aviones de pasajeros del aeropuerto de Bacha Khan y los ruidos de los jets de la base aérea vecina. Esos ruidos al despegar y aterrizar me sacaban el aire de los pulmones. A veces me detenía a un lado del camino y entrecerraba los ojos para ver algún jet rugiendo sobre la ciudad como una navaja cortando el cielo. Las avenidas principales eran tan anchas como el río Indo y parecían ser igual de largas. Andaba en mi bicicleta muy rápido por el periférico de Peshawar, con los autos apresurados dando vueltas y vueltas en un gran círculo. Mis pies hacían girar los pedales con fuerza para mantener la velocidad y tomar la salida; el mundo era un borrón vertiginoso. Cuando llegaba al complejo, con el corazón desbocado y la ropa empapada en sudor, ya sabía lo que iba a suceder. Los niños comenzarían a salir en cuanto abriera la puerta principal como depredadores atentos a su presa. Lo soportaba porque el deporte mismo, su velocidad y la sensación de mi raqueta golpeando la pelota, me sacaban de cualquier tormento que sufriera. Si mi hermano estaba por ahí, jugaba conmigo. De vez en cuando tenía un partido con el personal del complejo, pero dejé de participar en las tormentosas e incómodas sesiones grupales. De cualquier manera, sin importar cómo tratara de pasar inadvertida, la manada andaba tras de mí.

Cuando caminaba por el corredor hacia las canchas, el golpeteo rítmico de los partidos en auge se detenía. Los chicos en las peceras volteaban para verme pasar. Sabía que me odiaban por mi ropa vieja, por un cabello rebelde que no era ni corto ni largo, por el único arete que usaba en una oreja como si fuera una burla ante su incertidumbre, por derrotarlos uno tras otro y romper mi raqueta lanzándola contra el cristal (después me di cuenta de que fue un grave error). Dejé que se dieran cuenta de que me afectaban y no podía ganar ese juego del gato y el ratón que se había desatado. Si seguía perdiendo los estribos, me expulsarían de la academia, y todos lo sabían. Lo malo era que este acoso silencioso era difícil de explicar y demostrar a los oficiales.

Durante meses creí que si me quedaba tranquila, se aburrirían de la rutina y me dejarían jugar y aprender. Abría la puerta de la última cancha de la larga fila, sacaba mi raqueta y golpeaba la pelota para ablandar el caucho. En mi mente ya estaba contando, no el número de golpes sino los minutos que les tomaría venir tras de mí como animales atraídos hacia fuera de sus jaulas. No creo que alguna vez pasara un minuto completo antes de que los sintiera llegar. Siempre empezaba de la misma manera: tres o cuatro se paraban tras el cristal mirando hacia mi caja, pasando sus ojos por todo mi cuerpo como si fueran manos. Si me volteaba a mirarlos, alguno hacía un gesto obsceno con su boca o su lengua que me ruborizaba. Era imposible jugar con esos niños mirándome de forma lasciva, a menudo daba traspiés por la cancha, perdiendo la pelota y tropezándome con mis propios pies. En tres meses de jugar así no avancé nada aunque entrenaba horas cada día. No podía olvidar que estaban ahí, tomando turnos como si hicieran relevos planificados para atormentarme. La vergüenza me impidió decirle al entrenador... o a alguien. Era parte de la campaña para derrotarme y sabía que iba perdiendo.

Mi padre estaba afuera cuando llegué a casa el último día, parado en la puerta delantera mirando hacia el volátil poniente. Un jet pasó retumbando, rodeó la ciudad y luego se dirigió rugiendo hacia las colinas de nuevo. Era casi el anochecer y recuerdo que tenía una taza de té verde en las manos y lo bebía a sorbos. Últimamente siempre estaba ahí como un centinela, esperando en la suave luz del ocaso a que yo volviera a casa. Apoyé mi Sohrab contra la pared, tiré la funda de la raqueta y me até las agujetas. No podía verlo a los ojos. Froté mis manos una contra la otra, los bordes de mis palmas eran un paisaje de callos agrietados. Había pedaleado a casa con frenesí mientras luchaba contra los torturadores en mi cabeza. Seguro con un golpe podía destrozar a cada uno de ellos, pero eso significaría el fin del squash para siempre. La confusión de esa paradoja desatada en mi mente me estaba matando. En un segundo sentí la mirada de mi padre sobre mí y volteé a verlo. Supe que había una pregunta en la punta de su lengua y no era acerca de mi día (podía adivinarlo sólo con ver mis hombros encorvados). A veces nuestro padre nos recibía con un examen.

—Maria, te vi correr por la calle como un tigre de Tasmania y supe que tenía que preguntarte una cosa.

—Está bien, Baba.

—¿Cuál es la primera ley del movimiento?

Mi respuesta fue instantánea, ni siquiera la pensé:

—Un cuerpo en movimiento permanecerá en movimiento a menos que se le aplique una fuerza externa. Parecido a mí andar en bicicleta y luego frenando para detenerme. Por supuesto que la gravedad también juega un papel importante.

Mi sonriente padre asintió y tomó un trago largo. Recargado contra el marco de la puerta en su *shalwar kameez* limpio, estaba parado tan lánguido como un hombre ocioso (aunque no era nada de eso). Nadie podría adivinar que ese mismo día entró y salió de una zona donde hervía la guerra.

—Maria, ¿cómo sabes las tres leyes del movimiento de Newton si no has ido a la escuela? Algunos niños de tu edad apenas están aprendiendo a usar una regla.

—Tú eres mi escuela, Baba, escucho mientras los demás aprenden. Anoche estudiaste física con Taimur y aprendí sobre velocidad.

Con una pequeña risa puso su taza en el piso y se acercó a mí. Sin decir nada, tomó mis manos y las sostuvo extendidas, pasando sus largos dedos por la corteza de piel endurecida. Después miró a través de mí como si hubiera pasado todo el día observándome en las canchas, como si hubiera visto a los niños atacarme con sus ojos, y hubiera escuchado él mismo las crudas palabras que yo apenas podía oír mientras golpeaba la pelota con mi raqueta al tiempo que los niños golpeaban con sus puños contra el cristal.

—Cuando veo tus manos veo pasión por el juego. Después miro tu cara al regresar y veo lo contrario, apatía. He pensado qué hacer y creo que ya lo sé. No te va a gustar la idea pero es por tu bien. Es momento de que vuelvas a probar con la escuela.

Mi padre me enseñó todo lo que sé. Estaba cansada. No tenía ganas de luchar. No podía desafiarlo, ni entonces ni nunca. Y la verdad, sentí que tal vez tenía razón. Cuando dejé mi raqueta en una esquina, pensé que sería para siempre.

⤳

La escuela Warsak Model, adonde iban mi hermano y hermana cinco días a la semana, estaba cerca de nuestra casa (un viaje corto en camión). Aún sigue ahí, la misma institución reconocida. Fue una de las razones por las que nos mudamos a Peshawar desde un principio. Recuerdo que la primera vez que mi madre la vio, regresó a casa, se sentó y lloró. Un edificio de ladrillos con un patio limpio e instalaciones modernas: computadoras, laboratorios y una biblioteca. Mi hermana floreció ahí, cumpliendo cada sueño que mis padres tenían para ella. Diario, se bajaba del camión con su mochila repleta de libros, la mente llena de conocimiento nuevo y cumplía con las expectativas que acompañaban su milagro; igual que mi madre, se encontraba entre el uno por ciento de las mujeres más afortunadas: una chica tribal recibiendo educación de calidad. Ayesha, con su velo blanco y sus modales tranquilos, era una estudiante modelo. Y después estaba yo.

Cuando el camión de la escuela nos recogió, estaba vestida con unos pantalones café rasposos. No podía evitar que el ancho chador se resbalara mientras jugaba con los pliegues que cubrían mis hombros. Me negué a usarlo sobre mi cabello indomable. Desde los cuatro años de edad nunca había usado velo y no iba a comenzar a los doce. Nadie me obligó, ya era bastante con que estuviera ahí. Al observar el camión orillarse, escuché la cacofonía de las voces de los niños cantando que salía por las ventanas abiertas. El temor cayó en mi panza como una piedra. Miré mi reloj: todavía no daban las ocho en punto y ya estaba contando las horas y minutos que faltaban. Antes de que subiéramos, Ayesha me explicó que los niños y las niñas estaban segregados en el camión, los chicos en la parte de atrás, las niñas al frente y los maestros a todo lo largo de la banca del medio. La oí pero no la escuché.

Mientras Ayesha se acomodaba en un asiento del frente, me agaché por el techo bajo arrastrando mi mochila agujerada llena de libros y mi cantimplora, con los ojos puestos en el piso sucio. Miradas inquisitivas se posaron en mí como lámparas de calor. Pasé la banca de los maestros y caminé hasta el fondo. Ayesha le había dicho a todos los que conocía que su hermana acababa de ser admitida. Sólo echaron un vistazo a mi constitución musculosa, mi ropa varonil y guardaron silencio, me veían perplejos. Seguro esperaban una versión más pequeña de Ayesha y no su enorme opuesto con pantalones. Mientras pasaba por cada fila, el coro de voces se apagaba. Tomé un asiento libre entre los niños, que sólo cambiaron de lado para hacerme espacio. Podía oler su aroma masculino elevarse en el reducido espacio mientras me acomodaba. Al final, una de las maestras me llamó para que me moviera, pero me negué (sin palabras, sólo sonreí y me encogí de hombros). El camión arrancó y se adentró en el tránsito. Luego de un momento, la maestra se rio un poco, y se ruborizó al darse por vencida. No sé por qué me senté ahí, no fue una protesta. Había crecido entre hombres, como un miembro de su manada y con frecuencia su líder. No sabía cómo ser una niña entre las niñas.

Sentada en la banca cubierta de plástico, miré las filas de asientos mientras avanzábamos por la calle principal. Cada rostro en el camión estaba volteando hacia mí, excepto el de Ayesha. Pude ver la parte de atrás de su chador blanco hasta adelante mientras ella permanecía quieta, viendo directo hacia la calle con sus manos suaves seguramente sobre su regazo. En ese momento la amé más que nunca. De alguna manera, al no decir nada y no hacer nada, Ayesha me había protegido. Todos la respetaban y respetaban a mis padres por enseñar a los niños tribales olvidados, así que me dejaron en paz.

❧

Yo era un fracaso en la escuela de lunes a viernes. Mis primeros salones de clase fueron los valles rocosos, corriendo frenética con una resortera. Aprendí lo que necesitaba saber de mi padre, bajo los árboles de *jambul* o sentados en el piso de tierra, escuchando anécdotas de las diversas personas que llevaba a casa como regalos para nuestras mentes. Recuerdo sentarme el primer día de escuela en un pupitre limpio y pasar los dedos sobre la suave madera pulida. Supe de inmediato que estaba en una escuela diferente, una de verdad. Los estudiantes no estaban amontonados en una habitación deprimente, peleando por cabitos de lápices o pedazos de papel. La luz eléctrica encima de nosotros hacía brillar las paredes blancas y limpias. Había amplios vestíbulos y baños. Las campanas sonaban entre clases. La escuela tenía computadoras, pizarrones grandes y mapas actualizados. Al principio pensé que el encanto de tal prosperidad haría alguna diferencia. Tenía mi propio diccionario, libros de texto y calculadora. Mi maestra incluso ignoró por completo el hecho de que estaba en una clase para niñas vestida con pantalones. Las chicas que me rodeaban como criaturas exóticas soltaban risitas nerviosas. Algunas dijeron hola y hablaron de mi hermana, pero nunca me hicieron sentir fuera de lugar. Las personas parecían aceptar el hecho de que viví la mayor parte de mi vida como un niño. La idea era tan incomprensible, que se volvía intocable, permisible. Había problemas mucho mayores amenazando nuestro mundo para preocuparse por la forma en que yo eligiera vestirme. De cualquier manera, cada mañana después de la primera campanada, me sentaba con el cuaderno abierto y en minutos estaba dormida con la cabeza bajo algún libro.

Tuve algunos de los mejores sueños de mi vida en ese pupitre: de regreso en Darra fabricando arcos y flechas, volando papalotes. Las maestras y la dirección no sabían qué hacer con la bella durmiente Maria Toorpakai. Mi capacidad para hacerlo en clase con los estudiantes hablando y las campanas señalando las horas se volvió legendaria. Las maestras enojadas me daban reglazos, mis compañeras me echaban agua en la cabeza. Nada funcionó. Aun cuando llegaba a la escuela tras descansar diez horas, de cualquier manera me dormía en las clases. No podía evitarlo. Incluso en el camión me dormía rápido y babeaba en el regazo de mi hermana todo el camino.

Dentro de mi pupitre los cuadernos, uno por materia, acumulaban polvo. Luego de dos o tres meses y una lista de calificaciones reprobatorias, mi maestra titular pidió ver esos cuadernos, se paró en mi lugar y pasó las hojas en blanco. Recuerdo ver sus dedos temblorosos revisando las hojas una por una, casi desesperada por ver alguna evidencia de que puse atención. Tenía una expresión en el rostro que hasta ahora no logro descifrar: una especie de incredulidad horrorizada tan fuerte que no decía nada. Al paso de las semanas, esa misma maestra trató (sin éxito) de encontrar un libro que me gustara, un proyecto independiente que pudiera emprender. Era como si intentara atrapar un pececito con las manos. Nunca había aprendido nada con ese método y se lo dije.

—Maestra, no puedo aprender nada si estoy quieta. Necesito moverme, al sentarme aquí bajo las luces se apaga mi cerebro.

Poco tiempo después, me llamaron a la oficina y me expulsaron. Cuando mi padre llegó a casa, no dijo nada, sólo leyó la carta de la escuela y me miró. Yo sabía que se estaba quedando sin ideas (igual que yo). Por primera vez, cuando nuestros ojos se encontraron, vi miedo. Mi familia no sabía qué hacer conmigo.

Como ya no estaba atada a la escuela, andaba en bicicleta por toda la ciudad. Fue durante mi regreso a Bara Darwaza después de una larga excursión por la ciudad que descubrí que el mundo se había vuelto loco. Iba deslizándome lento, no tenía prisa al dejar la calle principal hacia las calles más pequeñas, evitando un trecho de secciones cerradas. La guerra no me había tocado hasta que anduve por ahí, dando vueltas cerca de la casa. Antes de llegar al final de la calle, a la vuelta de mi casa, andando a la deriva con los pies fuera de los pedales y las piernas extendidas hacia los lados, empecé a sentir el conflicto en mis huesos. Si para los estadounidenses la guerra comenzó con la horrible visión del 9/11, para mí se inició con ese paseo interrumpido.

Justo enfrente, recargado contra una pared, vi a un hombre fumando algo pequeño y café. Con un vistazo supe que era droga, seguro hachís. Por su mirada vidriosa y los ojos clavados en la nada, adiviné que era un adicto. Muchas veces, estos hombres (y niños) holgazaneaban juntos, con sus miradas perdidas en un estupor enfermizo que casi me asustaba, andaban bajo los puentes, en los callejones o sólo vagaban medio muertos por las calles. Éste era una criatura solitaria, con un largo turbante enrollado y piel oscura curtida por el sol. Estaba segura de haberlo visto antes por ahí. Cuando se inclinó a darle una fumada a su churro, una pistola se asomó en su pretina. Nunca hubiera bajado la velocidad si no fuera por esa pistola. En cuanto vi la estrella adornando la empuñadura, volví a la cocina con mi padre en Darra Adam Khel: era una Makarov igual a la mía.

Me arriesgué a echar un vistazo a sus ojos mientras me detenía y creo que esa fue la gota que derramó el vaso. Con una agilidad y fuerza que no anticipé, el hombre dio un paso al frente y cortó la brecha entre nosotros. Luego, como si atrapara una presa, extendió el brazo y agarró la parte trasera levantándola del piso. Durante unos segundos la rueda siguió girando mientras continuaba pedaleando en el aire. Por alguna razón, quizá como una manera de reprimir el impacto, pensé en la primera ley de Newton. Rápido mis pies bajaron al suelo.

Sentí que mi cuerpo empezó a temblar, pero no supe por qué. No había pasado nada. El hombre no había dicho ni una palabra. Era alrededor del mediodía (cuando la mayoría de la gente duerme la siesta) y la ciudad estaba desierta. Presioné las palmas contra mis muslos resbalosos por el sudor. Si se me hubiera ocurrido algo qué decir, lo habría dicho, pero en ese momento habló. Su aliento caliente tenía un dejo de acidez metálica y me golpeó como el tufo de un escape. Estaba drogado con algo, de eso no había duda, pero seguía entero y seguro de sí mismo.

—¿Qué eres?

No tenía idea de qué contestar.

—Pastún. Wazir.

Mi respuesta lo irritó y me sacudió en la bicicleta.

—Eso ya lo sé. Te he visto entrar y salir de esa casa de allá. ¿Qué eres? ¿Hermana, hermano, hija o hijo?

La pregunta en sí misma me hizo saber que estaba condenada y que no le respondería. Antes de que pudiera pensar en cómo librarme de la situación, lo vi tirar el churro prendido al piso. Se desmoronó pero seguía quemándose y lo miré por un segundo. Parecía que estaba lleno de mugre ardiendo. El olor era agrio e hizo que los ojos me lloraran. Después se pasó a mi costado y tomó mis brazos con sus manos, bajándome a rastras del asiento. Mientras forcejeábamos mi bicicleta cayó al pavimento, arañando mis pantorrillas. No esperaba esa fuerza ni el dolor que vino con ella, así que apenas pude respirar mientras me agarraba de nuevo y ponía su cara contra la mía.

Pude sentir su aliento contra mis mejillas, nunca se aceleró. Fijé mis ojos abiertos como platos en su colilla que seguía quemándose junto a mis pies. El olor era extraño, picante, casi dulce y subía serpenteando por mi cuerpo hasta mis fosas nasales dilatadas. Me concentré en él, necesitaba algo que atrapara mi atención porque si no vomitaría. No era el hachís que se olía por toda la ciudad. Ácidos gástricos calientes se revolvieron en mi panza. Comencé a sacudirme y me sostuvo con más fuerza. Sin importar cómo maniobrara, no podía liberarme de sus manos. Cuando empujó su peso contra mí, escuché que algo de entre los pliegues de su ropa cayó al piso, a mis pies. Miré hacia abajo de prisa y vi la bolsa transparente y su contenido regado. Las cosas eran extrañas: una colección de palitos cafés, cortos, más anchos de un lado, como un insecto. Al verlos, supe de inmediato que eran colas de escorpión. Igual que con la pistola, me trajo recuerdos de Darra. Los adictos que se quedaban sin droga, a menudo recurrían a coleccionar criaturas e inhalar el veneno en el tabaco como último recurso. A veces, fumar escorpiones era la única manera en que podían drogarse hasta que conseguían más hierba.

Después me volvió a hacer la pregunta y el fino espacio de aire entre nosotros pareció calentarse en un instante. Me miró entonces con sus ojos rojos y en su perversa mirada leí todas sus intenciones. Su aliento era rancio. Estaba segura de que si me quedaba ahí, buscaría la respuesta que no le daba. Cuando sentí sus manos retorcerse contra mis muñecas, la adrenalina entró en acción. Mi rodilla se movió como un martillo golpeándolo rápido y fuerte en la ingle. Mientras él trastabillaba hacia atrás, di un paso al frente y lo pateé de nuevo más fuerte. Yo gritaba palabras como "perro" y "bastardo". Cayó de rodillas y soltó un gemido. Al alejarme vi la cola rota de una pipa en el suelo y la levanté. Entonces lo miré mientras me observaba fijamente, entrecerrando los ojos y sujetando la cola en alto sobre él.

—Sí, soy una niña, hermana, hija, Wazir.

Luego aventé la pipa. Vi que no podía levantarse.

Al fin me subí a la bicicleta, con los músculos latiendo y cada parte de mí encendida de terror. Mientras me alejaba a toda velocidad, lo escuché gritarme que yo era un pecado y tenía los días contados. Cuando llegué a casa, vomité.

En los siguientes días, vi a ese hombre otra vez por todo Bara Darwaza, fumando sus colas de escorpión. Acechaba en las calles vecinas esperándome. Una o dos veces se quedó justo afuera de nuestra puerta, observándome mientras iba y venía. Al final tuve que decirle a mi padre lo que sucedió; creía que en algún momento ese hombre haría algo mucho peor. Cuando le conté, lloré como nunca. Sabía que no era el tipo de hombre tribal que castiga a su hija por ser violada, pero por razones que no entendía, me sentía avergonzada de todas maneras.

No llamó a la policía. Así no se resolvían las cosas en Peshawar. La policía esperaba un soborno para iniciar el caso y muchos más para mantenerlo abierto. Tendríamos suerte si hacían algo y seríamos todavía más pobres que antes. Cuando vi la cara de mi padre ensombrecerse mientras le contaba los detalles, creí que lo vería sacar la pistola, levantarse y salir. Pensé que buscaría al hombre para hacer justicia. Pero mi padre sólo escuchó con la cara paralizada de furia, hizo unas cuantas preguntas y guardó silencio. Después preparó un té y se sentó durante horas, sin hacer nada, sólo pensando. Estaba segura de que buscaba una manera de matar a mi agresor y salirse con la suya (sería difícil en una ciudad con tanta gente alrededor) o golpearlo hasta que perdiera el sentido para que no regresara nunca.

Cuando llegó el momento, seguí a mi padre a la calle y caminamos la única cuadra que nos tomó encontrar al delincuente. El hombre que me había acosado andaba por ahí como de costumbre, fumando otro churro lleno de veneno. Durante nuestra plática mi padre me explicó que aunque el veneno drogaba a las personas, también las hacía agresivas. Baba se había fijado en el hombre que merodeaba nuestro vecindario, sabía quién era y se preguntaba por qué estaría vigilando nuestra casa.

Nos quedamos parados en la calle. Los hombres estaban frente a frente a menos de 30 cm de distancia. Yo esperé desafiante detrás de mi padre. Durante un buen rato se quedaron inmersos en una conversación que nunca demostró nada de hostilidad. Hablaron de mi familia, quiénes éramos y de dónde veníamos; mi padre se veía alto y tranquilo en su ropa planchada. Escuché a Baba decirle que se mantuviera alejado de sus hijos o que no sería tan amable la próxima vez que se vieran. El hombre asintió y miró a su alrededor, fumando. Cuando mi padre terminó de hablar, el adicto nos invitó un té, pero no aceptamos. Entonces se encogió de hombros y le ofreció una disculpa a mi padre (ahora sabía que era miembro de una familia prestigiosa). Luego de un rato, el afgano se fue por la calle perdiéndose en la bruma y mi padre y yo caminamos de regreso. Al acercarnos a la casa, sentí mi enojo inundarme como si fuera un veneno de otro tipo. Mi padre no hizo nada, sólo habló. Cuando crucé la puerta me aseguró, poniendo sus manos en mis hombros, que nunca volvería a ver a ese hombre.

Por primera y última vez estuve enojada con mi papá y lo demostré. Pensé que era un cobarde, que debió golpearlo o matarlo por acercarse a mí. Así se hacían las cosas. Mi padre se alejó de mí mientras yo daba rienda suelta a un montón de lágrimas y acusaciones. Dejé de hablar y lo seguí hasta la sala, echando chispas. Nos sentamos en tapetes en el piso. Yo temblaba de coraje mientras con toda calma me explicaba la guerra en curso, los talibanes, otros grupos militantes empecinados en una yihad y lo que buscaban (lo que querían la mayoría de las legiones de yihadistas que se habían infiltrado en nuestro país). Habló también sobre su versión del Islam y me dijo que ponía en la mira a las mujeres y a su libertad. Mujeres como mi madre, mi hermana… y yo.

—El veneno de escorpión que fuma es mucho menos peligroso que el veneno en su cabeza. Si hubiera hecho lo que quería, podrían venir muchos más hombres como él, soldados de la yihad. Lo que te hizo rebasa por mucho lo que tú o yo creemos que es correcto. Es parte de una guerra santa.

La verdad, no entendí lo que me dijo. Casi me robaban la dignidad y después me arrancaron la justicia que creía que un padre pastún le debía a su hija. Me tomó años desenredar los nudos de ese enojo y darme cuenta de que fue sabio. Lo que Shams hizo ese día en la calle, persuadir a un militante trastornado, mantuvo a mi familia y a mí con vida.

14
RUPIAS PARA MI MADRE

Después de que me expulsaron de la escuela me perdí en la ociosidad (sola en la casa vacía). La funda de segunda mano de mi raqueta, guardada en una esquina, me llamaba. A veces pasaba toda una hora mirándola recargada contra la pared como un rifle. Al final, no pedí permiso. Aún tenía deseos de jugar, sólo no quería hacerlo rodeada de una pandilla de abusivos. Mi padre tampoco quería. La familia entera se iba toda la tarde a dar clases, aprender, desarrollarse, a ganar el pan con el que sobrevivíamos. Cuando saqué la raqueta y la sostuve en mi mano, la sentí como un tercer brazo. Giré el mango y miles de tiros gritaron para salir. Me senté ahí un buen rato, jugando, pensando, deseando.

En lugar de poner el equipo de nuevo en la funda la llevé conmigo a la cocina. La pared del fondo era larga y estaba pintada de blanco hueso. Con un vistazo supe que había espacio suficiente para lanzar un buen tiro. Eso era todo lo que tenía en mente, un golpe limpio, quizá dos. No tenía nada que hacer, sólo matar las horas. Varias veces a la semana salía en mi bicicleta por mandados cotidianos. Limpiaba la casa, preparaba la comida, me dormía en los ratos aburridos. A veces le pedía a Alá un sueño colorido de las planicies abiertas, de los ríos, de la sonrisa de mi madre que no había visto en semanas como si la hubiera perdido en el largo camino entre nuestra casa y FATA. Pero esos sueños nunca llegaban.

Empujé una pequeña mesa por toda la habitación hasta el otro extremo, moví un banco, bajé un mapa del mundo. Después levanté una mano a lo alto de la pared impecable. Era perfecta. Me quedé parada con las piernas y brazos listos en la quietud de la cocina. Podía escuchar el tedioso zumbido de los autos pasando por la calle Bara, sirenas, pájaros trinando y el llanto de niños. La pelota se entibió, tersa y familiar envuelta en mi mano. Luego lancé mi tiro, la bola salió disparada a través de la cocina, golpeando el encalado. Un trueno rebotó por toda la casa vacía a través de mi cuerpo. Un interruptor olvidado se prendió y cada músculo abandonado a lo largo de mis extremidades despertó de pronto. Cuando la pelota regresó veloz, la azoté, una y otra vez, cortando el aire. Siguió una práctica larga e ininterrumpida, viajando a través del tiempo como si arrancara el capítulo aburrido de un libro. Cuando por fin perdí la pelota tuve que detenerme un momento y soltar la raqueta. Me quedé parada en la sombría cocina y dejé que la bola cayera al piso de cemento. Me agaché, puse las manos en mis rodillas que antes estaban aporreadas, cerré los ojos y solté una carcajada. No había ni un alma que me escuchara. Entonces me levanté de nuevo y volví a empezar, ahora con más fuerza. Después de eso, no me detuve por nada: ni por comida, ni por bebida, ni por las largas siestas que tomaba para que las tardes pasaran más rápido. Lancé tiros durante horas. La raqueta me tenía poseída.

Luego de varios días de entrenamientos a escondidas en la cocina, mi única pelota se partió en dos. Habría pensado que mis partidos en la cocina se acabaron si no fuera porque pasé junto a la lámpara rota de la sala. Miré el yeso plateado que cubría la articulación y fui al gabinete donde guardábamos cosas como martillos, clavos, aceite para armas, tachuelas, un ábaco roto... y la preciada cinta plateada de mi padre. Encontré el rollo, corté un pedacito y regresé la cinta a su lugar justo como la encontré. Cubrí la pelota con la cinta encima de la grieta y después regresé al juego. El remiendo se mantuvo firme durante un rato.

Al final, cuando cedió, la pelota estaba arruinada y era imposible repararla. No tenía otra opción: bajo el sol del mediodía trepé a mi Sohrab. Ni siquiera consideré entrar al edificio. Juré que nunca lo haría de nuevo. Pero muchas veces, los jugadores aventaban sus pelotas viejas y maltratadas al patio exterior y en los pasos peatonales estaban regadas como basura. Recolectar pelotas de squash se convirtió en rutina para mí. A veces, si tenía suerte, encontraba una nueva perdida en un arbusto o en una alcantarilla. Aunque mis actividades aún eran clandestinas, me enorgullecía llenar mis días sin que les costara a mis padres ni una rupia. No teníamos dinero para frivolidades como pelotas de squash y no quería decirles lo que estaba haciendo. Mi padre sabía que sufrí en las canchas y estaba preocupado de que considerara siquiera regresar. Todavía debía resolver qué haría con su peculiar hija y me enojaba por ponerle esa carga en los hombros. No sabía cómo decirle la simple verdad: dejar la academia de squash fue un error. El ocio era un enemigo mucho peor que los niños y sus burlas. Últimamente, cuando mi padre me miraba, sólo veía preocupación en sus ojos. Mientras mis hermanos andaban por caminos definidos (Ayesha fue elegida supervisora de la escuela, Taimur estudiaba con sus amigos, los gemelos comenzaban la primaria en una escuela cercana), yo navegaba sin rumbo en una corriente solitaria.

Pasé semanas jugando partidos contra oponentes imaginarios en la cocina. Los callos se reconstruyeron en mis palmas, los músculos se rehicieron en mis extremidades, mi corazón redescubrió su única pasión. Nunca se me ocurrió pedir que me dejaran regresar a las canchas. Cuando mi padre plantea una preocupación, siempre hay que hacerle caso. Así que me perdí en esas horas de torneos secretos, golpeando la pelota hasta que mi cuerpo se rendía y colapsaba en el piso, desparramado sobre el cemento, frío como un trapo empapado. Lo que mis padres no sabían es que el squash me estaba salvando. Cuando la raqueta cayó en mis manos, toda la inseguridad se evaporó. Al pegarle a la pelota no había nada más en el mundo, tal vez por eso, aquel día en que mi padre volvió temprano, se quedó parado observándome desde la puerta sin que lo viera.

De repente hizo un ruido (tosió, arrastró los pies o algo) y me detuve en seco. La pelota rebotó una o dos veces en el suelo y cayó muerta. Parada ahí, jadeando y con los ojos desorbitados, sostenía la raqueta extendida con mi cuerpo inmovilizado a medio tiro, la piel empapada y el corazón desbocado. Por fin me había descubierto. Nos observamos el uno al otro y entonces asintió, viendo el caos de la cocina: la mesa arrimada en desorden hasta el otro extremo, un desastre de platos esperándome en la cubeta, pedazos de pan duro que mis hermanos habían dejado olvidados por las prisas. Luego su mirada regresó a mí, a mi raqueta que aún estaba congelada y al final a la pelota que estaba a mis pies. Puso su mochila retacada en el piso, se irguió y apoyó una mano en el marco de la puerta como para calmarse ante lo que sabía que venía. Entonces, se rio tan fuerte que pensé que iba a hacer que las luces parpadearan.

—¿Crees que estamos ciegos, Maria? Todos sabemos lo que haces. Sólo esperaba que me lo dijeras. Pero saber y ver son dos cosas diferentes, muy diferentes. ¿Estás consciente de que es la primera vez que te veo jugar?

Me quedé parada, jadeando como un animal, con la raqueta colgando en mi mano como un brazo roto, desconcertada. Entonces mi padre caminó por la cocina y extendió sus brazos hacia la pared blanca apaleada como si hiciera una reverencia a una obra maestra. Toda la superficie blanca estaba cubierta de una tenue constelación de manchas grises y negras. Yo había restregado esa pared cada tarde con un cepillo de limpieza y había puesto la mesa de nuevo en su lugar. Creía haber hecho un buen trabajo, hasta ese momento. Sentada en el cemento frío me di cuenta de lo absurdo de mi acción. Inclinándose hacia mí, mi padre tomó mi raqueta. Practicó unos cuantos golpes en el vacío y después la sostuvo hacia arriba y me miró a través de la malla.

—Albert Einstein dijo una vez: "Una mesa, una silla, un tazón de fruta y un violín, ¿qué más necesita un hombre para ser feliz?" ¿Sabes Maria? Eres afortunada: tú sólo necesitas una cosa: una raqueta de squash.

—¿Me estás diciendo que vuelva a las canchas, Baba?

—No te estoy diciendo nada. Ya cometí ese error. Lo único que sugiero es que si decides regresar... esta vez, seas muy fuerte.

Luego me entregó la raqueta.

Llegué en un mal momento. El grupo había terminado unos partidos y las parejas se amontonaban, incluso fuera de la cajas (en algunos casos). Con todas esas semanas desperdiciadas en mi espalda como un cañón y la risa de mi padre en mente, atravesé en línea recta la multitud dando grandes zancadas con resolución. Sentía las miradas sobre mí como un sol ardiente. La funda de la raqueta colgaba de mi hombro, tenía una pelota nueva en mi mano (regalo del coronel para darme la bienvenida de regreso). Uno o dos soltaron una risita, pero seguí de frente. Para ese momento, ya había sufrido algo mucho peor. Le pregunté a un niño si ya había terminado de usar la primera cancha. Cuando asintió, le agradecí mirándolo a los ojos y entré.

Con la raqueta desatada, fui al grano, sin voltear a ver si alguien estaba tras de mí, aunque tenía la certeza de que así era. Desde el primer golpe inclemente, practiqué de modo incesante igual que en la cocina: para mí, por la pura alegría de jugar. Sólo me concentraba en incrementar mi velocidad e intensidad. Cuando me caía, gruñía y me levantaba de inmediato. Golpeaba más fuerte. Corría más rápido. En algún punto, perdí el sentido de cualquier cosa que no fuera domar esa esfera salvaje. Las horas, quién sabe cuántas, se evaporaron. Esos niños boquiabiertos ya me habían visto jugar hasta que mis rodillas sangraban. A partir de ese momento, me verían jugar en otro nivel de locura, desde que el complejo abría hasta que cerraba. A la hora que ellos estuvieran ahí, ahí estaría yo también.

Cuánto tiempo se quedaron merodeando a mis espaldas, mirando esa primera serie de golpes ininterrumpidos, nunca lo sabré. Cualesquiera que hayan sido sus bromas ese día, no significaron nada para mí. Y en términos de acosadores, mi experiencia reciente con el fumador de escorpiones que me agredió a la vuelta de mi casa redujo los esfuerzos de esos chicos a meras bufonadas de animales de circo. Había un demonio mucho peor esperándome fuera de las paredes de la academia. A menos de 150 km de ahí, los hombres se disparaban unos a otros en nombre de Dios. A unas cuadras de distancia los adictos y fanáticos acechaban en los mercados. En Bara Darwaza había un pupitre vacío esperando que me durmiera por toda la eternidad. Si ponía todo en perspectiva, estaba en un lugar seguro, haciendo la única cosa que sabía hacer. El sudor salía volando de mi cabello empapado. La suela de mis tenis se desintegró. Perseguí la pelota como un cazador demente.

Jugué de esta manera durante meses, demostrándoles mi efectividad, a ellos y a mí, tomando mi lugar por derecho. Una noche, mientras guardaba mis cosas para salir de la cancha, alguien se levantó de la banca en el corredor vacío y se acercó al cristal. Cuando vi su figura en la oscuridad, en un instante supe quién era, hasta su silueta parecía hosca. Nuestros ojos se encontraron a través del cristal como si nos separara un abismo. Fue el primero en venir hacia mí. El líder adinerado, bien alimentado, con su ropa blanca impecable (incluso después de una tarde completa de jugar). Sólo nos quedamos parados ahí, él con los brazos cruzados sobre su pecho y la pared transparente entre nosotros. Observaba en su cara que ocultaba algo, un jugador de cartas temeroso de delatar su mano. Ya había visto esa mirada antes (en los niños que corrían por valles y callejones), pero ahora la veía en el rostro terso y limpio de un jugador de élite que podía usar todos sus privilegios como quisiera, incluyendo la insolencia.

Yo no iba a dejar la academia nunca y él lo sabía. Uno de los dos tendría que ceder y no iba a ser yo. La sonrisa que esbocé fue mucho más poderosa que cualquier golpe. Lo atacó más fuerte, a través de la pared transparente, justo entre los ojos y supe que por fin me entendía. Sólo quería hacer lo que había estado haciendo: jugar squash como cualquier otro chico de mi edad. Luego me encogí de hombros como diciendo "tómalo o déjalo" y recogí mis cosas. Una sonrisa luchó por salir en su cara y asintió. Levantó una mano y la puso contra el cristal antes de darse la vuelta y marcharse por el corredor. La siguiente vez que lo vi en el vestíbulo me saludó.

⌒

A los pocos días, el coronel atravesó la puerta de mi cancha con una hoja de papel en la mano. Venía más seguido a ver mis prácticas frenéticas. Muchas veces jugábamos unas rondas y me enseñaba tiros nuevos. Al final, siempre me prometía lo mismo (algo tan endeble como el papel que traía): encontrar más chicas para que jugaran conmigo, formar un equipo femenino. A pesar de sus esfuerzos de reclutamiento en toda la ciudad, incluso fuera de ella, ninguna niña quiso entrar a la academia. Peshawar era el paso a la franja tribal, cuya cultura conservadora sangraba como una arteria abierta en la población pastún mayoritaria. Las niñas podían ir a la escuela hasta que se casaban, pero jugar un deporte cruzaba una línea imborrable. Yo era más que una disidente, era un fenómeno de la naturaleza. El coronel sacudía el papel como si fuera una bandera, podía oler la tinta del fax. Sus dientes brillaron cuando me sonrió.

—Tu momento ha llegado, Maria Toorpakai. Vamos a enviarte a un torneo. Jugarás contra niñas de todo Pakistán.

⌒

Wah Cantonment, también conocido como Wah Cantt, es una ciudad en la provincia de Punjab. Próspera y civilizada, tiene el índice de alfabetización más alto del país y alberga las fábricas de artillería más sofisticadas de la nación. Un centro militar en el que se vertían ríos de rupias de fondos gubernamentales. La limpia ciudad estaba enclavada en un ancho valle. Los arroyos dibujaban caminos en la cuenca fértil como listones sinuosos, las frutas de los árboles crecían en abundancia. Según la leyenda, un emperador mongol que vino de visita, miró desde las laderas hasta abajo por el exuberante paisaje y exclamó: "¡Wah!" Un respetuoso gesto de admiración que le dio su nombre al valle. Ubicada a unos 130 km al sureste de Peshawar, llegar a esa ciudad nos tomó dos horas en camión. Mi cabeza no estaba en la geografía, aunque mi padre se sentó conmigo a ubicar la ciudad en el mapa. Mi mente estaba en el torneo en puerta, mi oportunidad inesperada de competir contra gente real, contra otras niñas. Me enorgullecía mucho (ganara o perdiera) ser la única niña representante de mi ciudad.

El club de squash en el extremo este de la ciudad, estaba rodeado de edificios vibrantes de universidades, varios campus por un lado y un largo tramo de fábricas de artillería por el otro. En cuanto bajé del camión ya estaba lista con mi maleta de squash y la pequeña mochila de viaje que me prestó Taimur. Tuve que usar un pegamento especial para arreglar mis zapatos y los limpié lo mejor que pude. Era el torneo o unos tenis nuevos. Ganó el torneo, obvio.

Ningún miembro de mi familia viajó conmigo, el dinero que costó llegar hasta Wah Cantt fue un sacrificio monumental. Si pensaba en ganar (que lo hacía cada minuto del día) era sobre todo para compensar el gasto que implicó enviarme al torneo con esa ropa y tenis rotos.

Al ver a las otras niñas bajar de sus autobuses y dirigirse al edificio de registro, sentí que mi vestimenta vieja y desgastada era una capa de mugre. La mayoría de las chicas usaban uniformes brillantes que combinaban con sus grandes sonrisas blancas. Listones sedosos adornaban su cabello y pulseras brillantes sus muñecas. Extremidades delgadas y atléticas. Cinturas pequeñas. El coronel echó un vistazo y sonrió como si leyera mis pensamientos. Las chicas platicaban a nuestro alrededor de modo que me hizo pensar en pájaros o en el frente del camión escolar antes de que me fuera a sentar atrás.

Sin duda yo sobresalía. Al caminar y colocarme en una fila escuché murmullos. Las cabezas se giraron sobre los hombros, miradas rápidas lanzaban dardos hacia mí. Veía esa incertidumbre familiar brillando en las caras. Todos se esforzaban por ubicar mi género y no lo lograban. Para ese entonces, las miradas inquisitivas eran una rutina. Ya me había atacado un hombre demente, una mirada perpleja no era nada. Estaba demasiado absorta en lo que venía a hacer y en el precio que mis padres tuvieron que pagar para enviarme. El torneo le había costado a mi madre varios días de sueldo. Cuando hice las cuentas sola, casi renuncio, pero la familia se sentó conmigo e insistió. Me dijeron que sin el deporte parecía extinguirme de afuera hacia dentro. No iba a la escuela, así que no había gastos de colegiaturas o de útiles escolares, nunca usaba vestidos caros, ni ponía aceite en mi cabello, ni pedía listones de seda. En general, dijeron, salía bastante económica. Me quedé quieta en la fila pensando en mis mejores tiros y buscando a las jugadoras que se veían más fuertes. Ninguna se me acercaba en términos de músculo. Mis bíceps eran tan anchos como muchos de sus muslos. Dos niñas podían esconderse atrás de mí. Por un momento recordé el torneo de halterofilia en Lahore, que no le costó nada a mi familia pero que casi me cuesta todo. No podía saber qué habría pasado si me descubrían en la farsa de Genghis Khan. Vi de reojo las brillantes hileras de luces eléctricas sobre mi cabeza, aliviada. Sería mucho más fácil jugar en un torneo sin tener que vivir una mentira.

Por encima de las cabezas de las niñas miré un conjunto de escritorios hasta el frente de la fila. La que iba delante de mí tomó su credencial de identificación, reunió sus papeles y se hizo a un lado. Di un paso al frente entre la estela de su hermoso cabello largo. Sola, me paré frente al oficial de la FAP. No recuerdo por qué, pero el coronel se había ido durante unos minutos que resultaron ser cruciales. El hombre levantó los ojos. Miró el único arete adornando mi oreja y después la maleta de squash colgando en mi hombro. Le puso la tapa a su pluma con calma. Recuerdo que bostezó.

—¿Sí?

Puse la funda de mi raqueta y la maleta de viaje en el piso y dije mi nombre y mi ciudad. El hombre se encogió de hombros, deslizó su largo dedo índice por una larga lista mecanografiada, pasando las páginas en silencio y luego golpeó con su dedo cuando me encontró en la T: *Toorpakai*. Recuerdo que su yema estaba teñida de anaranjado (una mancha de azafrán). Sonriendo, miró al espacio vacío a mi alrededor y frunció el ceño. Pronto entendí que pensaba que era un niño, quizá el diligente hermano acompañando a su hermana que era la única competidora de Peshawar. No me ofendí. Era un error común. Nunca me avergoncé de mi apariencia, si lo hiciera, ya la habría cambiado desde hace tiempo. Me reí, sacudí la cabeza y le expliqué quién era. El hombre se rehusó a escucharme. Dijo que no varias veces, cada una más fuerte que la anterior. Unos cuantos cuchicheos rápidos se extendieron a lo largo de la fila del frente como una pequeña ola rompiendo en la arena.

Quizá, al percibir la confusión, un colega del oficial sentado en el siguiente escritorio echó un vistazo. Los dos hablaron en voz baja y me miraron de arriba abajo. Al final, uno de ellos se levantó y consultó con los otros oficiales de la FAP. Pronto se reunieron todos en la misma mesa. Ahora el auditorio estaba paralizado mientras mi género era sometido a debate en voz baja alrededor de la mesa frente a mí. Sentí la ausencia de mi entrenador como si perdiera un salvavidas. No se me escapaba la ironía de que, apenas un momento antes, me sentí aliviada de jugar como yo misma, como Maria. Ahora, mi enemiga era la verdad (en lugar de la mentira). Cuando el hombre regresó estaba serio y apenas me miró a los ojos. Rechazó mi registro. Lo miré sentarse, tomar su pluma, destaparla y tachar mi nombre de la lista.

No había nada que pudiera hacer. Mi entrenador no estaba a la vista. Al final, el oficial dejó su pluma, puso los papeles a un lado como si lo hubieran ofendido y me dio una larga y tranquila explicación. Lo mismo hubiera dado que me succionara toda la sangre de las venas. Cuando terminó, aún podía escuchar las palabras resonar en mi cabeza como tiros de pistola: "fraudulento", "engaño", "deshonra." En medio de todo, recordé el cuidado con el que mi madre había colocado la cuota de inscripción en un gran sobre. Me lo dio mientras empacaba mi maleta. Su rostro estaba lleno de orgullo, pero vi las ojeras que enmarcaban sus ojos (alguna vez vibrantes). Podría solicitar que la transfirieran a una escuela segura en Peshawar o más adentro, en el Pakistán más formal, pero ni siquiera lo pensó, nunca. Sobrellevaba todo para que las niñas analfabetas de nuestras tribus hermanas aprendieran a leer y escribir. Después de todo, me dijo, todos éramos fruto de diferentes ramas del mismo árbol tribal. Parada ahí, con mi nombre tachado de la hoja de inscripciones, expulsada del torneo en Wah Cantt debido a peculiaridades que eran atesoradas en casa, había desperdiciado todo. Las lágrimas se acumularon y me picaban los ojos. Luego, como caída del cielo, una mano firme se posó en mi hombro. Me volví para ver los ojos ámbar del coronel mirándome.

Sacudió su cabeza y caminó a mi alrededor con un aire de autoridad que lo hacía parecer el doble de alto. Dijo una palabra o dos al oído del oficial y después le entregó sus credenciales militares. Lo escuché decir mi nombre fuerte y claro. Encontró la evidencia descartada en el listado y la señaló preguntando quién estaba a cargo. Entonces, delante de todos ellos, dio fe de mi identidad. Siguió una discusión que atrajo a todos los oficiales presentes en cuestión de minutos, a otros más. Para ese momento, el auditorio se había quedado en silencio. Mi nuca seguía caliente, todos los ojos parecían cavar hoyos en mi piel. Escuchaba el zumbido del sistema de ventilación en el techo y el de las luces encima de nosotros. Todos seguían debatiendo mi género en voz baja. Decían que si no me veía como una niña y no me vestía como una niña, no podía ser una niña. Escuché al coronel reírse.

Empezó a buscar en su propia maleta, sacó archivos y sobres de entre la ropa deportiva cuidadosamente doblada en el interior hasta que la encontró. Levantó los ojos y me dio una mirada tranquilizadora. La hoja de papel que me había dejado jugar en primer lugar estaba en su mano. Cuando entregó mi acta de nacimiento, el hombre que me cuestionó al principio se echó atrás en su asiento sosteniendo el sello en alto a contra luz. Entonces hizo un ruido como si le hubieran dado un puñetazo. Me miró por última vez, con su boca tan redonda que podía haberse tragado un *jambul* entero.

Minutos más tarde todo había terminado. Sin decir palabra, me entregaron mi distintivo de inscripción y un mapa con códigos de color del complejo deportivo. Al dar la vuelta, sentí las miradas de todas las niñas a lo largo del recinto sobre mí. Me colgué las maletas en los hombros y seguí los pasos del coronel como si iluminara mi camino.

Una vez afuera, tuve que sentarme un momento. Encontramos un rincón apartado junto a una pared bajo la temblorosa sombra de un árbol. Junto a mí, pero a cierta distancia, el coronel volvió la cara al sol con los ojos cerrados.

—Desde el momento en que te conocí, Maria, me di cuenta de quién eras y lo que estabas haciendo. Después te observé jugar sola todas esas horas. Creo una cosa y nada más. Si tú también lo crees, eso te sacará adelante.

—¿Qué cosa?

—Es simple: "Está escrito."

Y la suave voz de mi madre se entrelazó con la de él como un eco. Me había dicho lo mismo cuando salí de mi casa en Bara Darwaza. Vi su rostro mientras se quedó parada en la puerta con mis hermanos gemelos sonriendo a su lado, a la altura de sus caderas, observándome partir.

En mi cuarto en el dormitorio de las niñas, escogí la cama junto a la puerta. Aún sola, me quité mis zapatos desgastados. Mis pies estaban acalorados y el sudor escurría de mi cabello hacia mi espalda. Me acosté en la cama mirando el cuarto vacío que compartiría con otras cinco niñas de todo el país. El lugar estaba en silencio excepto por una mosca gorda zumbando y chocando contra la ventana. Pronto escuché a las chicas caminando por el vestíbulo como música aumentando de volumen. Las pisadas se detuvieron en la puerta y se abrió. Cuando entraron a la habitación, estaba preparada, lista para decir mi nombre y convertirme en una más entre ellas. Había vivido la vida de un niño entre niños; me preguntaba qué tal me iría comportándome como una niña, lo que eso significara (recuerdo que esperaba que significara amabilidad).

La primera que entró se detuvo y vio mis pies de hormigón. Su mirada avanzó por mi estructura deteniéndose en mi grueso cuello y luego en mi intento de sonrisa, que pareció asombrarla más que cualquier otra parte de mí.

—Hola, soy Maria Toorpakai.

No la dejé sufrir más que un nanosegundo de confusión.

Después de hablar, las demás chicas entraron tras ella, todavía sin mirarme escogieron sus camas. En el otro extremo una abrió la ventana, otra su maleta y sacó una bolsa de delicias turcas cubiertas de azúcar que pasó a las demás para compartirles. La primera niña seguía parada en su sitio, muda. Luego de un momento se volteó hacia las demás, esperando a que vieran lo que ella había visto. No me moví de mi cama, sólo me enderecé sonriendo, abrí mi maleta y saqué mi botella de agua para beber un poco. Cerré mis ojos mientras el agua fresca saciaba mi sed. Cuando terminé, todas las chicas en la habitación me miraban.

El impacto recorrió mi cuerpo como si hubiera saltado en una alberca con agua fría en un día caluroso. Frente a mí vi sonrisas, tímidas, curiosas, sorprendidas, sin rastro de desdén. Después, como atraídas por un imán, atravesaron la larga habitación convergiendo todas a mi alrededor, observándome y haciendo preguntas todas a la vez. Llevaba puestos pantaloncillos y una playera y lo primero que querían saber es dónde los había conseguido, luego cómo se me había ocurrido usar un solo arete, cómo había reaccionado mi familia ante mi cabello corto. Todas esas preguntas ondeando sin fin, como listones en el cabello, me llevaron a contarles toda mi infancia en Waziristán. Fue ahí, en esa habitación, que por primera vez le platiqué mi historia a alguien. Cómo nací siendo niña, cuando quemé mis vestidos, la manera en que viví como Genghis, hasta que levanté una raqueta por primera vez. Esperé a que su curiosidad se convirtiera en hostilidad en el silencio de asombro que se cernió, pero no, no sucedió nada parecido. Debí saber que esas atléticas chicas pakistanís, pioneras cada quien a su manera, me aceptarían como nadie más podría hacerlo. Cuando el saco de dulces llegó a mí, tomé uno y lo pasé a la siguiente chica. Me sentí como en casa.

Lo que más recuerdo de ese primer torneo es lo rápido que terminó. Justo antes de que empezara el partido, el coronel me dijo que había un premio en efectivo. En cuanto escuché la cifra (1 400 rupias), decidí llevármelo. Era más de lo que costó el viaje, significaba que llevaría una ganancia a casa: un sueño tan inmenso que nunca me atreví a considerarlo. Jugué una serie de partidos que duraron apenas unos segundos. Mi fuerza bruta y pesada era demasiado para esas niñas delgadas. Cada vez que entraba en la cancha enviaba a mi oponente al piso tras un disparo como un rayo. Si no ganaba un partido gracias a un saque duro, lo ganaba al cabo de un minuto de juego. Ninguna me veía venir. Algunas salieron llorando. Otras preguntaban una y otra vez si de verdad era una niña. Sentí mucha compasión por todas mis oponentes y no quería dañar lo que podía ser la primera amistad genuina que tuve en mi vida. Todas éramos nuevas en el deporte. Yo disfrutaba los partidos tanto como ellas, tan rápidos que apenas podían llamarse partidos, pero no tenía elección. Jugaba para ganar.

De regreso a casa traía el sobre lleno de dinero metido bajo la playera, con los brazos cruzados sobre mi pecho. Revisé ese sobre docenas de veces. Sentado junto a mí, el coronel sonreía. Cuando el camión del equipo nos dejó, se aseguró de llevarme hasta mi casa en bicitaxi y me vio subir hasta la puerta. Taimur abrió y me dio un golpecito en el brazo en forma de saludo, hizo algún comentario gracioso porque usaba su ropa otra vez, miró por encima de mi hombro y saludó con la mano al entrenador. Recuerdo que saqué el sobre arrugado bajo mi playera. Lo alcé mientras el coronel vitoreaba. Luego su bicitaxi avanzó hacia Bara Darwaza, con un enjambre de insectos siguiéndolo en el atardecer. Encontré a mi madre en la mesa de la cocina, encorvada sobre papeles, calificando exámenes de matemáticas con su cansancio suavemente amplificado por la tenue luz. Levantó la mirada y entrecerró los ojos cuando entré. Llegaba con un día completo de anticipación.

—Ya regresaste, mi Gulgatai.

No me decía así (su capullo de rosa) desde hacía mucho tiempo. Recuerdo que se lo dije.

Antes de que se levantara, me acerqué y miré las docenas de hojas dispersas. Aún tenía la pluma roja en su mano. La letra juvenil y tímida resaltaba en los papeles como si tuviera vida, cada hoja era una niña, allá en las áreas tribales, que sólo quería aprender. En ese momento me di cuenta de que haría lo que las hijas pastún nunca podrían (con excepción de mi madre, que era el sostén de la familia tanto como mi padre). Gracias a su trabajo como maestra del consejo de educación gubernamental teníamos una casa agradable en una colonia limpia en Bara Darwaza. Con sus ojos puestos sobre mí, me preguntó cómo me fue en Wah Cantt, si había ganado algún lugar en el torneo. Sin decir palabra abrí el sobre, saqué las rupias y las dejé caer como hojas secas sobre los papeles que traía en su bolsa desde las áreas tribales.

Mi madre soltó un grito ahogado. Luego reunió el dinero en una pequeña pila y lo contó. Sabía que ella y mi padre reservarían una parte de mis ganancias para los pobres en un acto de caridad llamado *zakat* que es obligación para todos los musulmanes. Sus manos temblaban y su mirada estaba fija. Sus ojos brillaban, soltando muchas preocupaciones. Me preguntó cómo lo hice y empezó a reír. Mil cuatrocientas rupias no era mucho, quizá unos treinta dólares estadounidenses. Pero para nuestra familia representaba una semana entera de comida, hasta más. Para ella significaba que podía estar tranquila: después de todo había hecho un buen trabajo conmigo, su obstinada Gulgatai.

Para mí, significaba el mundo entero.

—¿Cómo, Maria? ¿Cómo lograste esto cuando nunca habías jugado en un torneo formal?

Me senté junto a ella y sonreí. Las dos mirábamos las rupias apiladas bajo la luz de la lámpara.

—Pero Aami... si ya me lo has dicho muchas veces: "Está escrito."

15
EL DADOR DE TESOROS

A sus siete años, mis hermanos gemelos eran un torbellino. Nacidos con minutos de diferencia (cuál fue primero se olvidó hace mucho tiempo), solíamos decir que uno fue el rayo y el otro el trueno. Cuando Sangeen y Babrak estaban en casa, los platos volaban, tiraban los muebles, azotaban puertas y los martilleos de sus pies parecían aflojar los clavos. Lo que mis hermanos pequeños y desenfrenados necesitaban no se los podía ofrecer a mis doce años: recorrer los valles, subir a los árboles, caminar por los techos como si fueran un camino de piedras, ir por el serpenteante río Indo de donde provenían. Por eso mi paciencia era tan ilimitada como el azul del cielo que quería darles… hasta que rompieron algo muy preciado para mí y un largo hechizo de mala suerte pareció surgir.

Luego de ganar el campeonato para menores de trece años en Wah Cantt, entrené en la academia todas las mañanas y hasta las tardes. Pero las demandas de la casa eran más importantes y siempre me tocaba cuidar a Sangeen y Babrak, que regresaban temprano. En esas tardes, los niños corrían a toda velocidad desde la escuela pública hasta la casa, se estrellaban contra la puerta delantera, vaciaban las mochilas en cascadas de papeles y libros, esparcían las sandalias por el corredor, aventaban los sombreros. Me pedían agua y comida. Se las daba después de lavarse las manos, decir una oración, contarme lo aprendido en la escuela y su obra buena del día. Taimur, Ayesha y yo nos turnábamos para atenderlos, muchas veces mis hermanos mayores necesitaban días para recuperarse de cualquier catástrofe que ocurriera bajo su cuidado. Yo entendía su naturaleza salvaje de una forma que los demás no, porque hablábamos el mismo lenguaje sin palabras y teníamos la misma urgencia desenfrenada de movernos, golpear, jugar... ganar.

Cuando los esperaba en la calle de Bara, podía distinguirlos a la distancia en una nube de polvo, sus gritos de contento los precedían. Los peatones se quitaban del camino cuando los gemelos salían corriendo, echando carreras, empujando, rebasando, siempre con una sonrisa de oreja a oreja y gritando mi nombre. El día en que Sangeen caminó hacia mí con la mochila colgando y su cuerpo de lado (como si sus hombros fueran una balanza) de inmediato supe que había un problema. Levantó una mano débil para saludarme, en la otra traía una hoja doblada de papel rosa. Se encogió de hombros, miró sus zapatos, traía las agujetas atadas y colgando, lo que le había pasado a Babrak no tenía que ver con él. Justo esa tarde, estaba estresada porque necesitaba empacar para viajar a Lahore y competir en las pruebas de los Asian Junior Games. Era un torneo importante, había entrenado semanas con la mira puesta en una medalla, asegurar el triunfo durante la primera ronda me daría un lugar en el equipo nacional e impulsaría mi incipiente carrera: alojamiento gratuito, entrenamiento de verdad, transporte y comida. Mi padre iría conmigo y tomaríamos el camión después de comer para jugar mi primer partido a la mañana siguiente. Un hotel estaba fuera de nuestro alcance, de hecho todavía no me decía dónde pasaríamos la noche tras el viaje de seis horas. Tal vez no lo sabía. Si necesitaba la cooperación de mis hermanos gemelos en algún momento de mi vida, era esa tarde. Se los dije en la mañana cuando partía sus huevos cocidos y servía leche de cabra en sus tazas.

Cuando Sangeen se paró frente a mí y dejó caer la mochila, seguía con la cabeza agachada. Con la mano tomé su barbilla, que cedió cuando la levanté.

—¿Dónde está tu otra mitad Sangeen?

—La maestra se lo llevó a su casa para castigarlo.

Entonces me dio la nota que traía el nombre, la dirección y un poco más.

—¿Qué hizo?

—Un simple juego de saltar obstáculos.

—No creo que haya sido tan simple.

Y no lo era. El juego de saltar obstáculos, ocurrencia de Babrack, sucedió cuando sonó la campana de salida y la maestra dejó el salón. Ansioso por salir primero que todos, saltó al escritorio de la maestra y echó un vistazo a sus compañeros. La salida más clara era por una fila de pupitres vacíos que se extendía delante de él como un camino de piedras para cruzar un arroyo. Babrak brincó de un pupitre a otro y luego a otro, y así atravesó todo el salón sin ver el desastre de papeles, libros y sillas tiradas que iba dejando como estela. Al llegar al último delante de la puerta se aventó al piso y salió disparado, chocando con su maestra que justo venía regresando.

—Tienes que salvarlo Maria. Lo amarrará a una silla en la cocina.

—Eso es una locura ¿Cómo lo sabes?

—Ya lo ha hecho antes. Escuché la historia, además se lo llevó de la oreja. Los vi cuando se fueron —dijo Sangeen volteando hacia la calle y señalando con el dedo.

Mi padre llegó a la entrada del edificio donde vivíamos, justo cuando me subía en mi Sohrab. Moviendo la cabeza al escuchar la historia repetida por Sangeen, ni siquiera se molestó en entrar al departamento, dio la media vuelta y fue a buscar a Babrak. Mientras, mi madre empacó su maleta y yo doblé mi ropa para el torneo. Todos esperamos. Cuando regresó, traía a Babrak llorando. Al tomar el té, se rio mientras nos contaba la peculiar escena en casa de la maestra. Se paró en el umbral como un pastún responsable y encontró a su hijo con la cara roja en un banco contra la pared, los pies colgando y las manos atadas a la espalda.

Mirando al frente y parpadeando rápido, Babrak repetía las tablas de multiplicar, las lágrimas corrían por sus mejillas. Mi padre escuchó a la maestra decir: "Cuando te sepas las tablas como
la palma de tu mano, sólo entonces te desataré." Estaba sentada
en una mesa junto a él y acomodaba unos papeles. Shams ve-
rificó los nudos (tan flojos como enormes pulseras) alrededor de
las muñecas de mi hermano. Después habló con la maestra, muy
tranquila por ver al padre de su alumno descarriado parado en la
cocina. Le ofreció un yogur frío y le dio una descripción detallada
de las travesuras de Babrak. Cuando terminó desató al niño. Mi
padre sólo asintió y le pidió a su hijo que enmendara el daño.
Libre al fin, Babrak se disculpó y ofreció quedarse después de la
escuela para limpiar el salón durante una semana. Luego siguió la
sombra de nuestro padre, la gorra en una mano, la cuerda enrollada en la otra. Un día, la usó para amarrar al gemelo a su cama
mientras dormía.

Después de la comida familiar, en la cual Sangeen y Babrak
se sentaron en completo silencio por primera vez, fui a terminar
mi maleta. Babrak entró a la habitación caminando como si car-
gara todo el peso de Pakistán sobre sus hombros. Se paró frente a mí, suspiró profundamente y me dio el trofeo del tamaño de
una mano que gané en Wah Cantt. Hecho de vidrio cortado, se
parecía a la copa de halterofilia y los pusimos juntos en una mesa
en la sala. Muchas veces lo tocaba como si fuera un talismán para
la buena suerte antes de ir a la cancha. Babrak se disculpó por
provocar un drama justo antes de un gran torneo. Luego me pidió
llevar el trofeo a la escuela para probar que en verdad tenía una
hermana que jugaba squash.

En segundos, Sangeen entró. Sin decir nada se precipitó sobre
la cama que compartía con Ayesha y empezó a saltar. Le expliqué
a Babrak que el trofeo era algo demasiado valioso para mí y le dije
que mejor llevara el certificado del torneo. Escuchando al fondo,
Sangeen brincó más alto, los resortes dentro del colchón rechinaban. Detrás de mí, pidió ver el trofeo y estiró las manos. Justo

cuando giré para decirle que se bajara de la cama, Babrak lanzó mi premio dibujando un arco sobre mi cabeza. Vi la brillante órbita pasar bajo la luz. Sangeen brincó de lado, pero no pudo atraparlo por milímetros: cayó al piso justo cuando el trofeo golpeó la pared y se rompió.

Desde el umbral, Ayesha vio todo y soltó un grito ahogado. De repente estábamos lado a lado recogiendo los pedazos. Volteé hacia la cama con una expresión que estoy segura mis hermanos no sabían que era capaz de hacer. Cada uno señaló al otro. Yo apunté a la puerta. Entonces, Babrak, con una cara de culpa y lágrimas en los ojos, volteó y dijo la cosa que pareció maldecirme todo el camino a Lahore y más allá.

—¿Es una señal, Ayesha? ¿Un presagio? ¿Un augurio malo para Maria?

Dormí sobre el suave hombro de mi Baba casi todo el camino a Lahore (511 km por AH-1). En cuanto nos sentamos en el autobús sentí que cada parte de mi cuerpo me dolía por dentro. Mi padre dijo que bebiera agua de la botella y masajeó mis manos cansadas y cortadas:

—Nunca confíes en una palma suave o una lengua suelta, Maria.

Era casi medianoche. Alrededor los pasajeros dormían sin moverse, envueltos en sus mantas. Miré la ciudad por la ventana, pasamos la calle del mercado y los minaretes que no había visto desde que vine a levantar pesas como Genghis Khan. Lo sentí ahí afuera en la oscuridad, la multitud todavía apoyándolo. Sonreí, había entrenado tan fuerte como pude para competir en esas pruebas. Si lograba entrar al equipo nacional, no regresaría con mi padre. La idea no me asustaba, al contrario, me enorgullecía.

El viaje en autobús terminó. Con cara de sueño y medio dormida, me tambaleaba a través de las calles junto a mi padre. Para ahorrar dinero, tomamos un bicitaxi sólo una parte del camino y el resto caminamos sin prisa a través de la tranquila oscuridad, cargando nuestras maletas. Todo estaba cerrado. Era una larga caminata a lo largo de la vieja ciudad amurallada y a través de la gran arcada de la Puerta Bhati. Cuando le pregunté a dónde íbamos, respiró profundamente y dijo dos palabras:

—Al cielo —luego señaló hacia delante.

Un gran domo de luz lanzaba tonalidades verdes en la oscuridad. Era como caminar hacia una estrella caída del cielo. Cuando entramos al patio, nuestros pies cansados sintieron el mármol blanco como hielo húmedo. Eché un vistazo a la reluciente extensión visitada por miles (musulmanes y no musulmanes). Tranquilidad, el centro de una nube. El santuario de Data Darbar, uno de los más famosos de Pakistán, del sur de Asia, del mundo entero… se sentía sagrado sin necesidad de cualquier nombramiento. En todas partes, en montículos de tierra como piedras en un lago, la gente se inclinaba y rezaba. Justo en medio del extremo más lejano, se elevaba un mausoleo blanco y majestuoso; a cada lado, una torre que terminaba en forma de bala puntiaguda se erguía como un centinela. Una cúpula verde jade coronaba el santuario como si una mano desde el cielo nocturno hubiera puesto un tazón volteado sobre el techo. Mi padre dijo que bajo ella estaban los restos del santo a quien dedicaron esta obra. Los peregrinos rezaban alrededor de la tumba. Cantaban, lloraban y nombraban al hombre muerto del interior. Miles de luces colgando decoraban los pilares. Sólo nos quedamos parados un rato. Después surgió el olor de comida que nos atrajo, estaba tan hambrienta que me comía el aire.

La mezquita de al lado estaba abierta veinticuatro horas y servía comida en los días festivos a los creyentes (sin importar en qué creyeran). Mi padre encontró un lugar tranquilo, desenrolló un tapete y esperé ahí hasta que regresó con pan, arroz y fruta. Luego nos sentamos juntos, mirando como si compartiéramos un sueño. Montones de gente iban y venían frente a nosotros como

sirvientes en un palacio. Cuando terminamos de comer, me recosté sobre su pecho. Me dijo que se quedaría despierto toda la
noche, vigilando y pensando. Estaba tan cansada que hasta los
huesos me dolían. Frente a nosotros pasó un grupo de hombres
tocando tambores, los seguía una multitud bailando, girando y
lanzando flores. Cuando llegaron a la tumba en el otro extremo,
la fe de algunos se desbordó, se arrodillaron y lloraron. Sentí que
mi padre movió la cabeza sobre mí.

—Mira esos tontos, rezándole al mármol y a los huesos.

—¿Qué quieren Baba?

—Hacen un largo camino y vienen de todas partes para pedir
bendiciones al santo Ali Hajveri. En vida se le conocía como el
Dador de tesoros, pero murió hace casi mil años.

—¿Y no está mal que vengamos aquí a comer y dormir nada
más? Tal vez deberíamos rezar.

—Estamos aquí para alimentar el cuerpo y el alma que Dios
nos dio. Ponernos de rodillas no nos hará más piadosos. El templo
más brillante existe dentro de ti.

—Entonces entraré en mí y rezaré para ganar los Asian Junior
Games.

Se rio y me abrazó.

—Buena suerte.

—Tú no crees en la suerte.

—No. Creer sólo en la suerte es una maldición. Además, ya
todo está escrito.

Al día siguiente, afuera del albergue deportivo nacional nos
reunimos con el hombre a quien mi padre siempre describiría con
una sola palabra: "Bueno." Rahim Gul, el entrenador del equipo
nacional, tenía una forma de caminar tranquila, erguida y segura que me recordaba al coronel. Su voz profunda y sonora era
como un instrumento musical. Cuando habló conmigo, cargando
la maleta de mi padre y preguntándonos sobre el viaje, me sentí
como en casa. Desde el principio cuidó de nosotros, compartió su
habitación de hotel y su comida con Shams. Admiraba mis bíceps

y mis manos ásperas (encintadas justo esa mañana para detener el sangrado). Nunca me hizo sentir vergüenza por mi ropa vieja. Creo que sólo le importaba asegurarse de que tuviera lo necesario (y sabía que necesitaba un buen acuerdo). Casi todo mi cuerpo anhelaba descansar, pero era demasiado tarde para eso. El primer juego empezaba en menos de una hora.

Cuando vi de reojo a mi oponente en la cancha supe que estábamos disparejas. Se paró frente a su entrenador en el extremo de la pecera y vi cómo se turnaban para hacer rápidos gestos con la mano y mover los labios sin voz al mismo tiempo que sus dedos platicadores. Ya había escuchado del lenguaje a señas, pero nunca lo había visto. No conocía a ninguna persona sorda y no esperaba hacerlo en una cancha. El squash es un deporte de sentidos. El seguimiento de la pelota empieza con los ojos y continúa con los oídos. Muchas veces en el calor del juego, debes medir el movimiento de la pelota sólo a través del sonido. De inmediato me sentí con una injusta ventaja. Entonces pensé en Babrak rompiendo mi trofeo, el cual acariciaba antes de irme cuando estaba en una pieza. Tal vez sí era un mal presagio después de todo: ganaría sin merecerlo por mi esfuerzo.

Desde su saque, el cual me sorprendió por su precisión, nos enfrascamos en un pelotear que duró más de lo que esperaba. De inmediato cambié mi mentalidad. Cualquiera que fuera su impedimento tenía unas ganas persistentes de controlarme. Tras unos minutos de aquí para allá, me puso a correr por toda la caja como un ratón enjaulado. Cuando yo tenía la pelota, anotaba. Pero la mayoría del tiempo iba un milisegundo atrás. A tres de cinco, en poco tiempo ella iba muy bien en el tercer partido. Al percibir la derrota, dejé salir unos gritos que no pudo escuchar. De alguna manera me tenía amarrada como puerco en completo agotamiento físico y mental. La oportunidad de pertenecer al equipo se evaporaba delante de mí. En mi pánico creciente, jugué mal, me clavaba y tropezaba incluso conmigo. Sabía que había perdido mucho antes de acabar el partido.

Luego de ése, perdí todos los juegos, uno tras otro. Dentro de su paciencia y capacidad como entrenador del equipo nacional, Rahim Gul me dio otra oportunidad para jugar una serie de partidos, pero volví a fallar. A pesar de la ambición, la fisura de duda que empezó en mi mente durante ese primer partido, pronto me rasgó por completo y lo dominó todo. De ahí en adelante fui desafortunada. En el último día de las pruebas, cuando el oficial del equipo de la federación de Punjab vino a decirme que se había terminado, ya tenía la maleta lista. Mi padre se fue después del primer día, así que me senté sola en una banca.

Escuché a un hombre llamándome desde las instalaciones de squash. Cuando avanzó por el largo camino de cemento a través de las sombras temblorosas, la brisa me trajo toques de él antes de que viera su cara. El olor de las canchas (caucho caliente y sudor) y el ungüento de sándalo siempre anunciaba la presencia de Rahil Gul antes de verlo.

—¿Qué estás haciendo aquí? No irás a ningún lado Maria Toorpakai. En tres semanas serán las pruebas para los Asian Games y lo volverás a intentar.

—¿Para qué quieres que me quede? No hago nada más que perder.

—Si tú lo dices… Pero yo veo algo más, veo a una ganadora. No debes irte hasta que tú también la veas.

Tenía una manera misteriosa de hacerme reír a través de las lágrimas. Sólo asentí con la cabeza.

—Bueno.

༄

Después de otro viaje largo en autobús, más al norte y cerca de casa, llegamos en medio de la lluvia a la capital de Pakistán. Construida en 1960, Islamabad remplazó a Karachi como la sede del gobierno de la nación. Sólo era otra gran ciudad dispersa en el fondo de mis sueños y recuerdo muy poco de ella (de seguro mi padre se decepcionaría). El ejército estaba muy alerta, aunque en esa época no lo sabía. Los puestos de control militar y los tanques se volvieron la imagen de Pakistán. Los soldados con ametralladoras en las esquinas y fuera de los edificios eran tan comunes como los árboles. Su oscura presencia por toda la ciudad no presagiaba nada para mí. En el radio del autobús se oía de fondo una plática sobre Irak y Estados Unidos (armas químicas, cese al fuego y resoluciones de la ONU). Un poco más tarde, una de las chicas le pidió al chofer que pusiera música, no quiso y apagó el radio. Recuerdo que cuando el sonido murió, la niña de huesos delgados sentada junto a mí miró para arriba y dijo:

—Si los estadounidenses invaden Irak estamos fritas.

Pero nunca le pregunté qué quería decir con eso.

Viajar con el equipo nacional fue una emoción silenciosa. Por primera vez, clasifiqué más bajo que la que llevaba las de perder. Sabía que era peso muerto. Nadie en el equipo me trataba de esa manera, en parte por mi tamaño (era una fuente inagotable de fascinación en estas niñas). Con mis doce años, también era la más pequeña. Las más grandes me cuidaban de modo maternal y yo no estaba acostumbrada: que comiera bien, me bañara y me fuera a dormir temprano. Parte de mí disfrutaba los cariños, pero otra estaba molesta porque parecía que no podía ganar un partido para salvar mi vida. Siempre que practicábamos me ganaban. Pero no me di por vencida, no todavía. Sólo entrené más tiempo y más fuerte que las otras.

La bienal South Asian Games que se llevaría a cabo en Islamabad tenía mucho prestigio, incluso más que el campeonato Asian Junior. Sólo pensaba en remplazar mi trofeo roto con algo mejor, mi mala suerte con buena. Desde el principio no me salió. Cuando me paré en la cancha y fui contra las contrincantes de élite de todo Pakistán, me vencieron como un martillo a un clavo en cada partido. Los días en que caminaba derribando niños en Peshawar estaban muy lejos. En las peleas de puro músculo, había golpeado con clase a las ratas callejeras. Genghis todavía acechaba bajo mi piel, quería vivir y odiaba perder, no sólo los partidos, sino contra niñas. La ironía no me pasó inadvertida, pero tampoco fue relevante. Genghis estuvo conmigo mucho tiempo y en las canchas volvía a la vida. Pero aun así no era suficiente. Estaba en una racha de perder y cada oponente lo percibía como un olor saliendo de mi piel. Recordé que Rocky Balboa decía que nada golpea a una persona más fuerte que la vida. Estaba equivocado. No había nada peor que ser un perdedor, sobre todo después de haber sido un ganador.

Los nervios me aplastaban, persistí hasta el último partido, pensé que al menos debía jugarlo. Empaté con una niña de Karachi, punto por punto y juego por juego. Si podía sacarla, tal vez vencería a otra después de ella y me escurriría dentro del equipo. El triunfo se me había escapado tanto tiempo que, cuando vi un rayo de posibilidad, fui tras él jadeante. Entonces, como un intruso, un solo pensamiento fugaz y letal me punzó mientras jugaba: *perdedora*. Y caí en picada. Cuando la bola hizo un gran arco sobre mi cabeza, giré el cuello y salté. Al alcanzarla, el dolor rasgó los músculos a lo largo de mi columna como un cuchillo de carnicero y caí al piso como un árbol. Recostada ahí, mirando las luces, no me pude mover por varios minutos. Los entrenadores vinieron, calentaban las manos con sus bocas, ponían las palmas contra mi espalda y masajeaban para aliviar el músculo lastimado. Después me incorporé con la cabeza entre las manos. El juego había terminado.

En la cama del albergue deportivo, recostada sobre bolsas de hielo, creí que mi momento en verdad había llegado. Recé a Dios, pero no para suplicarle, sino para preguntarle por qué. Sola, lloré como nunca antes lo había hecho. Entonces, cuando mi espalda se relajó y todas las chicas seguían afuera, bajé las escaleras y atravesé la puerta; las maletas ya estaban empacadas y me esperaban en el vestíbulo. Había un teléfono en la casa de al lado que nos prestaban para llamar a nuestras familias. Antes de hablar a Bara Darwaza, me senté un rato en una banca que estaba en la calle. Durante semanas había deseado cualquier cosa de mi hogar y me arrastraba por los recuerdos: la puerta delantera abierta, mi madre adentro, bajando sus bolsas y abriendo los brazos; los hermanos gemelos corriendo por la calle, levantando el polvo cuando me saludaban; la sonrisa tímida de Taimur; la mano tan pálida de Ayesha como el ala de un pájaro cuando lloraba por algo. Y mi padre, que en esencia era mi hogar. De nuevo me encontró Rahim Gul sentada bajo un árbol y llorando por mis pérdidas.

—Aquí estamos otra vez Maria. Tú piensas en irte y yo digo que te quedes. Mi trabajo es decidir. Tu trabajo es jugar. Deja de llorar. Deja de llorar y regresa. Te quedas a entrenar con el equipo.

Y lo hice.

Poco después, el 20 de marzo de 2003, Estados Unidos empezó la guerra contra Irak. Durante meses, los rumores de la invasión circulaban por los corredores como confeti. Para mí Irak no significaba nada, estaba a más de 3 mil km pasando las cadenas montañosas y los desiertos, más allá de Irán y Afganistán. Todo lo que me importaba era ganar una medalla y había fallado en las pruebas. Cuando empezó la invasión se televisó a todo el mundo. Todavía recuerdo a la gente amontonada alrededor de una televisión pequeña, viendo las explosiones sobre Bagdad (brotaban en la pantalla en enormes nubes de escombros), que brillaban como si se hubieran tragado la luz. Me preguntaba si también se tragarían a la gente. Las personas casi no hablaban y sólo deambulaban por los pasillos. Algunos empacaron y se fueron. Todo ese presentimiento silencioso no tenía sentido para mí, hasta que un día mis compañeras de cuarto entraron en la habitación y empezaron a sacar la ropa de los cajones, llorando. Estaba sentada en la cama, con una bolsa de pistaches en la mano, viéndolas hasta que una volteó y me dijo que preparara mi boleto de autobús... para regresar a casa.

—Maria, los estadounidenses invadieron Irak.

—¿Y? —contesté.

—Los juegos se pospusieron.

—¿Por qué?

—No lo sé. Es como la tercera guerra mundial, es lo que todo el mundo dice. En unos meses, tendremos que venir y hacer todo otra vez.

—¿Hacer qué? ¿Jugar las pruebas?

—Sí. Es un desastre.

No para mí. Mi mente de niña en verdad creyó durante semanas que Alá había intervenido para que pudiera volver a intentarlo. Escuchó mis ruegos preguntándole por qué y se había dado cuenta de que no tenía una buena respuesta. Rahim Gul me había entrenado en cada oportunidad, a veces jugábamos un partido sólo para divertirnos. Me decía que ganar era un proceso, no un acontecimiento, y que en cuanto lo creyera, empezaría a ganar. El momento para una segunda oportunidad milagrosa, estaba ante mí (me resultaba extraño que Alá iniciara una guerra para una ganadora).

⁘

Meses después de la captura de Saddam Hussein, los juegos se reagendaron y mi mente estaba lista y sana otra vez. No hay mucho que decir de los partidos, sólo que vencí a casi todas las oponentes de mi división y por fin entré al equipo pakistaní. Por primera vez desde que quemé mis vestidos, tuve ropa nueva por mi cuenta. Incluso ahora, recuerdo todo: el olor del algodón al sacarla del papel de china, la tela tan impecable que no me atreví a desdoblarla por días. Muchas playeras, pants y tenis. La sensación del algodón tocando mi piel era como un beso suave. Era bienvenida, limpia y lista en mi nueva vida, la inmundicia del pasado se había ido. Pertenecía a otro lugar. Me sentía, más que nunca, como una campeona.

Y lo era. Un espectáculo de desfiles, discursos, televisión y multitudes apoyando inauguró los juegos. Sólo pensaba en regresar a casa con una medalla para remplazar el trofeo roto que me había puesto en una mala racha. En partidos muy cerrados contra jugadoras de excelencia de todo el sur de Asia, gané dos medallas: bronce (individual) y plata (por equipo). Triunfé, no sólo porque fuera la mejor jugadora, sino porque al fin supe y entendí que podía hacerlo. Mi entrenador me apoyaba desde la banca. Cuando se acercó, saltando y aplaudiendo, me vi como él lo hizo, al fin.

Fui a casa para contarle a mi familia en persona lo bien que había clasificado. Esta vez, cuando llegué con mis maletas, vi a mi padre. Dormitaba en una silla en la habitación del frente, los papeles en su regazo, libros abiertos esparcidos por el piso, una taza de té frío en la mesa junto a él. La casa estaba en silencio, como si hubiera dormido todo el tiempo que me fui, deteniendo el tiempo y esperando por mí. Pasaron meses desde que estuve ahí por última vez y me quedé parada mucho rato con mi uniforme del equipo, disfrutando todo. Antes de dejar Islamabad, un hombre dejó una carta del gobierno en el albergue deportivo que anunciaba la entrega de un premio en efectivo con nuestras medallas. La leí muchas veces, me tardé casi todo el viaje en autobús en creerlo. Había ganado más dinero del que podría imaginar: 3 500 dólares estadounidenses. Cuando traté de imaginar cómo se vería esa cantidad en efectivo, no pude. El sobre estaba doblado en mi bolsillo, el papel se suavizó de tanto tocarlo. Esta vez, no sólo compraría comida para toda la familia, ayudaría a establecer un futuro.

Cuando crucé la habitación mi padre despertó. Me vio ahí, sólo me observó, parpadeando como si todavía estuviera medio dormido.

—Baba, traje una sorpresa a casa.

Abrí el sobre y lo puse en su regazo, leyó la carta y asintió con la cabeza. Podría haber ido hasta Londres, traerle las joyas de la corona en una alfombra roja y dudo que hubiera parpadeado. Me pidió té. Regresé con dos tazas humeantes y nos sentamos juntos en la casa silenciosa, esperando a los demás.

—Rahim Gul es un buen hombre. Me llamó y me dijo que le preguntabas para qué te quería ahí, si sólo perdías.

—Sí.

—¿Recuerdas cómo le decían al santo enterrado en el santuario de Lahore?

—El dador de tesoros.

—Exacto.

—Por eso pudimos comer y dormir en su casa.

—A veces una persona tiene una perla enterrada en su alma y necesita encontrar a un dador, aunque el tesoro que te ofrezca sea algo que tú ya tenías dentro. Hasta que encontramos a Rahim Gul, pensé que sólo era mi trabajo. Es algo muy extraño: descubrir que otro hombre pudo lograr lo que yo siempre había intentado. Entonces me di cuenta de que lo que él hizo por ti, también lo hizo por mí.

—De hecho es muy simple, Baba. Dijo que tenía una mentalidad de perdedora. Sólo tenía que encontrar la mentalidad de ganadora.

—Exacto, y ahora conoces el poder del pensamiento. Ninguna bomba puede igualarlo.

—Pero fueron las bombas las que me dieron la segunda oportunidad.

—No, cuando caminaste hacia mí y te vi, sólo pensé en una palabra: tesoro. Y no tenía idea sobre tu premio económico. Te veías como lo que eres al fin… y se lo debemos a él.

Más tarde, cuando Sangeen y Babrak me dieron el trofeo reparado, con las uniones llenas de pegamento seco, les agradecí y lo puse en la mesa junto a mis medallas. Durante años (hasta que se perdió en una mudanza) estuvo ahí sin ser tocado. De hecho, nunca volví a tocar algo para tener suerte, sólo salía por la puerta y jugaba.

16
LA NÚMERO UNO

Rahim Gul tenía razón: ganar es un proceso, un estado de la mente. A veces aseguraba la victoria después del estrés de un conflicto interno y otras caía en mi mano como la fruta de un árbol. Empezaba como un mantra al caminar en la cancha, sintiendo cómo se trenzaba en mi cuerpo al pasar la pared y preparar los músculos y los reflejos, incluso antes de girar mi raqueta. Y era lo mismo para convertirse en campeona nacional, en la máxima jugadora, un sueño que despertó el día en que me puse los colores del equipo (bléiser verde, vestido blanco y zapatos negros boleados) para ir a tomar el té en casa del presidente de Pakistán, quién invitó a todo el equipo a celebrar nuestra victoria en los juegos del sur de Asia. La invitación llegó en un papel labrado, tan delgado que mi padre dijo que podría usarlo como hoja de afeitar.

Lustré la piel de mis elegantes zapatos hasta que quedó reluciente, la cera olía como el aceite de un arma. El primer vestido que me ponía desde la hoguera tenía mangas largas, caía bajo los tobillos y se sentía como usar una bolsa. Cuando mi familia (reunida en la cocina para empezar sus rutinas diarias) me vio, se quedó congelada. Taimur bajó el desarmador y sacó la mano del destripado radio Philips que tenía enfrente. Mi padre soltó las pinzas. Mi madre se alejó del gabinete y puso las manos en sus mejillas como si se detuviera la cabeza. Ayesha tiró su pluma, Babrack su resortera. Sangeen sólo se rio y me señaló.

En los días anteriores, escuché que el palacio presidencial parecía un pastel de bodas con muchos pisos puesto en lo alto de una colina, al final de la calle de cuatro carriles. Miles de ventanas, cientos de habitaciones, llaves de agua chapadas en oro, elevadores. Una casa salida de una película. No podía esperar a verla. Pero en vez de eso, el autobús del equipo viajó por una carretera de curvas, 22 km al sur de la capital, y nos llevó a una calle pequeña y angosta donde estaba un edificio de dos pisos, en la ciudad hermana de Pawalpindi. El presidente Pervez Musharraf, dictador militar en el poder desde 1999, vivía en su austera Casa Militar. Alguien dijo que sólo iba al palacio a firmar documentos y llamar a las superpotencias. No importa, la visita fue una desilusión. Al subir por el paso peatonal a través del jardín donde la reunión ya había empezado, miré la casa. Francotiradores a lo largo del techo, ametralladoras acomodadas en el piso. Ventanas con barrotes, alambre de púas y una antena parabólica. Para mí, una pastún que había crecido bajo los códigos de las leyes tribales (y era parte del equipo nacional de squash por un milagro) el dictador sólo era una curiosidad.

Afuera habían puesto unas enormes carpas blancas y macetas llenas de flores. Meseros uniformados ofrecían a los invitados coloridos canapés de esto y aquello en charolas que parecían islas exóticas: samosas (empanadas indias), pasteles y dulces. Mi padre y yo disfrutamos un estilo de vida que no conocíamos: dimos pequeñas mordidas a la deliciosa comida servida en porcelana china, aderezada con lujo, escuchamos la placentera cacofonía de una charla improductiva que sonaba a nuestro alrededor como una música extraña. Recuerdo que vi a mi padre con su ropa almidonada y su espléndido chaleco pastún, la manera en que movía sus manos cuando hablaba, los dedos deslizándose a través del atardecer. Parado entre la multitud con su turbante alto y decorado, no dio signos de estar nervioso o deslumbrado (como veía en las caras distorsionadas de todos los demás alrededor de nosotros) cuando el presidente se acercó sobre el pasto perfecto como si estuviera pasando lista, como si fuera un rey, con su delicada taza de porcelana en la mano.

Cuando fue nuestro turno, recuerdo que estaba parada junto a mi Baba, estudiando a Musharraf mientras intercambiaban cumplidos como si fueran tarjetas de presentación. Había visto su cara oscura en el periódico y escuchado su voz en el radio. Su cabello, perfectamente peinado, era blanco arriba de sus patillas, justo sobre sus orejas, como si tuviera plumas, lo demás era negro. Su posición debía transmutarlo de humano a león, pero sólo era un poco más alto que yo. El breve encuentro bajo la carpa blanca, las torres de fruta y jarrones de aves del paraíso como fondo fue muy informal, todo muy relajado. Me pregunto ahora si mi padre no se estaría mordiendo la lengua cuando platicaron sobre mis triunfos en los juegos de Islamabad. Justo el día anterior había entrado y salido sigilosamente del hervidero de violencia fraguado en la franja tribal para llegar al auditorio cuyos ocupantes fueron reduciéndose por la hora. El hombre con el que hablaba a través de un sereno velo de final de verano era más que un solo testigo de la historia; era uno de sus maestros, el hombre a cargo, y ya había perdido su fascinación. Mientras bebíamos y platicábamos, los militares llenaban las áreas como un enjambre de avispones. Si mi padre hubiera dicho algo, cualquier cosa, estoy segura de sus palabras:

—Pude habértelo dicho.

Musharraf habló conmigo del juego. Era la misma conversación repetida una y otra vez mientras caminaba por el pasto suave. Todas esas atletas con los ojos abiertos se mantenían cerca de la punta de su lengua, aunque dudo que pudiera recordar un nombre. Tenía una sonrisa resplandeciente que parecía tan genuina, que por unos segundos me envolvió. Mi padre me advirtió sobre la primera arma de un político y dijo:

—Entre más brillante es la sonrisa, más filoso es el cuchillo.

En muchas formas, el presidente Musharraf parecía un hombre amable y cordial sin preocuparse por el mundo, pero bajo ese uniforme se había puesto un chaleco antibalas de cinco kilos.

Los guardias del frente y de atrás llevaban metralletas. Había el rumor de que guardaba cápsulas de suicidio en un bolsillo oculto sobre su pistola. Pero ninguna de estas medidas haría mucha diferencia contra una bala o una bomba en el lugar y momento precisos. Los enemigos de Musharraf eran implacables. Podían darse el lujo de intentar y equivocarse cuantas veces fuera necesario hasta matarlo, pero él no se podía permitir fallar una vez. En ese justo momento, los militares (resguardados bajo la Morada de Dios, esparcidos por los valles, ocultos en campamentos fuera de los pueblos lejanos) planeaban formas dramáticas de matarlo. Si pudieran, infligirían un castigo a la antigua y le arrancarían cada parte del cuerpo. Los reclutas suicidas hacían filas de cientos para tener la oportunidad de llenar sus mochilas de explosivos y reducirlo a cenizas. Sus crímenes eran simples y abominables: ser el peón de los infieles en el oeste y dejar que su ejército pisoteara las áreas tribales. Lo que empezó como una medida de seguridad para hacer salir a Al Qaeda y sus talibanes, se convirtió en una yihad en estado avanzado. Si la historia escogiera un ganador, no sería el hombre que escuché preguntarle a una niña si había disfrutado el pastel. Aunque me agradaba lo suficiente, lo vi como lo que era: un hombre de carne y hueso, un poco regordete que manchaba sus lentes sin armazón con sus huellas digitales. En menos de un minuto, me dejó de ver, y con un cambio en la brisa, el presidente Musharraf se fue, haciendo un sonido metálico con su uniforme verde y los guardias a su lado. Toda la tarde vi esa sonrisa brillante mientras paseaba de carpa en carpa, su séquito siguiendo cada uno de sus movimientos como una parvada de pájaros con uniformes militares. Cuando regresé a casa en Peshawar, le conté a mi madre sobre la comida.

                          ❧

Contuve la respiración dentro del corazón de una nube tan blanca como las capas de nieve sobre las montañas de Sulaimán. Las gotas condensadas se estrellaban en la ventana oval, tal vez llovía. Pero a 9 000 m de altura, es difícil de decir. Veía cada detalle: el movimiento de las partes auxiliares del ala cuando perdíamos altitud, la punta delgada de la enorme ala resplandeciente que se veía por mi ventana, la forma del cielo rodeándonos de vez en cuando con un blanco total y puro. Bajo nosotros, sólo el océano (una extensión de kilómetros). El avión se sacudió de manera suave. Sentí que mis oídos se destapaban y tragué con fuerza, vi a la niña junto a mí y nos reímos. Entonces con un destello emocionante, el avión salió disparado como un chorro de vapor y entramos a cielo abierto. Hice un pequeño sonido de felicidad, murmuré un sura y dije una oración a miles de metros sobre la tierra: nunca había estado tan cerca del cielo.

Primera vez en un avión. Primera vez que salía de Pakistán. Viajaba con el equipo y nos sentaron juntas en varias filas. Sentí el ruido del avión al arrancar a toda velocidad por la pista, el despegue en la panza… pero no tuve miedo. Recordé a mi madre parada en la puerta esa mañana, con un pañuelo sobre los hombros. El sueño sobre nosotros era como la niebla que tocaba mi cara. El asombro estaba ahí, ideas que no podía entender: mientras se sentaba en un autobús destartalado, desviado por las peleas en un invernadero de guerra santa, su hija estaría en el aire dentro de un enorme pájaro plateado. Alturas incomprensibles, velocidades fascinantes, en otra parte completamente diferente del planeta.

La noche anterior, toda la familia se reunió delante de un mapa del sur de Asia; mi padre estaba arrodillado y con su dedo índice trazaba mi viaje. Parecía tan cerca, a un tiro de piedra: de Pakistán bajó y cruzó la India, luego hizo un movimiento circular en la Bahía de Bengala. Sobre las montañas y los ríos, dictadores y lugares sagrados, toda la maldad y bondad de la humanidad se reducía a marcas en un mapa. Una parada en Filipinas y seguir sobre el mar del sur de China hacia Malasia. Mi madre suspiró, eran lugares que sólo leería. Con una mano en mi mejilla, miró más allá de mí, hacia la puerta abierta; los sonidos de la mañana en Bara Darwaza apenas se iniciaban. Al dejarme ir dijo: "Te doy a Dios."

Vi las alas plateadas que se deslizaban sobre la Bahía de Bengala, cuyas aguas se unían con el Mar de Andamán, la antigua ruta comercial entre India y China. La imaginación, que usaba en mi niñez para navegar los antiguos mares en una cáscara de aguacate, se volvió una realidad. Me asomé con la frente pegada al vidrio y vi montículos de islas como piedritas. Las crestas espumosas del oleaje sobre el agua verde azulada parecían un búmeran. Una ola, nunca había visto una, jamás había escuchado su legendario rugir. Y ahí estaban, dispersas debajo de mí, silenciosas, tan lejos como el ojo podía ver.

Más adelante, la costa. Una mano gigante que se eleva a través de la neblina. Los barcos en el agua. Bajamos lo suficiente para que pudiera distinguir palmeras, una larga franja de playa blanca, la gente sobre ella como hormigas. Los techos de palma delimitaban la arena, casas salidas de un cuento. Vegetación exuberante. No dejaba de pensar: "Hay gente que vive ahí." El paraíso. Todo lo que pensaba del futuro cambió en ese instante, era como descubrir que viviría diez mil años. Me senté bien cuando empezó el descenso y esperé que el tren de aterrizaje tocara tierra.

Mi equipo estaba alrededor (las mejores jugadoras de Pakistán). Malasia fue la primera vez para todas nosotras. En Pakistán éramos antagonistas, peleábamos grandes batallas en la cancha, nos gritábamos y nos lanzábamos bolas al piso. Las niñas podían ser tan impulsivas como los niños. Cuando se terminaba, apenas nos veíamos unas a otras. En la pecera, los oponentes no son personas, ni yo, ni ellas. Todos somos piezas de un juego, como fichas en un tablero. El único adversario verdadero contra el que jugaba era yo misma. Ahí afuera, usaba a Genghis, y muchas veces recibía advertencias de los réferis por mis dramáticos insultos. Cuando regresaba al albergue con las niñas, era Maria Toorpakai, compañera y lo que nunca había sido: amiga.

Al enfrentar a los mejores equipos de todo el mundo, no se esperaba que jugáramos bien... y no lo hicimos. Lo extraño fue que perder juntas (más que ganar) nos unió como equipo. Al final de varios partidos difíciles, nos reuníamos en nuestro cuarto y compartíamos el sufrimiento de nuestras humillaciones. Malasia nos puso sobre la mesa una cruel y nueva realidad: las mujeres en Pakistán eran atletas de tercera clase. Cuando viajábamos nos hospedábamos en albergues, en cambio los niños en hoteles; nos costaba trabajo pagar nuestros gastos mientras que a los chicos no tanto. Por primera vez me di cuenta de que jugar bien y ganar premios no sería suficiente. Tenía que hacer que me vieran... y lo haría.

⁏

Siempre que regresaba a casa de un torneo en alguna parte, mi familia me recibía como si me hubiera ido sólo una hora. Así eran. A falta de teléfono o un correo seguro, tenía que hacerme cargo de la logística por mi cuenta. Cuando empacaba y dejaba la casa, me iba sin mirar atrás, a veces durante meses. Mi madre siempre me besaba cuando regresaba. Mi padre levantaba la vista desde su silla, desde su mapa, desde su radio...

—¿Jugaste squash otra vez? Trae el atlas.

Mis padres no tenían idea de cómo era el juego y nunca fueron a ver un partido juntos. Mi padre sólo me vio jugar una vez en Lahore. Ya era un milagro que no estuviera fuera de control en las calles o viviendo en *purdah* dentro de una choza de lodo. Años más tarde me sorprendió saber cómo los padres occidentales se obsesionan por los logros deportivos de sus hijos. Los míos no podían darse ese lujo, estaban esquivando balas y bombas sólo para ir a trabajar. Ir a mis juegos también costaba dinero, que simplemente no podían gastar en esos viajes. Todos estábamos muy ocupados tratando de sobrevivir cada día. Aunque aún no lo sabía, nuestras circunstancias estaban cayendo por un precipicio.

En 2005, las tensiones en la franja tribal aumentaron demasiado: la talibanización se expandió como un incendio forestal.

Cuando la gente habla de los talibanes, sólo piensa en Afganistán, aunque de hecho, es un término monolítico usado para describir una facción con ideologías, historia, motivaciones y objetivos diferentes e independientes. Mientras construía mi carrera como jugadora de squash, los talibanes pakistanís (todavía sin nombre) se estaban asentando, afianzando, juntando armas. Los líderes ancianos asesinados de las tribus rivales, incrementaron su alcance y movieron la acción en su beneficio. Recolectaron soldados de las facciones tribales disgustadas en los valles y montañas a los que llamaban hogar. El enemigo número uno era el ejército pakistaní y el gobierno, quienes conducían operaciones en contra de las fuerzas proAlQaeda y protalibán. Contingentes enteros de tropas gubernamentales armadas hasta los dientes ya habían entrado en el valle Tirah de la agencia Khyber. Con el tiempo se movieron más adentro, al pleno corazón de FATA, en el valle Shawal de Waziristán del Norte y pronto cruzaron a Waziristán del Sur. Las subtribus paranoicas vieron estas maniobras como un intento velado de someterlas. Entonces, en octubre de 2006, un misil explotó en un seminario musulmán en el pueblo de Chenagai en la agencia de Bajaur. Niños hasta de doce años murieron en el ataque. Mucha gente señaló los drones de Estados Unidos, aunque el ejército pakistaní se responsabilizó en aquella época. No importa. Niños inocentes quedaron dispersos en pedazos. Los pobladores querían venganza y la consiguieron. En ocho días, a 136 km de Islamabad, un hombre bomba se inmoló y mató a 42 soldados pakistanís en Dargai. Después de eso, fue una guerra total.

Y en medio de todo esto, mis padres tomaban el autobús. Cuando el transporte dejó de ir a las montañas, usaron la camioneta. Todos los días iban y venían, mi padre daba clases aquí y allá, mientras mi madre seguía siendo la directora en la periferia de Darra Adam Khel. Las paredes se estremecían por las bombas explotando en las montañas; mientras, mi padre enseñaba a los grupos de estudiantes, con los ojos muy abiertos, la mecánica de la combustión. Mi madre leía cuentos de hadas en voz alta a las niñas de kínder cuando las maestras dejaron de ir. Y por un momento muy breve todos olvidaban que estábamos en guerra.

꩜

Al regresar a casa en mi bici ese día, encontré a mi padre sentado en la puerta de entrada, mitad afuera y mitad dentro. Me miró con una cara cubierta de polvo como si se acabara de dar cuenta de dónde estaba: en casa, sano y salvo, en Bara Darwaza, todos sus hijos (menos yo) seguían en la escuela. Entramos y vi sus pies, le faltaba un zapato y tenía pequeñas cortadas en la pantorrilla. Cojeaba un poco. Su bolsa no estaba. Se dejó caer en una silla, sus dedos viajaban por sus piernas como para asegurarse de que todavía las tenía o para ocultar el temblor que percibí cuando le di una taza de té. Susurró de manera entrecortada:

—Se fue.

—¿Qué Baba?

—La universidad. Primero vinieron y se llevaron todos mis instrumentos. Luego acomodaron los explosivos. Sólo quedó un cráter. ¿Cómo estuvo tu día, Maria?

No respondí.

Volvió a preguntarme y se recostó.

Entonces empecé a hablar, observando su ropa sucia, las lágrimas en su camisa. Qué extraño era verlo sin una bolsa de libros (su tesoro): era como si hubiera perdido una parte del cuerpo. Le conté que la academia de squash acababa de cambiar de patrocinadores (en vez de la fuerza aérea ahora tendríamos a la armada) y que no me gustaba, pero significaba más dinero. El coronel anunció la noticia y dijo que era una oportunidad para mí y un regalo para ellos. Mi padre asintió con la cabeza y me hizo señas con la mano para que continuara. Hablé sobre los torneos que estaba jugando, que había clasificado en tercer lugar, a veces en segundo. Tosió un poco, le salió polvo, sus manos arañadas como si hubiera excavado en busca de una escapatoria en la tierra. Yo respiraba con dificultad.

—Mis manos todavía se ven mejor que las tuyas Maria. Continúa, no te detengas por lo que ves. Más tarde llegaré a eso, dentro de algunas décadas.

La puerta se abrió de un golpe, llegaron mis hermanos gemelos peleando, intercambiando insultos, uno le hacía al otro una llave de cabeza. Luchaban en el piso. Todavía eran unos niños con sus voces agudas y penetrantes. Cuando vieron a nuestro padre ahí, pararon su juego; Sangeen abrió la boca para hablar, pero levanté una mano y les hice señas para que salieran de la habitación; les dije que había traído samosas del mercado. Cuando se fueron, noté qué altos estaban, lo ancho de sus hombros. Hacía poco eran de la mitad de mi altura, venían a despertarme en la noche y se sentaban en mi regazo. Desde su rincón, mi padre también los vio irse.

—¿Qué hacen después de la escuela, cuando llegan a casa?

—Comen, Baba. Hacen ruido y desastre, creo que es todo.

—¿Salen?

—A veces, pero no sé a dónde.

—No está bien. Llévalos a jugar contigo. Un día los vas a necesitar y ellos a ti.

Tenían sus propias bicicletas color rojo oxidado y a sus once años sus pies eran casi tan rápidos como los míos. Cruzamos la ciudad con las raquetas amarradas a sus espaldas. Nos deslizamos dentro y fuera de los carriles como un trío, con la mano les señalaba las vueltas. Fuimos a lo largo del bulevar, atravesamos el mercado. Pasamos a los hombres que llevan burros cargados de leña, a los vendedores de kebabs, al zapatero, a los que se esconden bajo un puente para fumar hachís, a los adictos pálidos y a los hombres santos que gritan versos. Pasamos a los ricos vestidos con seda y a los pobres andrajosos… todo Peshawar en hermosos parpadeos de colores. A cada rato, volteaba a ver a mis hermanos echando carreras entre ellos, sintiendo el viento, su risa se elevaba sobre el caos de la ciudad. Luego, veía hacia adelante otra vez: al sol. Y en ese momento, antes de que se acabara el recuerdo, lo guardé en mi memoria: amaba mi ciudad y amaba a estos niños.

Durante semanas, anduvimos de esta manera hasta el complejo de squash. Les enseñaba cómo jugar en espera de que esto los atrapara antes que otra cosa. En las canchas se hacían los tontos detrás de mí (se retaban y hacían ruido con las raquetas). Enjaulados en la caja, su salvajismo parecía aumentar. Se pegaban con la pelota para anotar puntos, se acusaban de hacer trampa y decían muchos insultos. A veces los ponía a correr en la cancha, vueltas y vueltas alrededor del perímetro para mantenerlos separados. Al final del día, hacían un desorden salvaje en el piso, se pateaban, cacheteaban y gritaban, hasta que los agarraba por el cuello. Tuve suficiente. A la semana siguiente, Sangeen se fue a jugar tenis y Babrak pidió quedarse conmigo.

Reunidos en la pecera sin distracción, Babrak entendió bien el juego. El día que hizo un saque y partió la pelota en dos, supe que éramos iguales. De los dos gemelos, él era el más pequeño, el que el Indo casi nos reclama. Cuando mis padres los ponían lado a lado en la cama, veíamos que Sangeen había tomado la mayoría de la comida en el vientre de mi madre: tenía la cabeza más grande, sus pulmones se inflaban como globos. El pequeño Babrak (sombra de su gemelo glotón) todo débil, tenía los brazos tan delgados que me preocupaba romperlo si lo levantaba. Saltando más de una década hacia delante, estaba frente a mí, en la cancha de squash, rompiendo las pelotas.

Justo cuando estaba viendo al bebé en el niño, de repente el corredor se oscureció. Un foco parpadeó en el techo y se apagó. Fue tan oscuro como una cueva por unos segundos, y escuché a Babrak hacer un sonido como el arrullo de una paloma. Regresó la luz. Los conductos de ventilación resoplaban, los juegos todavía golpeteaban en las otras canchas. Alguien gritó una puntuación.

Vi al conserje, casi espectral, pasar como una sombra, su cubeta sonaba en una mano y el trapeador en la otra. Incluso ahora, para mí es curioso cómo los detalles mínimos se incrustaron como metrallas. A partir de ese día, entendería lo que los occidentales quieren decir cuando "recuerdan cada horrible segundo del 9/11." Entonces, de arriba de nosotros, parpadeando en silencio, la tierra soltó un enorme gemido. El aire parecía jadear. Iba y venía. ¿Qué era eso? Escuchamos a un hombre gritar, luego otro, después docenas. La gente corría por el pasillo. Una voz en mi cabeza murmuró: "Algo está pasando." Entonces Babrak tiró su raqueta. Me miró y dijo:

—Trueno.

Lo supe. Afuera sólo había sirenas. Le grité para moverse y subirse a la bici. Estaba en el paso peatonal mirando hacia arriba. Inmóvil. En el cielo, una densa columna de humo oscuro avanzó hasta nosotros y nos cubrió. Había visto esta cosa antes, en las pantallas de televisión de Islamabad. Babrak seguía boquiabierto.

—¡BOMBA! —le grité para despertarlo de su estupor y nuestro mundo cambió en un abrir y cerrar de ojos.

Es increíble a lo que te puedes acostumbrar: los seres humanos que se convierten en armas vivas y andan sueltos entre nosotros como una plaga, no todos los días ni cada semana, pero con la frecuencia suficiente para que la gente viva al borde del precipicio en todo momento. Nunca descubrimos qué paso esa tarde, sólo que un hombre había ido a una mezquita y se había inmolado. Sólo murió él, hasta donde supimos. Babrak y yo pedaleamos para salir del humo negro, tragando aire llenos de pánico

—¡Rápido, rápido, rápido! —le gritaba.

Cuando llegamos a casa el radio estaba prendido. Ayesha y mi padre estaban parados con un mapa de FATA extendido en la mesa de la cocina. Lo observaban como si buscaran una pista para resolver un profundo misterio. Ayesha siempre trabajaba en artículos, daba discursos en Islamabad, investigaba documentos de la universidad. Cuando nos vio llegar llenos de miedo, no tuvimos que decir una palabra.

Conocíamos las señales y los sonidos: un trueno distante, caras de interrogación. ¿Fue el cielo o la explosión de un soldado de la yihad? Cuando era un trueno, la gente se tocaba el corazón y reía. Cuando no, susurraban, le hablaban a Dios y corrían a sus casas. La guerra convirtió las calles en una fábrica de rumores. Trataba de no escucharlos. Mi padre fue muy específico: ir y venir, nunca detenerse, tomar las calles secundarias, alejarse de los hoteles, bazares y multitudes. Algunos de los terroristas estaban tan drogados que apenas podían caminar en línea recta. En estos casos, se corría el rumor de que se usaba un detonador remoto. El autor intelectual, sobrio, vigilaba desde algún techo esperando hasta que su pieza de juego se acercara lo suficiente a un bazar, mezquita o autobús lleno de gente y marcaba a su celular. A veces pasábamos semanas sin escuchar nada y me daban ganas de pensar que la fase sombría en la vida de Peshawar había terminado. Me equivocaba. Estábamos en medio de una yihad que apenas entraba en calor.

La paz venía con el juego, y lo estaba haciendo bien, por todo el país, todo el tiempo. En 2006, mientras el mundo a mi alrededor estaba furioso, me volví profesional y seguí compitiendo en torneos por todo el continente: me reunía con el equipo en los campos de entrenamiento y luego nos íbamos juntas en avión o autobús; ganaba medallas, llevaba dinero a mi familia, regresaba a Peshawar y contenía la respiración. Sin lugar a dudas era la mejor jugadora del equipo. Los entrenadores de los clubes de élite me decían Jahangir Khan (el legendario jugador pakistaní y ex campeón mundial) por mi estilo de golpeo explosivo.

Ahora que miro atrás, era un milagro que alguien hiciera cualquier cosa (jugar, entrenar, ir a la escuela), pero lo hicimos. El sol salía en la calle principal, las tiendas y restaurantes abrían, los bancos y negocios desbloqueaban sus puertas. Nos lavábamos y orábamos (un foso de esperanza entre *ellos* y nosotros para tener un día sin muertes). Teníamos que hacerlo. Yo jugaba squash, Ayesha estudiaba para su licenciatura en relaciones internacionales, Taimur y los chicos seguían yendo a la escuela local y andando en las calles polvorientas; mis padres iban directo a la zona de conflicto de las áreas tribales, valientes, a la boca de la guerra cada mañana. Les enseñaban a los jóvenes que todavía estaban dispuestos a aprender en un acto de valentía que los unía a sus estudiantes más de lo que podría hacerlo cualquier ceremonia sagrada o su antiguo ancestro común.

Bajo estas circunstancias, llegar a la cima de la clasificación de squash no fue un momento glorioso, de muchas maneras pasó inadvertido. Durante cuatro años estuve ganando en mi división de manera constante, un torneo tras otro, concentrada en cada partido. Nunca veía más allá de lo que pasaba en la cancha, no importaba dónde fuera: otra ciudad, otro país, otro mundo: Hong Kong, Singapur, El Cairo, Kuala Lumpur. A veces observaba mi nombre en el periódico, una foto ocasional donde sostenía una medalla en las páginas de deportes, y recuerdo sentir algo tan orgulloso como atrevido. Piensa demasiado y empiezas a perder (ya lo sabía).

Desde 2005, gané miles de rupias mensuales jugando para el ejército y después para WAPDA (Water and Power Development Authority: Autoridad de Desarrollo de Agua y Energía). Cuando jugué en los National Games contra los mejores deportistas de todo Pakistán (ejército, marina, fuerza aérea, bancos y provincias) gané dos medallas de oro: una individual y otra por equipos. Clasifiqué como la número uno del país. Vi esto con algo de asombro, luego hice a un lado ese pensamiento. Estaba ahí, frente a cada oponente para ganarle… y lo hice. Iba por un camino largo y empinado. El squash era todo lo que tenía, mi hogar era todo en lo que pensaba.

Pero al llegar a casa tras ganar la medalla, supe que habían bombardeado la escuela de mi madre. Dudé en decirle lo bien que me fue en el torneo, decirle que era la número uno... y mejor no le dije nada.

Al igual que mi padre, se quedó sentada mucho tiempo, bebiendo té y mirando fijo hacia fuera. Esperaba como si contemplara una enfermedad terminal. Después suspiró y dijo que otra escuela se había ido. Con el tiempo, el consejo de educación la enviaría a otro lado. Conocía FATA como la palma de su mano, casi no necesitaba un mapa. Mientras hubiera niñas, aunque sólo fuera una con un cerebro ávido en un salón, ella estaría ahí.

La mayoría de las escuelas en FATA eran pequeños edificios de ladrillo con pocas habitaciones. Las banderas colgaban afuera hasta que fue muy peligroso. Algunas niñas venían en camiones desde muchos kilómetros de distancia, hasta que los militantes empezaron a disparar a los choferes como si fuera un deporte. Para ser justos, primero advertían: cualquiera atrapado detrás del volante de un autobús será asesinado. Los militantes cumplían su promesa, por lo general desde una distancia considerable con un tiro en la cabeza. A veces, los asesinos sólo subían al vehículo y sacaban al hombre a rastras, lo golpeaban hasta dejarlo inconsciente y luego le disparaban; las pequeñas caritas veían toda la escena desarrollarse al lado del camino de tierra; al volver a casa cada detalle era peor que un decreto aterrador. En Waziristán, docenas de escuelas cerraron así, sin explosivos. Disparar a los adultos frente a las niñas era una manera perfecta de evitar que regresaran y mantenerlas en sus burkas, dentro de cuatro paredes.

༄

En minutos, mi madre y yo llegamos a casa desde extremos opuestos de Pakistán. Se sentó, tomó su taza de té, puso los codos en la mesa y dejó caer su chador. Nada de todo esto tenía mucho sentido para mí. Todos los días vivía horas dentro de una caja iluminada, tomaba un camión de regreso y me dormía la mayor parte del camino. Desde el otro cuarto escuchaba a mi padre arreglar su radio (nada de música, sólo noticias). Después, se iban a trabajar juntos a FATA, mi madre siempre en el asiento trasero mientras mi padre manejaba. No había radio en el auto (lo cual molestaba a mi padre) porque la música estaba *haram* (prohibida). "¿Qué sigue?", se preguntaba, "¿el aire?" Te disparaban si escuchabas una sola nota. Para estar seguro, quitó todo el aparato del tablero. Cuando mi madre se sentó, respiraciones del valle salieron de su ropa como si un viento nostálgico la hubiera perfumado de mi niñez: árboles y ríos limpios, montañas y mimosas. Le traje más té, lo único que se me ocurría para hacerla sentir mejor.

—¿Cómo lo hicieron, Aami? ¿Sólo la volaron?

—Primero dejaron una nota. Algunas de las escuelas tienen pizarrones afuera, las niñas aprenden bien bajo el cielo. Encontraron un gis. Su ortografía era muy mala.

—¿Qué decía?

Ahí, delante de mí, lo revivía otra vez. Podía verlo: una larga caminata por la colina hasta la escuela de piedra anclada a la planicie rocosa, niñas pequeñas amontonadas alrededor del pizarrón pintarrajeado. Una de las más pequeñas dijo que debían corregirlo antes de que llegara la maestra. Otras murmuraron que debían dejarlo como estaba para que ella lo viera.

—Decía: "Vamos a bombardear esta escuela, si están adentro y mueren, será su culpa."

—¿Entraron?

—No. Las niñas tuvieron examen de matemáticas el día anterior y no los había calificado. Desde la ventana vimos el montón de hojas en el escritorio. Pensé en entrar por los exámenes, sólo por un segundo. Habían hecho un gran esfuerzo y les prometí dulces.

—Pero no lo hiciste.

—Corregí la ortografía del pizarrón. Pensé: "¡Qué me vean haciendo esto!" Sabía que era lo que Shams habría hecho. Luego bajamos la colina rápido, al menos cincuenta niñas corriendo por las rocas. De repente, ocurrió. Fue rápido. Como una ola gigante. Todas las niñas cayeron.

—¿Y la escuela?

—Se fue... como si el suelo se la hubiera tragado.

—¿Qué hiciste?

—Todas estábamos regadas en el piso, como semillas. ¿Qué podíamos hacer? Vimos el humo y lloramos. Las niñas regresaron a sus casas.

—¿Viste quién lo hizo?

—Maria, no hay un "quién." Sólo hay un *ellos*. No tienen caras ni almas. Son bombas, balas y gritos para Alá en las montañas.

En un momento, se inclinó y buscó en su bolsa. Sacó una pila de papeles y me pidió que llenara su taza de té. Pude ver las ecuaciones desde donde estaba sentada: la escritura joven como súplicas en la oscuridad. Y entonces sacó su pluma roja.

17
EN LA MIRA

La gente decía que traían grandes cuchillos para desollar y cortar gargantas. Pueblos enteros estaban a su merced, territorios completos atrapados bajo el puño implacable de una yihad extrema. Andaban sigilosamente en terreno peligroso como si fuera un parque infantil, derribaban Cuerpos Fronterizos y oficiales del ejército pakistaní como moscas, atraían contingentes a sus pueblos con trampas explosivas; ahí los soldados se esparcían en un laberinto de hogares vacíos llenos de dinamita. Mientras los soldados buscaban en vano, los talibanes se escapaban por una red de túneles y salían camuflados por las colinas cercanas. Entonces, esperaban con sus detonadores, acostados boca abajo, calculando fríamente mientras el ejército revisaba casa por casa, todas vacías, con sus armas inútiles listas, y cuando un buen número estaba dentro, daban una señal y los volaban a todos. Los hombres mayores de las tribus que estaban en desacuerdo, rápido eran eliminados a plena luz del día con métodos que involucraban grandes niveles de dolor y suficiente sangre en el piso para dejar una marca imborrable. Empezaron como muchas células peleando por la misma causa, se unieron en una fuerza cruel e implacable: los talibanes en Pakistán. Sin importar el premio que buscaran, iban ganando.

Con frecuencia, los hombres venían a hablar con mi padre en la sala, viejos vecinos de nuestros valles perdidos de Waziristán del Sur y otros de todas las áreas devastada por la guerra. Por ahora mi familia vivía en una casa diferente (tenía mi propia recámara), no muy lejos de la anterior, en una colonia llena de pastunes advenedizos como nosotros. Era un hogar mejor, con más espacio y entre nuestra propia gente, la mudanza fue gracias a que mi madre siguió trabajando en el consejo de educación. Al vecindario le decíamos Pequeña FATA y podías imaginar que estábamos ahí otra vez sólo por la gente platicando en pastún afuera y tomando té en tapetes adornados con joyas. Los rumores surgían de estos tapetes, subían en espiral y planeaban en la sala como partículas de polvo: niñas metidas en depósitos de ácido, drones que dejaban caer bombas en las escuelas. Desaparecían a la gente en la noche, pueblos enteros se desvanecían.

Cada vez que pasaba por la sala, escuchaba el tintineo de las tazas, los sonidos sibilantes de los hombres bebiendo a sorbos, el sonido bajo de la voz de mi padre elevándose sobre los demás; también escuchaba más seguido la palabra "talibán" y mi mente pensaba en la guerra en Afganistán y en el hombre acechando en los callejones, fumando aguijones de escorpión. No sabía que había muchos círculos de talibanes extendidos sobre FATA en una cadena unida de odios e ideales comunes, así como hay muchas clases de virus. Cuando se fundieron en una sola hidra mortal, se llamaron Tehrik-i-Taliban Pakistan (Movimiento Talibán de Pakistán) y salieron del patio trasero. Buscaron en las calles, en las casas y en los campos de refugiados para juntar reclutas; los talibanes habían estado con nosotros por un tiempo, instalándose y armándose hasta los dientes para una batalla larga y mortal. Lo que todos estos contingentes tenían en común era la persecución sanguinaria de sus ideales sagrados: liberar la tierra sagrada de los invasores infieles (el ejército pakistaní, el gobierno, el Occidente hereje) mientras imponían en la población su propia y extrema interpretación del Islam. La gente decía que los combatientes talibanes se habían infiltrado en cada esquina de Peshawar. Más mortal que su ineludible odio, su arma más efectiva era la habilidad de mezclarse con los vagabundos, vendedores de fruta, zapateros, estudiantes, el niño vecino: cualquiera de ellos podría estar sentado en medio de nosotros, en nuestra sala, sólo escuchando, juntando información y marcando los nombres de la gente que agarrarían más tarde. Mi padre se sentó, seleccionaba cuáles cuentos salvajes de las crueldades inimaginables de los talibanes eran verdad y cuáles no. Algunas de ellas las había visto con sus propios ojos. Lo cierto era que los talibanes ganaban más que sólo terreno, se habían consolidado mientras el gobierno y el ejército cometían errores graves... y estaban dirigiendo la orquesta a menos de 80 km de distancia.

—Tienen una bomba especial que sólo mata a las mujeres impuras. La explotaron en un pueblo cerca de Bannu y sólo una mujer sobrevivió. Se la dieron al mulá por esposa.

—Imposible —se burló mi padre.

—Atraparon a una chica mostrando su cara en la ventana, la llevaron al mercado, la sujetaron y la golpearon hasta matarla.

—Es cierto —dijo mi padre—. Por eso pintan las ventanas de negro.

⅌

Sin falta, todos los viernes (nuestro día sagrado de la semana, como el domingo para el cristianismo o todos los días para el budismo) había bombardeos. Cada vez que llegaba el rugido y el temblor, todo el mundo se detenía y miraba al cielo para ver la columna de humo penetrante. Cuando llegaba el día, el sol traía el terror detrás de él y la población se preparaba para los inevitables atentados y masacres. Pronto, hubo ataques otros días de la semana, más frecuentes y más elaborados (coches bomba, secuestros, ataques suicidas donde compraban las mujeres). De alguna parte, de algún vestigio del cerebro, surgieron los hábitos automáticos de supervivencia. Escaneábamos las multitudes a lo largo de las calles principales: una mochila sospechosa, alguien que caminara de modo extraño, una boca murmurando una oración viciosa o los vagabundos drogados, armas ocultas en las capas de mugre, que al zigzaguear hacia los puestos de los vendedores no sabían que tenían un trabajo de corto tiempo como asesinos de masas. Tuvimos que salir a comprar cosas. Ir al bazar y por las calles del mercado de repente se volvió un acto de fe. La fe mantenía a la gente.

En la preparatoria, mi hermano Taimur creció tan piadoso como Ayesha. Cada mañana, se levantaba y lavaba con jabón y agua tibia llenando el lavabo de arriba (sobre todo los viernes). Lo escuchaba del otro lado de la puerta: salpicando en silencio, enjabonándose con frenesí, las manos haciendo espuma, la manera en que a veces susurraba en la luz opaca como si ya estuviera en medio de sus oraciones. Cuando salía, vestido con su *shalwar kameez* blanco y una suave sonrisa, me decía:

—Tú tienes tu raqueta, yo tengo mi Corán.

Tenía años que no jugábamos squash juntos. Entregado a la adolescencia, Taimur fue a la escuela, conoció amigos, se volvió el aprendiz de mi padre (arreglaba cosas con cinta plateada, reconstruía radios, leía mapas y se perdía entre los libros). Inmersa en mi juego, viajé por el país y a veces me iba varias semanas, entrenaba en la academia de Peshawar, jugaba partidos, acumulaba medallas, me volvía la número uno en la clasificación, traía a casa un cheque cuando había premio. Entre nosotros, las cosas ya no eran como antes (su hermano temerario Genghis, mi sombra guardiana y silenciosa). Sin peleas, sólo una distancia mientras se puso en el negocio de convertirse en hombre. Ágil, alto, superior. Usaba la raqueta como escoba, barriéndome por el piso cuando corría por la pelota. La última vez que jugamos, todavía era una principiante. Apenas era nuestra segunda semana en las canchas juntos y perdí tres juegos seguidos, ni un sólo punto a mi favor. Me quedé parada con la raqueta en los pies, mientras él tomaba de su lata de Fanta; cada subir y bajar de su manzana de Adán cuando tragaba era un insulto y estaba furiosa.

Al bajar la cabeza, vio mi cara contraída, levantó su brazo y me ofreció la lata con consolación diciendo:

—¿Por qué te enojas tanto? Soy un chico, obvio te venceré. Siempre lo haré.

Con un poco más de impulso, le di un puñetazo fuerte en el plexo solar, sentí que el hueso de los deseos se rompía en los nudillos, que me dolieron por días, lo escuché sacar el aire y el clinclin de la lata al abollarse. Taimur retrocedió, sacudió la cabeza para reponerse como de un escalofrío repentino. Tosió un poco, estiró el brazo y me empujó, no muy fuerte. Nos miramos uno al otro. Luego sólo nos reímos, recogió su raqueta y me dio el último trago de su refresco.

Ahora estábamos juntos, solos en la cocina, un halo de jabón envolvía su piel. A través de la tímida luz del amanecer, me dio una granada pequeña, como un recuerdo olvidado de un tiempo y un lugar perdidos para siempre: la niñez. Las granadas eran muy caras y difíciles de conseguir y no había probado una de estas semillas de rubí en años. Partí la fruta y le ofrecí la mitad, pero no la quiso y entonces me senté a separar estas gemas de la blanca cáscara. Todos los viernes, él y mi padre iban a la mezquita para reunirse y orar con otros hombres valientes de Peshawar. Escuchaba los sonidos de las tuberías golpeando, las pisadas de mi padre en el piso superior. Miré hacia arriba y vi las oscuras telarañas de una lenta filtración que crecía en el techo caído. Afuera, un aire caliente susurraba a través de la ventana abierta detrás de Taimur, sacudiendo su cabello corto y negro. El humo de las primeras comidas del día flotaba, había un mapa del mundo pegado con tachuelas a la pared irregular. Saboreando mi última semilla de granada, miré a Taimur, su cara lejana mientras contemplaba el dorso de sus manos, como sorprendido de que todavía estuviera ahí. Me pregunté si estaría pensando lo mismo que yo: ¿Este cuerpo tan perfecto acabará en pedazos? Había una larga lista de cosas que no podíamos decir en aquellos días: "No vayas", era una. "¿Por qué?", otra. Él y mi padre habían hecho un pacto con Dios. La sumisión no correría en nuestra sangre wazir.

Mi padre entró en estado de *wudu*. Taimur se levantó. Los tres fuimos hacia la puerta diciendo algunas palabras (la raqueta de squash en mi espalda, los libros sagrados en sus manos). Salimos juntos a la calle, iban caminando en la acera y yo en mi Sohrab, moviendo los pies contra el piso, los rayos de la llanta a su lado parecían un cronómetro. La mente viaja kilómetros por segundo, los vi de reojo. Años más tarde, conocería otras personas que vivían en ciudades aterrorizadas al azar: Tokio, Nueva York, Londres. Cada mañana, cuando dejas a tus seres queridos en la puerta, cuando ves las luces traseras del auto, los autobuses o los trenes, siempre aparece la misma pregunta sin formular. Si la soltaras al aire, causaría una grieta en una presa que la rompería y dejaría escapar un miedo monumental... por eso debes aguantarte, sonreír y simplemente pensar en la cosa que no tendría una respuesta hasta el anochecer: "¿Te veré otra vez?"

Los dejé en la esquina, giré a la derecha y siguieron hacia arriba por la calle angosta. Había un minarete distante como un mástil que perforaba el cielo y una nube larga parecía una suave bandera. Se veían como miniaturas, disolviéndose al aumentar la multitud. Más hombres de todas las edades iban detrás de ellos en una corriente blanca avanzando lento hacia delante, hacia el destino dictado por la voluntad de Dios (o por los talibanes escondidos en los techos, ubicados en los callejones, detrás de la sonrisa del vendedor de frutas con su pirámide de mangos, con un detonador en su bolsillo). Recuerdo que pensaba, al menos una vez al día, en mudarnos de Peshawar para tener una mejor vida. No sé con exactitud cómo o cuando empezamos a vivir dentro de un oscuro manto de terror. Sólo lo hicimos.

Vi a un hombre en la esquina sin hacer nada. Su cara rasurada y la mandíbula tensa mostraba un propósito, aunque sólo estaba parado ahí, recargado contra un barandal. Imaginé que si desenredaba su turbante tan elaborado, la tela pálida abarcaría una cuadra. Con el rabillo del ojo me vio y yo noté el movimiento de sus ojos, apenas discernible, pero años cazando bolas de squash me hicieron hipersensible a los movimientos más sutiles. Mientras pasaba, tranquila y constante a lo largo de la calle destartalada, con los pies todavía en los pedales, su cabeza no se movió para seguirme. De hecho, él no se movió para nada, y eso era una señal escalofriante. Después, apenas al alcance de mi vista, lo vi levantar una mano. Miré sobre mi hombro para estar segura. No me decía adiós con la mano. El instinto me dijo que pedaleara más rápido, pero no demasiado, sin frenesí. Más adelante vi a otro hombre, parado igual que el anterior, como una imagen en espejo, un reflejo, una película repetida. Mis pies se detuvieron, la bici se tambaleó cuando lo vi y contuve la respiración.

Parpadeando con polvo en mis ojos, lo vi, pero tenía la mirada fija al frente igual que el otro hombre. Una estatua, un zombi, un soldado de la yihad. La imaginación voló a todo lo que da, pero traté de quitar el presentimiento (había escuchado muchas historias en la sala). Agarrando el manubrio, tranquilicé mi mente y contuve la respiración hasta el final de la calle. Vi un *jingle bus* atravesar como si fuera una fotografía pasajera y escuché el balido de un borrego. Estaba a menos de 90 metros de distancia. A propósito frené un poco y fingí indiferencia. Acababa de pasarlo, como si fuera producto de una pesadilla... cuando lo hizo: levantó una mano, marcándome con el centro de una diana invisible mientras me movía, y lo supe. Pedaleé con violencia, sufrí esos últimos metros, salí disparada, me incliné a la derecha, luego a la izquierda y en la esquina di vuelta a la derecha. La sangre corría por mi cabeza, así que apenas escuchaba el llamado del almuédano. Ahora me estaba moviendo, calles paralelas, callejones, detrás de las tiendas, a lo largo de los edificios de apartamentos y las calles del mercado. Olor de las alcantarillas, dulce amabilidad de sangre de carnicero. Olas de terror me perseguían y entonces el retumbo distante de un trueno. Supe que no era una bomba (demasiado largo y demasiado lejos). Me paré en el edificio que me refugiaba. Me desvié una hora antes de llegar ahí.

En la academia de squash, salté de la bici todavía en movimiento y la empujé contra las puertas delanteras. La llevé conmigo raspando las paredes todo el camino hasta las canchas. Uno de los chicos que conocía estaba en la banca. Echó un vistazo a la bici que dejé contra la pared, después a mí y entonces dijo algo. La sangre había dejado mi cara, ya no estaba roja, podía sentirlo, y le pregunté si quería jugar. Asintió con la cabeza, se levantó de la banca y me ofreció una toalla. Estaba sudando frío. El tipo de sudor que te da escalofríos hasta los huesos.

Horas más tarde, exorcicé el miedo en un largo y violento juego, un entrenamiento hipnotizante y la logística para el siguiente torneo. Saqué mi bici del edificio. En el santuario de la cancha me convencí de que sólo me imaginaba cosas (además, nada ni nadie me había atrapado antes). A la salida, columpié la funda de la raqueta sobre mi espalda. Afuera, pasé un gran grupo de gente alrededor de un auto con una llanta ponchada; los niños andaban en bici como un destello de otra época. Dos *jingle bus* vacíos pasaron volando, con todas sus campanas en silencio. Me subí a la bici y me uní al tránsito irregular. Una mujer con burka atravesó corriendo la calle, tropezó en la acera y gritó. Un hombre ciego hacía sonar su bastón, juraría que sus ojos muertos se movieron hacia mí. Al observar todas estas cosas, las guardaba como imágenes de una película. Cuando lo reflexiono, me doy cuenta de que una mayor conciencia es una advertencia por sí misma. Al tomar una ruta diferente a casa, seguí viendo detrás de mí rápidas miradas sobre mi hombro a los lados de las calles mientras las pasaba. Crucé nuestra antigua casa pedaleando, me metí en Pequeña FATA y atravesé los edificios vacíos. Más adelante, vi la línea del techo, la sombra azul en una ventana superior, la punta muerta de un enebro. Seguí viendo el techo como si en cualquier momento pudiera perder mi camino y nunca encontrarlo. Ya podía ver la puerta delantera en mi cabeza, sentir el silencio fresco del interior. Bajé de la bici y caminé los últimos pasos, vi para atrás una vez más: nada. Y me empecé a reír. Estaba pensando en la granada de Taimur, cómo a veces sólo sabes que perdiste algo cuando reaparece. Me preguntaba si algún día podríamos vivir en la hermosa FATA llena de frutas otra vez.

Entonces, vi un movimiento. Los pájaros batían sus alas como disparando desde las hojas de los árboles. Mis ojos vieron a un hombre justo al dar vuelta en la esquina. De inmediato, intercambié cada pensamiento para reflexionar: apenas un segundo antes no había nadie. La vista de un perfil oscuro, el lento andar de unos pies con sandalias, el último movimiento de su ropa… y se desvaneció en la curva. Me dije que era un hombre como cualquier otro y me apuré a dar los últimos pasos para entrar a la casa. Puse la bici contra la pared al lado. De inmediato el aire pareció espesarse (cálido y un poco dulce), un susurro penetrante flotaba como una aparición religiosa. Con la llave lista, di un paso hacia la puerta delantera. Con el rabillo del ojo vi que subían espirales pálidos de humo desde el piso de cemento derruido. Mi mano voló a mi cara. Mis ojos llenos de pánico fueron derecho hacía el origen: la cosa lanzada al piso era como una idea tardía. Todavía ardiente, tronaba y siseaba como si el alma de una serpiente estuviera dentro de ella. Con el pie aplasté muy fuerte el churro de escorpión y entonces entré. Mi padre y Taimur llegaron diez minutos después. Un coche bomba explotó la mitad de una manzana del otro lado de la ciudad, tan lejos que no escuchamos nada.

❧

De nuevo me invitaron a la Casa Militar. Lo mismo de la vez pasada: enormes carpas blancas afuera, charla al atardecer, hombres con charolas, hasta el menú fue idéntico. Probé un pastel. Esta vez no fui como parte del equipo ganador, sino para recibir el premio Salam Pakistán del presidente Musharraf, con atletas de otros deportes. Era un premio a la excelencia y mi padre me repitió la frase muchas veces. Al ver mis manos que tanto le gustaba tocar, me decía que tenían evidencia de una vida con propósito. Cuando empezó la ceremonia, caminé sobre el escenario improvisado bajo las luces y me senté detrás del podio. El presidente dio un discurso sobre el deporte en Pakistán. No escuché nada de lo que dijo, estaba demasiado ocupada buscando a mi padre entre una multitud sentada en sillas plegables. Lo encontré tres filas atrás, me miraba con sus ojos brillantes. Noté que había más seguridad que la vez pasada, tres veces más guardias en el techo y encargados de las carpas. Los oficiales revisaron nuestras maletas varias veces, checaban y comprobaban nuestras credenciales de identificación.

Era agosto. Me senté en el escenario sudando, tenía mucho calor con el bléiser. La camisa de Musharraf revelaba las arrugas del chaleco antibalas bajo su ropa. Lo escuché decir mi nombre y voltear, nuestros ojos se miraron y me levanté. Mientras cruzaba el escenario, tuve conciencia de que no estaba ganando una medalla por un partido o un campeonato, me habían distinguido como atleta. Escuché la voz de mi padre decir otra vez: "Premio a la excelencia." Una ola de aplausos me invadió por completo, pero sólo lo vi a él, ahí, observándome con orgullo. Navegué dentro de sus ojos, nunca me sentí tan triunfadora como en ese momento y nunca más me volvería a sentir así.

Antes de llegar, mi padre dijo que nos iríamos en cuanto acabara la ceremonia de premiación. En el camino de regreso, a mitad de la noche, volteó hacia mí cuando veía por la ventana. Los faros delanteros de los autos pasaban por el otro carril, y más allá nada, sólo la noche.

—Maria, ¿eres la jugadora número uno del país?

Lo vi y sonreí.

—Sí, Baba. Campeona nacional.

—¿Cuándo pasó eso?

—No estoy segura, hace como un año.

—Nunca me dijiste.

—Nunca preguntaste.

Se rio.

—Y eres la primera mujer en jugar con *shorts* y playera.

—Sí… eso no lo sabía, Baba.

Asintió, acariciando su nueva barba. En sólo una semana había crecido dos centímetros.

—¿Sabes? De todo lo que me ha pasado en la vida, esto es lo que me hace sentir más orgulloso.

Si pudiera regresar el tiempo y cambiar algo de mi historia, sería la foto que me tomaron ese día (o haber estado ahí). Cuando mi hermano me enseñó el periódico, revisé las absurdas imperfecciones: un ojo se veía más pequeño, la nariz demasiado grande, no me gustó el cabello… No sabía que sería mi sentencia de muerte.

∽

Había un hombre parado afuera del complejo cuando entré. Después, al salir, ahí seguía, la misma mirada: los ojos rojos viendo hacia mí. Lo pasé y seguí. Las calles olían a lluviá. Ni un alma en varias cuadras. Luego, demasiado tránsito, pares de faros delanteros. Policías revisando. Más tarde, esto pasaría en todos lados, todo el tiempo. Giré a una calle paralela y tomé otras igual.

Vivir en Pequeña FATA de repente significó estar en la mira. Los talibanes pusieron los ojos en los pastunes, en sus propios primos, para hacernos pagar por deslealtad, aunque disfrutaron de nuestra hospitalidad cuando se escondieron en nuestros valles. Asustada y moviéndome con rapidez por mi ruta serpenteante, sentí que necesitaba llegar a casa más rápido. Un laberinto de paradas producía una especie de carrera de obstáculos. Sonaban bocinas y sirenas. Me pregunté qué día era: viernes no. No había una mezquita cerca. Hombres disparaban. Un auto explotó y solté un grito ahogado. Estaba nerviosa en un camino que me mareaba, pero me dije que era el calor y paré a tomar una bebida. Demasiadas cosas malas me habían pasado durante muchos años (y ahora les pasaban a todos, todo el tiempo). Las multitudes en las calles eran abundantes, estaban acaloradas y enojadas.

En la siguiente cuadra, la gente hacía fila para el cine, puros adolescentes. Se inclinaban hacia atrás en ángulos y parecía que sostenían las paredes. Me pregunté qué película proyectarían e intenté leer la marquesina, pero todavía estaba muy lejos. Fue ahí cuando el auto blanco se atravesó. Dos hombres adentro, uno en el volante y otro atrás. Del retrovisor colgaban unas cuentas engarzadas. Mientras el auto avanzaba, el conductor me miró con unos ojos vidriosos, tenía los dientes amarillos y le faltaban varios. El otro hombre apoyaba la cabeza contra el asiento delantero y formaba un extraño ángulo. Delante de mí, el auto se frenó y chocó contra la acera; la fila se quejó al unísono, algunas personas se movieron para ver mejor. Ya casi pasaba por ahí y algo me dijo que las cosas estaban mal. Los puestos de control, las multitudes, las sirenas. El auto blanco parado ahí, el motor revolucionado; vi sobre mi hombro, pedaleando fuerte y noté lo mal que se habían estacionado; un hombre salió del teatro, gritando y apuntando a la llanta que todavía estaba sobre la acera bajo la marquesina. De alguna manera supe que no debía detenerme, así que giré el manubrio y me fui por el tránsito terrible en sentido contrario. En el otro lado, me dirigí a la siguiente curva y la tomé con rapidez.

No había pasado mucho, tal vez cinco segundos, antes de que escuchara un rugido estruendoso que hizo temblar el piso bajo mis pies. Como si me hubieran correteado desde las canchas de squash, un golpe de hollín y viento corrió hasta mí. En el callejón llovió cemento y metal pulverizado. Había un olor a ceniza fresca. De inmediato pensé en el joven formado en la fila. Recordé sólo una cara, llena de acné, un bigote delgado, la forma en que se apoyaba contra la pared en estado de *shock* por el calor. Seguro tenía la edad de Taimur, parado con dos docenas o más iguales a él, alineados como piezas de dominó. Tal vez todos esperaban que estuviera más fresco adentro. El polvo caliente volaba a mi alrededor, mis pulmones se quemaban al respirarlo. Pedaleé con furia, sólo pensaba en escapar y nada más. En los minutos (que parecieron años) posteriores al ataque hubo una tranquilidad extraña, era como estar sorda y muda. Luego, una mujer gritó como si rompiera un frasco de vidrio y el mundo se transformó. En esa calle, detrás de mí, surgió el caos como una segunda bomba. Dentro de mi casa escuché la estática del radio. Arrastraba los pies. Al abrir y cerrar los cajones sonaron como fuertes golpes. Cuando me cambié, mi cabello y cuerpo desprendieron ráfagas de polvo. Mis piernas se retorcían por el frenético pedaleo. No podía dejar de recordar la última hora en imágenes: la gente corriendo hacia mí, todas las bocas abiertas, cada par de ojos llenos de miedo. Después el auto deslizándose por la calle, la llanta frontal subiéndose a la acera. El chofer pasando en una extraña desaceleración del tiempo. La manera en que me miraba, ya medio muerto, sólo con una cosa por hacer. El hombre de atrás, con la cabeza apoyada contra el asiento, enormes agujeros donde deberían estar sus ojos. Al recordar durante un milisegundo surreal, supe que ya debía estar muerto. Una y otra vez se me aparecían los jóvenes con sus espaldas contra la pared del cine, como en una línea de ejecución. Me pregunto si alguno escaparía. Subí las escaleras, entré al baño y cerré la puerta con cuidado. De repente, escuché las voces de Taimur y de mi padre abajo y un pensamiento me llevó a arrodillarme: "Estoy viva todavía y ellos también."

⁓

El tiempo se detuvo en Peshawar. La población parecía vivir dentro de un segundo largo e interminable. No recuerdo este periodo de ataques talibanes como una sucesión de días, semanas o meses… sólo existió. Por toda la ciudad la gente murmuraba oraciones al cielo cuando sangraba humo. Los lamentos de las sirenas eran una sentencia de muerte que sentíamos en nuestros huesos (aunque muchas veces no escuchábamos nada sobre las víctimas o los incidentes). Oficiales, mulás, maestros, vecinos, iban desvaneciéndose en un vacío de almas olvidadas y nadie preguntaba por ellos. La desaparición se convirtió en susurros frenéticos en la esquina, en nuestra sala y en la oscuridad sin dormir. En las noticias o los periódicos no decían nada. Los hombres aumentaron, las barbas inspiraban respeto, las burkas proliferaron y sólo los corazones valientes iban al cine. Todavía seguía jugando squash, andaba en la Sohrab roja, evitaba las calles principales, los autos abandonados, los conductores encorvados por una narcosis letal. Me los imaginaba en todas partes. En las orillas de la carretera, como faroles solitarios, siempre había hombres mirando (a mí o a alguien más, no lo sé). Vagabundos con la mirada fija desde su miseria, como arañas en una telaraña, de repente eran sospechosos. Y siempre el hombre afuera del complejo del squash, escondido bajo un árbol junto a la pared. A veces era la misma figura durante una semana o más, luego otra, como si fueran turnos en una fábrica de miedo. Pensé que los talibanes habían descubierto mi triunfo como Genghis Kan en Lahore.

Mi padre se sentó en un rincón, las cortinas cerradas contra el sol. El interior de la casa se sentía como una catacumba, muy poca luz entraba, olía a humedad por una fuga que no pudo arreglar. El único sonido eran las gotas de agua que caían de la llave de arriba. Cuando lo vi ahí, supe que me estaba esperando, sólo por cómo volteó la cabeza. Me dijo que fuera con el gesto de alzar y bajar la mano. Varios días a la semana todavía manejaba con valentía e iba a FATA, escogiendo con mucho cuidado y anticipación su camino. Le había crecido una barba tupida que le cubría la mitad de la cara, y usaba un turbante laberíntico hecho de algodón almidonado; cuentas sagradas decoraban sus manos. Cualquiera que viera por la ventana (como la camioneta que pasó) sólo pensaría una cosa: "Es un hombre santo", y bajaría su pistola. Si estaba dando clases o no, nunca lo decía. Sabíamos que trabajaba en algo, tal vez en cómo volver a poner una universidad. FATA ocupaba su vida como un bebé recién nacido. Fue una época de grandes silencios y pocos detalles de nuestra historia familiar. Todos tratábamos de seguir con nuestras rutinas: los niños a la escuela, Ayesha en la universidad, mis padres trabajando, yo jugando squash, todos en un modo de supervivencia. Con pesadez en los párpados, mi padre se sentó con un papel entre sus manos, se veía que lo había doblado y desdoblado muchas veces.

—Maria tengo que hablar contigo. Hay un problema.

En cuestiones serias, mi padre no se andaba con rodeos. Tampoco los talibanes.

Las amenazas de muerte eran directas: la boca de una pistola, un cuchillo en la garganta, el cascabel de una serpiente o una nota en el parabrisas de la camioneta. Mi nombre en pastún, como aparecía en los periódicos o se mencionaba en las noticias deportivas, me etiquetaba como una jugadora de squash perteneciente a la tribu wazir, y como una pakistaní regular. Mi foto junto a Musharraf (el Enemigo Número Uno) fue lo que inclinó la balanza. Justo entonces recordé cuando mi madre me dijo que los talibanes siempre envían una advertencia escrita antes de volar una escuela. Hasta ese momento, habían incinerado cuatro en Darra Adam Khel y marcado más en otros lugares. A veces mi madre èra capaz de rescatar cosas: escritorios, pizarrones, cajas de lápices, para traerlas a la siguiente escuela asignada por el consejo. Trabajaba ahí unas semanas o meses y después llegaba la advertencia: una nota clavada en la puerta o garabateada en el pizarrón. Cuando mi padre se inclinó y desdobló el papel paso a paso, supe que estaba a punto de escuchar la mía.

—En pocas palabras, si no te prohíbo jugar, sufrirás severas consecuencias.

—¿Qué significa "severas consecuencias"? ¿No me matarán, verdad?

Volvió a doblar el papel de modo metódico. Cuando mi padre pensaba con fuerza se le notaba en cada músculo de la cara. En ese momento se veía como un hombre que sufría.

—No, de inmediato no. A menos que no haya otra opción.

—Pero sólo es squash.

Mi padre dejó escapar un sonido (no precisamente una risa) que nunca volví a escuchar desde entonces.

—El Corán sólo es un libro. Tú sólo eres una niña. FATA sólo es tierra y campo.

—¿Debo dejarlo?

Entonces me vio con sus grandes ojos negros y arrugó el papel en la mano.

—¿Dejaré de ir a la mezquita los viernes? ¿Tiraré la chamarra de mezclilla de tu madre? ¿Sacaré a Ayesha de la universidad para recluirla en *purdah* y casarla con un viejo? ¿Nunca volveremos a escuchar música?

Tenía mi respuesta.

❧

Taimur y yo tomábamos una ruta diferente cada día para ir y venir de los mercados. Arriba y abajo de las calles paralelas pasábamos los cráteres negros donde solían estar los edificios (restos de otra mezquita, el techo en pedazos sobre el piso como un tazón de porcelana roto). Evitábamos los lugares importantes, hospitales, escuelas y los vendedores que atendían a las mujeres. Cuando me dejaba, veía sobre mi hombro. Siempre estaba ahí, parado con su bici, los brazos cruzados y mirando alrededor. Una vez que me dejaron una nota, pensé que era una trampa (un rival con un interés personal) no un talibán. ¿Por qué se molestaban conmigo?

Unos días después, cuando regresé, Taimur estaba ahí, a un lado, su bicicleta recargada en una banca, un saco de arroz junto a él; su cara veía hacia la corteza de un álamo, se veía pálido y cansado. Caminamos juntos con nuestras bicis por el paso peatonal sombreado y pasamos junto a dos hombres parados donde el pavimento se bifurcaba. Estaban bien rasurados y tenían *outfits* de squash: pants nuevos, fundas de piel, lentes Ray-Ban. Así de bien equipados parecían jugadores profesionales, pero nunca los había visto. Uno de ellos me vio y sonrió. A pesar de las adineradas pertenencias le faltaba un diente, justo al frente.

—Hola, Maria Wazir. ¿Cómo estás?

No debí verlo a los ojos, pero lo hice: sus pupilas negras como el ónix y el hoyo en su boca reducían a una mentira cada cosa linda de él (contuve la respiración y casi me ahogo). Observé que sus manos y las manos del otro estaban vacías, limpias. Seguro. Sólo estaban parados ahí, guardias de mi destino, dejándome saber que les pertenecía.

Llegamos como a tres metros de distancia, ya en los asientos de la bici y con un pie en el pedal, cuando escuché una voz baja, nadando por la brisa y el estruendo del tránsito: tuve que esforzarme para entender las palabras.

—¿Es tu hermano mayor?

—Sí.

—No importa.

Cuando llegamos a casa, mi padre le leía sobre la guerra de Troya a Sangeen en la cocina y me senté un rato a escuchar. Apenas iba al principio de la historia, cuando la diosa de la discordia, Eris, arroja una manzana en una fiesta de bodas de los dioses. La manzana era de oro y tenía una frase grabada: "Para el más justo." Taimur guardó el saco de arroz en su lugar y puso agua a hervir. Vi a mi padre, su barba ya había pasado el cuello y se extendía como una masa enredada. Media cara estaba escondida, excepto los ojos, los cuales en él era todo su ser. La electricidad se había ido otra vez, así que una lámpara de keroseno parpadeaba en la mesa. La mecha, enrollada como una serpiente dentro de la base de vidrio, absorbía el combustible. Al verlo leer a su hijo somnoliento bajo una débil luz, con su boca metida en ese nido salvaje, la vi: una cortada púrpura en su labio superior. La sangre había formado una costra y noté que cuando tocaba su lengua ligeramente para cambiar de página, hacia un gesto de dolor. Taimur seguía de espaldas a mí haciendo nuestro té, la cuchara tintineaba mientras la movía.

Sangeen se subió a dormir. Me senté entre mi padre y Taimur, ambos tan altos como pilares. Era jueves en la noche. Lo que más recuerdo es el silencio pesado, cosas sin decir que tienen más poder que cualquier declaración. Cuando mi hermano se sentó, miró a nuestro padre y le relató la tarde completa con una mirada. Mi padre asintió con la cabeza, le sopló al vapor que salía de la superficie de la taza y le dio un sorbo.

Esperaba que me dijera que todo había terminado, estaba lista. Había cosas peores que la casa, la cocina, la ropa sucia. Mis niños, mi bicicleta. La pared en mi cuarto era perfecta para practicar. Sólo tenía que empujar el colchón a un lado, al fin era lo único que había. Sería diferente esta vez, mejor que fallar en la escuela, que nunca haber tenido la oportunidad de ser campeona. Sería mejor a que me volaran.

—Bueno Maria, a la luz de los acontecimientos recientes tendremos que hacer algunos cambios.

—Sí, lo sé, Baba, estoy lista. ¿Qué te pasó en el labio?

—Una pelea sin importancia sobre el significado de la vida. Acabó en que yo tenía razón.

—Baba, no admitirás lo que ya sé.

—Bien, entonces estamos en la misma página, como siempre. El problema es la bicicleta —dijo levantando y girando el dedo índice, lo que hizo que la luz de la lámpara bailara con un pequeño frenesí.

—No, no es la bici, es mi raqueta de squash.

—Ponla en la cajuela.

—¿Cuál cajuela?

—Baba intercambió la camioneta por un auto, Maria. Te sentarás en el asiento trasero mientras manejo. Si es necesario te acostarás para esconderte. Está en el garaje de los vecinos. Nadie lo sospechará.

—¿Qué? ¿Cómo irás a trabajar?

Las manos de mi padre se alzaron al mismo tiempo que sus hombros, luego dijo:

—Irán a distintas horas y por diferentes rutas, pero irán.

—Sí, Maria, si nosotros mantenemos nuestro Corán, tú seguirás con tu raqueta.

⁓

Cuando me fui a la cama esa noche, no pude dormir. Escuchaba a mi padre moviéndose a través de la casa a lo largo del corredor angosto, revisando nuestros cuartos. Todos sabíamos que él pescaba el sueño sólo por aquí y por allá, como pedazos de comida. Sus pies se detuvieron afuera de la puerta. Pude verlos a través de la luz parpadeante de la línea iluminada en la parte inferior. La ventana estaba abierta junto a la cama. Todo Peshawar dormía, pero tan inquieta como las hojas crujientes cuando una brisa las empuja entre las ramas vacías. Mi padre estuvo parado mucho rato junto a la puerta. Lo imaginé colocando una mano contra la madera, como para comprobar el latido de un corazón. Por fin mis párpados se hicieron pesados. Todo el aire de la ciudad se agitaba a mi alrededor, tres millones de respiraciones vivas. ¿Cuántas menos, mañana? Nadie lo sabía.

18
PURDAH

Desperté temprano de un sueño irregular, desenredando mis extremidades de la única sábana azul cielo. Abrí la cortina junto a mí, liberando de golpe toda la oscuridad de la habitación. Afuera de la ventana, la basura llenaba las calles. En el centro del asfalto, un cuervo recogía pedazos de comida de una bolsa de plástico rota. Lo vi durante unos minutos, con la barbilla en el travesaño y me levanté. La casa seguía callada. Me puse la ropa, el día que empezaba ya tenía forma en mi cabeza (Taimur me llevaría por una ruta sinuosa con las ventanas arriba todo el camino, hasta la academia). No era viernes, pero desde hacía tiempo eso ya no importaba. Había bombardeos al azar todo el tiempo: hospitales y consultorios, cines, estaciones de policía, bazares y mercados, casas de los oficiales del gobierno, una o dos iglesias cristianas. Entre los ataques había amenazas y éstas eran casi igual de malas: edificios evacuados, la gente que salía corriendo en una explosión de pánico. Una vez unos niños murieron pisoteados. Antes de las seis de la mañana, ya estaba en la cocina picando mangos: el brillante jugo corriendo por mis manos siempre me transportaba a los valles, sentada en las rocas con mi vieja pandilla a la luz del sol. Ahora quizá todos ellos eran talibanes… tal vez detrás de mí por todo lo que sabía.

Mi madre no había regresado a casa. Busqué su bolsa delatora, ésa que todo el tiempo estaba llena de mapas, plumas, dulces y planillas enrolladas de *stickers* de caritas felices. Me mordí el labio, conteniendo esa emoción que siempre amenazaba con romperse. Mi padre dormía como muerto en una silla frente a la puerta delantera, esperando. Cuando toqué su brazo, brincó. Fuimos a la cocina, les di un plato de fruta y nueces, lo miró con cara de sueño, como si no supiera qué hacer con él. Tazas de té (nuestro elixir compartido). Bebimos sin decir nada, la esperábamos de regreso desde hacía doce horas. Aunque no pensamos qué estaría viendo el otro, todos mirábamos la puerta.

Entonces, en ese silencio matutino y tenso, el repentino movimiento en la cerradura cambió todo. En un momento estaba ahí, su bolsa golpeó contra el piso, el chador cayó de su cabeza a los hombros. Como si hubiera contenido la respiración con nosotros toda la noche, exhaló:

—¡Bueno!

Todos nos quedamos juntos platicando al mismo tiempo. Por lo general cuando la gente no regresaba en varias horas, ya nunca lo hacía. Mi padre puso la cabeza entre sus manos y por un momento pensé que se colapsaría. Después levantó la vista hacia ella, movió la cabeza y respiró profundamente como si contuviera una gran ola de emoción. En toda mi vida, nunca vi llorar a mi padre y dudo que alguna vez lo vea (no es su estilo). Luego la seguimos a la sala y mi padre me indicó que la ayudara. Durante varios minutos él todavía estuvo demasiado agobiado para hablar. Fui con ella cuando se sentó en los tapetes de la sala. Como si fueran cosas preciosas, le quité sus zapatos desgastados. En un momento, mi padre se acercó para mirarla, pero de alguna manera era incapaz de tocarla. Aami lo miró, sonrió y le tendió una mano como si acariciara su asombrado rostro en el aire.

—Ven Salomón, levántate del piso y toma mi mano.

No tuvimos que preguntarle qué pasó, ya estaba diciéndonos mientras sacaba la burka de la bolsa y la colocaba sobre un cojín al lado suyo. La tela vacía parecía un globo desinflado, imaginé a mi madre observando hacia fuera detrás de esa malla apretada y me pregunté lo que vería. Luego se quitó el chador. Unos cuantos granos cayeron al piso: maíz. En ellos vi los campos ondulantes cambiando de verde a plata con el viento. Bajo estas capas de tela usaba un *kameez* con flores bordadas. Era raro verla de esta manera, sin un pañuelo, el cabello en una larga trenza negra a lo largo de su espalda. Se recostó y suspiró.

—Dos líderes talibanes estuvieron en un tiroteo en el pueblo (líderes rivales). No tenía nada que ver con la escuela, pero por supuesto, cuando los disparos empezaron tuvimos que quedarnos ahí escondidas. Siguieron una y otra vez durante toda la noche. Volaron las ventanas. Todas estábamos en el piso bajo los pupitres mientras se mataban unos a otros. No pararon hasta el amanecer.

Ahora mi padre estaba junto a ella, mientras se deshacía su apretada trenza, jalando con suavidad los gajos rizados de su largo cabello. Se sentó paralizado mientras sus dedos recorrían los mechones. Sólo su mirada era un acto íntimo que rara vez veía entre ellos. Pensé en cómo unos minutos antes me había quitado sus zapatos para ponerlos en el clóset y después trajo una toalla mojada para sus cansados pies. Cuando dejó caer su cabello, pude ver en sus ojos que él estaba en algún otro lado, nadando en el pasado (tal vez recordaba a la joven con la que se casó, cuando sus manos como alas de pájaro acariciaban la nueva chamarra de mezclilla doblada en su regazo). En sus ojos, mi madre todavía era la Reina de la Casa.

—¿Quién ganó Yasrab? —la miró sacudir el polvo de guerra de su cabello.

Mi madre se rio, tomó su mano y contestó:

—Nadie, como siempre. Debo dormir.

Años de gratitud guardada de mi padre. Puso un pedazo de mango en su boca y lo comió, suspirando como si nunca hubiera probado algo tan delicioso. Por primera vez en esa mañana, me miró, toda la gravedad se había ido de su cara. El denso cabello alrededor de su boca brillaba. Me pidió más fruta y se la di.

—Baba, ¿qué quieren?

—¿Quiénes?

—Los talibanes. Quieren que deje de jugar squash, que Aami y tú dejen de enseñar. Pero exactamente, ¿qué quieren lograr con todos estos bombardeos y disparos?

Mi padre no se perdió ni un bocado. Hizo a un lado el plato vacío, limpió su indomable y odiosa barba.

—Quieren deshacerse de nuestra constitución e imponer su versión del Islam en todos, ya te lo había dicho antes. Ésa es toda la cuestión en un sólo enunciado. Si continúo, estaremos aquí por años.

—Nunca me dijiste cuál es exactamente "su versión del Islam."

—Bueno, primero que nada no es Islam. Es lo más importante que debes saber al respecto. Tomaron la palabra *talibán* de nuestra lengua pastún para designarse ellos mismos y le mataron su significado original que era "estudiantes."

—¿Por eso todo el mundo empezó a usar la palabra inglesa *student*?

—Sí y ahora han abducido nuestra fe.

—¿Tienen sus propias leyes?

—Sí, muchas. Las mujeres no deben trabajar fuera de casa, ir a la escuela, ver a un doctor cuando están enfermas, jugar algún deporte o ir a cualquier lugar sin un hombre que las acompañe. En público, deben cubrirse de la cabeza hasta los pies con una burka que sólo les deje ver a través de una malla. No deben usar zapatos que hagan ruido al caminar. Prohíben la música y el entretenimiento. Las ventanas de los edificios donde vive una mujer deben pintarse de negro para que no haya posibilidad de que su cara sea vista por accidente...

Continuó, pero mientras hablaba, cada palabra me agobiaba. Vi todo lo que estaba haciendo desde una nueva y dura perspectiva: el gran insulto de la playera blanca y los *shorts* que usaba casi todos los días, mi cara descubierta, el único arete largo que colgaba de mi lóbulo, mi cabello corto y parado, mis modales. El jugar por todo el país y el continente, ser la número uno. La bicicleta que ya casi no usaba. Y el centro de la diana sobre mí parecía oscurecerse como una mancha. Eché un vistazo a la cocina mientras llegaba al final de una larga y memorizada lista (el último decreto era algo sobre las vacunas contra la polio).

—Los talibanes creen que las vacunas son un complot de Occidente para esterilizar a los musulmanes, así que también las prohibieron.

—¿Y hasta cuándo se detendrán? —esperaba escuchar un período de tiempo, meses, semanas, todo, menos lo que me contestó.

—No lo sé —dijo mirándome a los ojos.

—Acabo de entender algo, Baba.

—Sabía que lo harías.

—No pararán hasta que lo haga, hasta que deje de jugar squash.

—No, es más que eso. Es sólo el principio de lo que quieren hacer después. Eres una mujer tribal. Esperan verte en *purdah* como un ejemplo para las demás.

—¿Eso que significa exactamente?

Su mirada se movió por toda la cocina (la olla de agua hirviendo, la tabla de picar llena de jugo dulce) y aterrizó en la burka que mi madre había dejado sobre el cojín.

—Entre cuatro paredes —respondió al levantar la prenda llena de polvo—. Dentro de esto.

Luego de esa mañana, cambié a modo de supervivencia. Hacía todo al pie de la letra: pants y sudadera con capucha, iba en el asiento de atrás con la cabeza hacia abajo. Nunca tomábamos la misma ruta dos veces seguidas, jamás salíamos de la casa sin revisar si había alguien afuera. Adopté un horario de entrenamiento errático, iba y venía a la academia a cualquier hora, sin decirle a nadie dónde estaría o a qué hora planeaba irme. Toda mi vida se reconfiguró (comer, dormir, respirar) por culpa de una carta pegada en el parabrisas de la camioneta. Cada noche, desesperada por dormir, escuchaba la voz de mi padre diciéndome los decretos de los talibanes. Nosotros y todos en Peshawar vivíamos en un estado constante de terror, preguntando al arrodillarnos y rezar cinco veces al día, a Alá, qué tipo de Islam seguían los talibanes. No se parecía en nada a nuestra pacífica fe. A 80 km de distancia y acercándose rápido, ésa era la vida diaria. La nota en el parabrisas sólo fue el primer paso de una larga campaña. Vivía en un estado constante de agitación, vivía sin vivir, respirando como un animal, caminando rápido, ojos por todos lados me acechaban como una presa. Los talibanes me estaban aterrorizando de la peor manera posible, un poco más cada vez.

Cuando el General de Brigada a cargo de la academia de squash entró en la cancha, con dos latas de Fanta en la mano, bajé mi raqueta. Una insignia militar engalanaba sus pants verdes, bajo el cual podías adivinar la fineza de sus hombros. Al verlo, tuve que girar mi cuello y cuando lo hice, pude ver el pulso latiendo en el suyo. Gotas de sudor se juntaban en sus patillas. Hacía mucho calor en la pecera porque el sistema de ventilación no funcionaba. Una cicatriz larga y dentada cruzaba su mejilla, tenía un bigote fino sobre su labio superior. Las personas conjeturaban sobre la cicatriz, decían que había tenido un accidente aéreo o que lo hirieron en su juventud (en la época en que los valientes jóvenes iban a las montañas a pelear contra los muyahidines). Se veía como un hombre que había sobrevivido horrores, pero nunca hablaba de ellos. Me pregunté por qué estaría allí compartiendo un refresco conmigo y adivinaba que no serían buenas noticias.

—La gente habla, Maria. Te ven ir y venir. Ven tu cara.

No negué lo que cualquiera podía ver. Estaba pálida de miedo y no lo ocultaba.

Me dijo que la academia había recibido amenazas, llamadas, cartas. La primera fue muy específica: "Deshágalse de ella." Después de eso, al menos una vez al día, sonaba el teléfono y al contestar sólo se escuchaba el zumbido del aire muerto al final de la línea. Otros jugadores reportaron haber visto hombres extraños afuera, vigilando la entrada, estudiando el edificio y tomando notas.

—Cada mañana, el personal espera encontrar una carta clavada en la puerta.

Sólo era cuestión de tiempo. Reflexionaba y le daba vueltas en mi mente a la realidad que el general me estaba presentando, como cuando le daba vueltas a mi raqueta en la mano. Lo que empezó como una sola amenaza contra mí se multiplicó y ahora involucraba a muchas almas.

—Ya no puedo jugar aquí, ¿verdad?

—Maria, tú eres la campeona nacional. Si dejas de entrenar en esta academia, todos te seguiremos. Tengo que hacer algunas llamadas.

❧

Al primer llamado a la puerta, mi padre dejó entrar a cuatro oficiales vestidos de civiles. Se sentaron en tapetes en la sala con las piernas cruzadas y cuadernos de notas en sus regazos. Pregunta tras pregunta, fui contestando cada una de modo directo: les conté cuando pasé en la bici a los dos hombres del callejón y sobre el par afuera del complejo de squash vestidos como deportistas profesionales. Mientras hablaba, un hombre me miraba con atención, como si buscara en mi cara algo que había perdido. Otro anotaba con una extraña escritura (mi padre dijo que se llamaba taquigrafía). Los otros dos sólo se pararon en la puerta, uno adentro y otro afuera, observando. De vez en cuando escuchábamos la figura solitaria afuera de la puerta delantera caminado por el piso de cemento y tosiendo.

Después, Taimur me dijo que había más posicionados en toda la calle. Cuando llegó la noche, aprendimos que las amenazas a mi vida habían alcanzado las oficinas de gobierno locales, donde miembros del parlamento discutían la logística de mis necesidades de seguridad. Se habían asignado fondos para asegurar mi protección las 24 horas del día. Todo el escenario era totalmente surreal.

Empezó con la primera luz del día cuando abrí las cortinas. Parado afuera en el sol, un hombre vigilaba (uno de los oficiales de la noche anterior). No lo saludé, tenía instrucciones precisas de no hacerlo. Me dijeron que la mayoría del tiempo ni siquiera notaría que estaban ahí. Al igual que los talibanes, los oficiales encubiertos usaban disfraces: vendedores, estudiantes, hombres santos, adictos, jugadores de squash. Desayuné dos huevos cocidos y regresé al piso de arriba. Revisé la ventana. El hombre se había ido, pero justo cuando me iba a dar la vuelta otro se puso en posición al otro lado de la calle.

En el auto, Taimur y yo nos turnamos para detectarlos. En el asiento de atrás, miraba por encima de su hombro. Uno iba manejando detrás de nosotros un auto viejo y oxidado (casi igual al nuestro), usaba lentes oscuros y guantes. Cuando Taimur giraba, él también lo hacía; si nos echábamos en reversa, él también. Otros no eran tan fáciles de identificar: el vagabundo sentado en la acera al final de nuestra cuadra armando cigarrillos (mi hermano bajó la velocidad, me dijo que me fijara con cuidado en la señal reveladora de sus manos limpias), el vendedor de kebabs en la calle afuera del complejo (Taimur me hizo notar que todos los kebabs estaban quemados).

Tomé agua de mi botella antes de salir del auto. Sabía tan fresca y limpia... que me permití saborearla. De la noche a la mañana todo se transformó: nos reíamos en el carro, dormía sin agitación a través de sueños en tecnicolor del océano: búmeran de olas y casas de paja en la playa cristalina. Estos hombres formaban una red a mi alrededor, eran expertos en proteger gente y, por un tiempo, pensé que estaba a salvo.

En el techo de la academia, vi unos hombres vestidos de negro, sentados como insectos gigantes. Tenían armas sobre bípodes fijos en cada esquina; las miras parpadeaban mientras escaneaban los pasos peatonales a mi alrededor cuando atravesaba el patio interior. Un limpiador de ventanas con su cubeta al lado y un trapo en la mano me miró al entrar. Estuvo ahí hasta la hora del almuerzo, después llegó su remplazo.

En las canchas entrenaba bien. La mayor parte del tiempo, los oficiales encubiertos se quedaban afuera y con el paso del tiempo empezaron a ser parte del escenario. Me preguntaba cuánto tiempo seguirían así, cuidándome, siguiéndome, vigilándome. La primera noche el hombre a cargo me había dicho que se irían cuando las amenazas se detuvieran. Hasta ahora eso todavía no pasaba. En cuanto empecé a creer que las amenazas nunca se cumplirían, tuve un cruel recordatorio: el sonido de otro coche bomba en el mercado (cuerpos tirados en la calle como basura y más gente desaparecida). Todo el tiempo, muchos pakistanís importantes eran secuestrados y asesinados.

No pensé que alguien pudiera pasar a mis protectores. El día que esa certeza se desintegró, algo estuvo raro desde el principio. Mis pants demasiado grandes me obsesionaban, era todo lo que tenía para ponerme y la tela cocinaba mis extremidades como un horno. Mi cuerpo parecía tener vida propia cambiando de tamaño todo el tiempo. Los *shorts* que me quedaban tan bien la semana anterior de repente fueron ajustadas bandas elásticas alrededor de mi cintura. Ya sudorosa, estaba sola en la cancha. Las rodillas me dolían, en especial la izquierda, la cual me había estado molestando. Alrededor se oían otros juegos en plena marcha, la risa de los niños. La academia acababa de abrir inscripciones para nuevos jugadores en la categoría de menos de trece, y había niños hasta de cinco años. Tal vez todo el ruido proveniente de otras cajas y la plática constante de los niños me estaba alterando, pero fuera lo que fuera no podía calmar mis nervios. Me sentía al borde de un precipicio y nada se acomodaba: mi rendimiento, mi concentración, todos mis golpes eran torpes y desganados.

Me quedé en la pecera, calentando la bola entre mis manos. Pensando. Sonó un silbato y el aire se detuvo. Todavía parada en la T, sentí algo moverse detrás de mí. Giré, pero no había nada en el vidrio. Me sacudí la extraña sensación, me reí y empecé con un ejercicio lento. Diez golpes y lo sentí otra vez, detrás de mí: un movimiento de sombras y una ligera variación de la luz. Esta vez vi una figura deslizarse rápido por el vidrio del corredor. Esperé un momento, nada parecía extraño, excepto el hormigueo sobre mi piel. Pudo ser cualquiera. Justo unos minutos antes, vi a mi guardia disfrazado de limpiaventanas en el *lobby*. Lo reconocí porque fue el que tomaba notas en taquigrafía. Me dije una y otra vez que estaba a salvo.

Pero de cualquier manera no podía calmar mis nervios. Mi piel estaba caliente dentro de esa tela, así que salí al corredor y caminé despacio al baño. Las luces fluorescentes siempre estaban medio apagadas, dando un brillo pálido sobre las paredes. Me lavé la cara muchas veces con agua fría, tan fría como pude. En eso escuché pisadas en el corredor, golpeteos contra los azulejos que se hacían más fuertes; se acercaron despacio, se detuvieron. En el espacio libre de un centímetro bajo la puerta, vi una sombra. Me dije que era el guardia revisando, esperé unos segundos y luego los pies se movieron y el golpeteo empezó otra vez, pero ahora el sonido se alejaba. La luz sobre mi cabeza era tenue, y fui hacia la puerta, puse la mano en la manija, contuve la respiración y abrí. Volteé a la derecha y a la izquierda, nadie, el vestíbulo estaba vacío.

En el corredor de regreso a las canchas, todas las peceras estaban iluminadas y llenas de nuevos reclutas. El coronel los tenía alineados contra la pared. Los niños se veían tan pequeños, aunque algunos eran del mismo tamaño que yo cuando empecé. Cuando me vio, saludó con la mano y me señaló. Aunque la fuerza aérea ya no me patrocinaba, manteníamos una buena relación y muchas veces jugábamos cuando se podía. Todos los niños me vieron, sus bocas formaban sonrisas que ocupaban la mitad de su cara.

De inmediato, pensé que todo era mi error, es difícil confiar en tus instintos cuando parece que siempre hay algo o alguien queriendo matarte; pero cuando regresé a mi cancha, mis ojos se movieron como una flecha hacia la botella de agua vacía, justo donde la había dejado, luego a la extraña maleta en la esquina. Dejar paquetes abandonados en cualquier lugar, dentro o fuera de los edificios, estaba estrictamente prohibido. Un tsunami de pánico me hizo retroceder, busqué una explicación o un dueño de la maleta abandonada. En un instante tenía la boca seca, la respiración acelerada; no me acerqué, sólo me quedé ahí mucho tiempo. Demasiado. Congelada. Era igual a una que tuve, pero nueva, todavía tenía la etiqueta. El cierre estaba deformado por la presión de lo que contenía. Seguí esperando que alguien entrara por ella y se disculpara. Entonces un niño gritó de dolor en la cancha de al lado, me sacó de mi confusión letal y corrí por el pasillo; vi al coronel con un pequeño pie desnudo en su mano, un niño lloraba delante de él. Me acerqué despacio, nuestros ojos se encontraron, entendió mi expresión y rápido salió de la caja. Le dije de la maleta. Vimos a nuestro alrededor, nada, sólo vidrio, paredes y paredes de cristal. En un momento todo el mundo estaba corriendo y él gritaba detrás de mí.

En tres minutos, todos estábamos afuera del edificio, en la luz del día, agitados y callados. El deportivo completo cerró, acordonaron las calles. Francotiradores en posición. Seguí moviéndome hacia el paso peatonal entre la multitud preguntándome cómo llegaría a casa, qué había pasado con mis guardias. Militares por todas partes, helicópteros sobre nuestras cabezas. Entonces vi a Taimur del otro lado de la calle, sosteniendo un saco de harina, parado ahí en el pavimento, asombrado, frente al auto mientras el caos surgía a su alrededor. Pude ver que me buscaba y corrió por los carriles atascados. Había ido a hacer ejercicio al gimnasio de al lado: usar la corredora, levantar pesas y luego fue a comprar comida. Sólo él y mi padre iban al mercado en esos días. La gente seguía apresurada a nuestro alrededor en una confusión callada y extraña, como un río que se separa alrededor de dos piedras.

Taimur me pasó su mochila y el saco de harina cuando me subí al asiento trasero.

—¿Qué está pasando?

Puse las bolsas en el piso y me recosté sobre el asiento. El sudor de mi mejilla pegó mi cara a la tapicería de plástico caliente. Cerré los ojos. Todo lo que veía eran los chicos alineados contra la pared blanca, igual que los jóvenes en el cine. Vi la maleta negra, parecía una bolsa para transportar cadáveres de niños. Luego pensé en algo que me asustaba más que lo que había adentro: todo el vidrio. El motor se trabó varias veces, el pie de Taimur bombeó un poco el acelerador. Lo escuché preguntar otra vez, su voz un poco agitada:

—¿Qué está pasando? ¿De qué se trata todo esto?

Tomando una página del libro de mi padre, no medí las palabras. Me reacomodé en el asiento y encontré sus ojos por el espejo retrovisor.

—No lo sé Taimur, pero creo que es mi culpa.

✍

Al final, vivir con tal temor debilitaba todo. Durante un tiempo, llovió todos los días, limpiando el polvo y las cenizas de los edificios volados. Peshawar estaba triste, sus muertos aumentaban. Vivíamos en una pesadilla. El perímetro humano constante de oficiales encubiertos me rodeaba y alrededor de ellos los talibanes observaban y esperaban una fisura. La maleta me enseñó qué fácil podían encontrar una. El escuadrón militar antibombas la revisó, envió a un pastor alemán entrenado en oler explosivos. Los técnicos, vestidos como astronautas con un equipo protector, la sacaron en un contenedor especial. Resultó que no era una bomba, sino una maleta ordinaria atiborrada de toallas nuevas y blancas, tantas como para que el cierre se doblara (una trampa astuta que sirvió a su propósito). Estaba aterrorizada, todos lo estábamos.

Siendo el centro de atención en la sala, mi padre nos explicó el mecanismo de una bomba, cómo funciona y mata en varias fases letales. Todos los hombres estaban reunidos, callados y atentos, como los estudiantes que había visto en su laboratorio. En hojas de papel (que después quemaría en la estufa de la cocina) hizo unos diagramas, usó un lenguaje científico, sus ojos brillaban aunque el tema era sombrío. Parada ahí, me transporté a sus conferencias en Dera Ismail Khan, las puertas traseras abiertas tan grandes como una pantalla de cine mostrando un panorama soleado de colinas secas. Lo vi construir un motor de cuatro cilindros con tuercas, tornillos y piezas de metal cubiertas de una grasa espesa; los jóvenes estudiantes lo rodeaban, mientras yo jugaba en los autos abandonados. Todos veían a mi padre como estos hombres lo hacían ahora: fascinados.

—Dependiendo del punto de impacto, una bomba hace su trabajo de muchas maneras. En la onda expansiva, es decir, la que se produce tras la explosión inicial, las partículas de aire comprimido salen de la fuente a velocidades más rápidas que la del sonido, causando daño estructural a lo que se atraviese en su camino, ser humano o algo material. Luego viene una serie de ondas de estrés supersónicas. No se ha descubierto la manera de proteger a la gente de éstas. Llevan más energía que las ondas del sonido y atraviesan el cuerpo de modo invisible, desgarrando tejidos y órganos. Después de eso, vemos la fragmentación de los materiales empaquetados en la bomba: balines de metal, clavos y hojas de afeitar que viajan a gran velocidad y hacen que una ametralladora parezca una resortera. Luego tenemos la fragmentación secundaria del edificio en sí: vidrio, concreto y metal. Es evidente que hay fuego, humo y un intenso calor que mata a quienes queden atrapados dentro de su área. Por último la onda de viento, un gran vacío de humo y escombros que succiona la atmósfera contaminada de regreso a la explosión inicial.

Parada en la orilla, todavía con la funda de la raqueta en el hombro, hacía cálculos. Una onda expansiva del auto blanco hizo pedazos a todos los chicos afuera del cine; los que no murieron por el primer impacto sucumbieron ante las ondas de estrés, lo cual explica los cuerpos tirados en el piso sin heridas, como si sólo se hubieran quedado dormidos. Otros estaban esparcidos en posiciones grotescas.

De pie ahí, con mi padre delante de nosotros dibujando nubes, edificios y figuras humanas con palitos, me di cuenta de que en verdad lo había visto. Recordé todo, como una caja abierta llena de imágenes macabras. De repente supe que había regresado al cine, a revisar, mi mente no quería creer lo que ya sabía. No era sólo una pesadilla que tenía noche tras noche, era algo real: manejé la bici más allá del agujero negro donde había estado el cine, buscando una cara, sólo una, para saber que alguien lo había logrado. Vi gente mutilada por la primera fragmentación de proyectiles, la piel y los ojos arrancados, extremidades destruidas. Dentro de lo que quedaba del edificio, escuché los gritos en medio de la muerte por los últimos daños de la bomba: la segunda fragmentación de la estructura contaminó sus cuerpos con objetos horripilantes como un apagador de luz inserto en la nuca o una manija de puerta en el abdomen. Algunos fueron víctimas del fuego que dejó sus ojos inyectados de sangre como si absorbieran todo el oxígeno en sus últimos momentos de vida. Las flamas todavía ardían mientras andaba a la deriva por el edificio del horror.

Cuando fui a la cancha al día siguiente, observé a mi alrededor y estudié el mecanismo: las paredes de vidrio, segunda fragmentación. Desde el *lobby*, escuche al siguiente grupo reuniéndose para sus entrenamientos. Riéndome con nerviosismo en el vestíbulo, chocando las palmas conmigo cuando pasaban a lo largo del corredor de ventanas limpias, uno tras otro se acomodaron en sus cajas. De repente sentí que cada músculo de mi cuerpo se aflojaba. Mi oficial protector todavía trabajaba en que la superficie del vidrio estuviera brillante y vigilaba hacia fuera, pero yo estaba de rodillas. Quizá era una bomba de tiempo envuelta en carne y hueso. Nadie estaba seguro a mi alrededor. Tenía que irme… y nunca volver.

❧

Conté los días que había estado en mi cuarto. Treinta y nueve, como si el número significara algo. Los días parecían esfumarse: segundos, minutos y horas cayendo por un precipicio. A veces me daba un respiro y salía, me sentaba en la escalera de la entrada. Los hombres todavía estaban ahí, vigilando por turnos. Nunca nos saludábamos. Ahora que estaba encerrada, eran menos.

Cada mañana era la misma rutina: hacer el desayuno para los demás: una jarra pequeña de yogur rebajado con agua, rebanadas de fruta y nueces en tazones (como las ofrendas que los hindús ponen en sus santuarios). No mucho, sólo lo que encontraba y transformaba para que rindiera más. Bastante pan. Me quedaba en segundo plano, me ocupaba de los platos, de los niños (su cabello, sus modales, una mancha difícil en una playera blanca). Los veía comer y lavarse los dientes después. Luego limpiaba toda la casa. Trapeaba el piso, recordaba mis días de niñez cuando llenaba cubetas de agua del arroyo claro, la puerta de entrada con acacias muertas abierta hacia los campos verdes que tal vez nunca volvería a ver, salvo por la ventana oval de un avión (si tenía suerte). Entonces iba a mi cuarto y empezaba mi nueva rutina, recargaba el colchón contra la pared. Mi raqueta, mi pelota, haciéndome encontrar ángulos que me enviaban por todo el cuarto que no era del tamaño de una cancha real. Los hombres de afuera podían oírme. El primer día, entraron corriendo por la puerta, rompieron las bisagras, subieron las escaleras con las armas en mano, cuatro pistolas listas. Luego vieron lo que estaba haciendo, asintieron con la cabeza y se fueron. Después de eso, sólo se quedaban afuera escuchando la golpiza durante horas hasta la noche. A veces me preguntaba si llegarían a su casa y les dirían a su mujer y a sus hijos:

—Deberían ver a esta chica, está loca. Golpea una pelota en su recámara diez horas diarias. Es verdad, de hecho las conté. No hace nada más.

Cien días: el contador indicó un parteaguas. Todavía en mi cuarto, en el vacío atemporal. Empecé a caer con regularidad. Una lesión en la rodilla o un tendón de la pierna se superponía a otra, y luego a otra. Ya no tenía atención médica ni entrenador. Nadie, sólo la pared de mi habitación me hacía continuar. Como un acto de resistencia y supervivencia, todavía jugué en torneos. Taimur encontró los horarios por mí, memorizó la información y me llevaba a la estación de autobuses o al aeropuerto. Preparaba mi viaje en el último minuto, nunca compraba los boletos con anticipación, muchas veces aparecía sin previo aviso ni prerregistro. Cada vez que salía en el periódico, llegaba una nueva amenaza. Una vez detuvieron a mi padre en la calle. Dos hombres lo empujaron y le cortaron la barba. Siempre me daba su explicación irónica: "Una pelea sin importancia."

A lo largo de las semanas, me fui debilitando, una constante decadencia como una lenta filtración. Los moretones en mis rodillas (de tantas caídas contra el piso de concreto de mi cuarto) se convirtieron en montículos de carne inamovible como cáscaras duras. Aunque era testigo de mi deterioro, mi familia nunca trató de detenerme. Siguiendo mis pasos, Babrak observaba silencioso mi sombra lenta cuando me arrastraba por las escaleras antes de dormir. Mi padre sólo tomaba mis manos entre las suyas, las frotaba con ungüento, encintaba las heridas y decía una pequeña oración.

Si regresaba a la academia, los talibanes la bombardearían, era seguro. Quedarme en mi cuarto significaba salvar vidas. Me estaban golpeando de la manera que atacaban a todos. Primero me aterrorizaron, luego se metieron en mi ciudad, en mi santuario, en mi mente. Me agotaron. Éstos no eran los niños al final de un callejón, eran soldados de un dios enojado. Por primera vez no encontré una forma de ganar.

Empecé a perder en los torneos (no todos, uno por aquí y otro por allá) contra jugadores que alguna vez fueron presa fácil. Supe que el futuro se me estaba escapando. A pesar de las horas de entrenamiento en mi cuarto, mi mente y mi cuerpo caían con todo lo demás. Me empezaron a pasar cosas extrañas. Parecía que mis huesos se endurecían y mi mente empezó a cerrarse. Escuchaba cosas por encima de la aburrida golpiza contra la pared, voces que susurraban. A veces caía en el piso, me quedaba dormida y despertaba horas después en una alberca de sudor.

Ciento veintisiete días… cuando mi padre me encontró, ambas rodillas estaban sangrando. Llamó a Taimur que llegó corriendo. Entonces los escuché arrastrar el colchón y ponerlo en el piso. Abrió la ventana, trajo agua fría y trapos para mis extremidades, y me lavó como las mujeres en los pueblos limpian a los enfermos… y a los muertos. No podía moverme. Me levantaron y pusieron sobre el colchón. Me quedé ahí mirando hacia fuera como desde un hoyo en el piso. Me observaban y hablaban en voz baja. Levanté el brazo y me di cuenta de que mis manos y brazos eran peso muerto. Una lágrima salió. Me ardieron los ojos. No tenía que intentar llorar, sólo lo hice. Fue un abrir implacable de mi alma, un llanto involuntario que no tenía fin. Más tarde me dijeron que duró horas, todo aliento sin voz, como las teclas de un piano tocadas sin cuerdas.

Sin saber cómo detenerme. Taimur me trajo algunas medallas. Babrak lo imitó y cargó un trofeo en cada mano. Luego vino mi madre y Ayesha, que estaba en casa por un descanso de la universidad. Uno tras otro, en silencio trajeron mis premios a la habitación mientras permanecía ahí, los pies hinchados y envueltos en toallas frías. Se pusieron en fila alrededor de mi colchón, el cual estaba en el centro del piso como una balsa en el mar. Al último vino Sangeen con un pequeño objeto en la mano. Se sentó al lado mío y me dejó el trofeo que había roto hace años, cuando apenas empezaba. El primero que había ganado. Estiré el brazo, dejé que mis dedos lo tocaran y me dormí.

Desperté con una laptop brillando en mi cuarto. Era de Ayesha, en un sueño había visto su velo blanco moviéndose por el piso. Se arrodilló para dejarla ahí, toco mi cara y salió. En una página en blanco, el cursor parpadeaba. Escuchaba voces murmurando como fantasmas por toda la casa. Miré la raqueta en el rincón, esperándome. El encintado del mango estaba desgarrado, igual que el tejido de mi mente. Hasta ordenar mis pensamientos era difícil: levantarme, cocinar, limpiar, dormir. Había bolas regadas por todo el piso, algunas en mejor forma que otras. Había pegado varias juntas. Las nuevas las guardé en una bolsa que colgaba de la manija de la puerta.

Luego esta manija giró con suavidad y entró mi padre. Tenía la barba más corta, con cuidado arregló lo que le habían hecho aquellos hombres. Sus pies limpios atravesaron por el piso. Escuché una voz suave detrás de él y supe que mi hermana estaba esperando en el corredor. En un momento, él estaba de rodillas como otra fantasía y su perfume invisible de ricos jabones y aceites caía sobre mí (estado de *wudu* porque era viernes). Giré la cara hacia la ventana y vi que el sol se estaba poniendo. Había dormido todo el día. Vi a mi papá, todavía estaba vivo. Desde otra parte de la casa, Taimur llamó a mi mamá. También estaban vivos.

Con delicadeza, mi padre descorrió la delgada sábana azul y me revisó. Desenredó las toallas de mis pies. Giró mis manos entre las suyas y tocó las palmas. Besó una y luego la otra.

—Esta habitación te está matando, Maria.

—Debo jugar, Baba.

—Jugarás, te lo juro. Sólo que no aquí, no de esta manera. No en *purdah*.

—*Purdah* —suspiré la palabra con fuerza. Miré las cuatro paredes que me encerraban, no era mejor que una niña en las áreas tribales.

Ayesha se movió detrás de él. Tenía una hoja de papel en las manos y me la dio.

—Hice una lista de más de cincuenta universidades alrededor del mundo con programas de squash. Te ayudaré a escribir un e-mail. Intenta con cada una. Eres la campeona nacional, alguien te ayudará.

Más allá de la fila de medallas que me rodeaba, vi la pantalla otra vez, su brillo blanco era como un océano vacío. Mi padre se levantó.

—Jugarás lejos de aquí, en paz.

Entonces asintió con la cabeza hacia mi hermana y salió de la habitación. Ayesha estaba en el piso, escribiendo como si yo no estuviera acostada ahí, agotada en el colchón de un miserable cuarto de Peshawar, con el centro de una diana pintada sobre mi corazón cansado.

—Te ayudaré a empezar y entonces, en unos días, cuando te sientas mejor, seguirás mandando la carta hasta que alguien te responda.

—Está bien —fue todo lo que pude decir.

—Me pregunto cómo deberíamos empezar.

Despacio, me rodé hacia un lado, mis huesos y músculos gritaron, vi los golpes en la pared, escuche a un hombre gritando afuera, los perros ladraban. El sol se desvanecía bajo la línea de los árboles y yo ni siquiera había preguntado si hubo una bomba ese día. No tenía que hacerlo, siempre había.

Respiré profundamente, no sabía nada de cartas, nunca había escrito una en mi vida.

"Estimado señor o señora: Mi nombre es Maria Toorpakai…"

19
QUEBRANTAHUESOS

Estimado señor/a:

Mi nombre es Maria Toorpakai Wazir. Soy de Waziristán del Sur, una de las siete agencias de FATA ubicada en la frontera entre Pakistán y Afganistán. Waziristán del Sur, uno de los lugares más turbulentos de Pakistán y refugio de los talibanes, también es mi hogar. Mi pueblo vive sin esperanza en esta agencia montañosa y devastada por la guerra.

Aquí las niñas de mi edad habitan en condiciones miserables. No tienen educación, atención médica, ni actividades recreativas. Son confinadas a cuatro paredes a pesar del deseo de salir de la edad de piedra e integrarse al resto del mundo. Las cosas empeoraron cuando los talibanes tomaron el control. Bombardearon las pocas escuelas que había, las barberías y los centros musicales. Seguro usted sabe de los hombres bomba que salen de estas áreas. Mi padre, a pesar de ser atacado por la tribu y amenazado por los talibanes, al ver mis aptitudes, me dejó practicar y me impulsó a jugar squash.

Ahora soy la única y primera mujer pastún tribal en representar a Pakistán en los torneos internacionales de squash. Estoy en la posición #58 en el mundo y #3 en World Junior. Entreno mucho para ser la #1 del mundo, pero provengo de un área muy conservadora. Me amenazaron para que dejara de jugar, lo cual perturbó por completo mi squash en los últimos tres años porque no puedo entrenar con tranquilidad...

En espera de una respuesta positiva:

Maria Toorpakai Wazir
Jugadora profesional de squash.

Un correo multiplicado más de mil veces durante más de dos años y enviado a través de miles de kilómetros... aterrizó en universidades, instituciones y academias de squash, parpadeó en las bandejas de entrada de campeones internacionales y entrenadores de Europa, Australia y Norteamérica, sólo para ser ignorado. Durante ese tiempo, mis padres ahorraron y compraron una laptop de segunda mano para que pudiera seguir enviando y revisando, enviando y revisando, día y noche. En el verano de 2010 se me estaban terminando los lugares y la gente, también se me acababa la fortaleza. Las amenazas talibanes se acercaban como una guillotina y todavía entrenaba sola en mi cuarto, golpeando la misma pared sucia, la cual había pasado de blanco hueso a negro en todas partes.

Me propuse no derrumbarme otra vez y sólo encargarme de mantener mi mente clara. El truco era no pensar demasiado en cómo vivía sino continuar día a día, a veces hora tras hora. Firme como nunca, mi familia me había recogido del piso, curó mis heridas y me vio continuar sin hacer ninguna pregunta. El hecho era que muchas otras personas habían estado peor, como las niñas confinadas a chozas miserables en las montañas, formando un círculo de desesperanza en los desolados kilómetros fuera de Peshawar. Por un tiempo la ambición y la esperanza me sostuvieron. Cada e-mail era como un mensaje enrollado dentro de una botella y lanzado en un océano eléctrico. Mientras golpeaba la pelota y me movía por mi cuarto, se acortaba mi lista de direcciones, la ruleta de súplicas continuó a pesar de las interminables negativas o ausencia de respuestas. Igual que al área en la que vivía, nadie fuera de Pakistán quería tener contacto conmigo.

⬦

Taimur me trajo la noticia, sus pies volaron por las escaleras de dos en dos. Entró en mi cuarto como un disparo y se tropezó, cayó cuan largo era con un papel en la mano. Luego se puso muy atento, casi se mecía por el placer que se arremolinaba en sus ojos. Recargada contra la pared, contuve la respiración, miré a mi alrededor. Siempre que me interrumpían en medio de horas de entrenamiento era como salir de otro lugar y tiempo para subir por una escalera. Cuando jugaba en mi cuarto, no estaba allí, estaba en el Abierto Británico de Londres, en el Malaysian Open de Kuala Lumpur o en Estados Unidos compitiendo contra los mejores jugadores del mundo (y siempre ganaba).

Tomé el papel de Taimur y desde el primer enunciado las palabras parecieron salirse de la página y aterrizar sobre mí. Como si fuera un milagro predestinado, los Juegos Nacionales de Pakistán 2010 serían aquí, en Peshawar, a un tiro de piedra de nuestra casa en Pequeña FATA. Celebrar los juegos con los talibanes merodeando la periferia de la ciudad era un acto de valentía monumental (algunos dijeron que era un plan estúpido). Los talibanes habían decretado los deportes como *haram* (prohibidos). Taimur me miró ir a la ventana y contemplar hacia el estadio. En la noche, cuando se iba la electricidad en nuestro vecindario, a veces veía la luz de la arena perforando la oscuridad. Me preguntaba quién y qué estaría jugando.

Sabía que iría. Ubicarse en los primeros lugares de la clasificación de menos de diecisiete y diecinueve era toda una hazaña. Sólo para llegar a los torneos y estar a la altura tenía que llevar a cabo operaciones encubiertas que arriesgaban mi vida. Creía que, en un ambiente adecuado para jugar (una cancha verdadera y un buen entrenador) podría ser campeona del mundo. Sólo deseaba una oportunidad justa, como todos los demás. Los juegos nacionales eran lo que necesitaba mi mente maltratada y la desmoralizada Peshawar. Veintiún deportes, los mejores atletas de todo el país invitados a competir mientras el resto de Pakistán observaba, proyectando una luz brillante sobre la sombra de tiranía que se alzaba a nuestro alrededor. Los hombres bomba ya habían ido a través de las canchas de volibol y los partidos de críquet diciendo oraciones homicidas (mi padre dijo que explotarían un juego de rayuela si encontraban alguno).

Cuando desperté de la ensoñación repentina en la que me metió Taimur, vi a mi hermano muy sonriente. Lo que más me gustaba de él era que se alegraba con mi felicidad y lo elevaba como si se llenara de aire. No tuvo que decir una palabra. Asentí con la cabeza para hacerle saber que iría. Entonces se acercó y me cargó sobre sus hombros dando vueltas por las cuatro esquinas de la habitación. Yo gritaba y me reía.

—¿Por qué estás tan contento con esto? He jugado muchos otros torneos.

Me bajó al piso y puso las manos sobre mis hombros.

—¿No sabes lo que significa, Maria? ¡Por fin te veremos jugar!

⁂

Una de las arena de deportes más grandes de Pakistán, el estadio Qayyum, estaba a sólo seis minutos en auto desde nuestra casa. Tenía capacidad para quince mil personas, todas reunidas en un gran tazón de brillantes asientos. Desde un kilómetro y medio de distancia ya se podía escuchar el escándalo de la multitud y el retumbar de los tambores. Conforme nos acercamos a la calle acordonada, los reflectores de la arena lanzaban al cielo un gran arco verde azulado que todos señalábamos. En ausencia de su querido radio, mi padre cantaba a todo pulmón "Blue suede shoes", de Elvis Presley, mientras estábamos atorados en el tránsito. Tal vez le habían quitado sus queridas máquinas y aparatos, pero no pudieron arrancarle su poderosa voz. Había diez puestos de control, militares y policiacos. Teníamos listas nuestras credenciales de identificación. Cinco de nosotros íbamos apretados en un auto prestado por un amigo de mi padre: mi madre, Ayesha y yo en el asiento de atrás, los hombres adelante. Mi servicio de seguridad para la noche iba en autos particulares adelante y atrás. Ahora que estaba en arresto domiciliario autoimpuesto, los oficiales de protección sólo hacían revisiones casuales o nos llamaban si había una nueva amenaza.

Al mirar por la ventana, sentí el calor de mi familia presionándome como una suave fortaleza a mi alrededor. ¿Hacía cuántos años que no viajábamos juntos en el mismo vehículo? Tantas mudanzas, buscando la libertad a lo largo de Paso Jáiber, siguiendo empleos estables y buenas escuelas con mi padre al volante y el resto de nosotros atrás entre las naranjas, los pollos y el polvo. Afuera, en la noche iluminada, la ciudad de Peshawar despertaba. En tropel, la población se volcó desde departamentos pequeños, casas viejas y tiendas cerradas, inundando las calles en una gran marea de esperanza desafiante. En representación de la federación de squash, me pidieron que llevara la bandera nacional, los reflectores atravesaban por completo el campo de juego. Estar ahí era un triunfo: por primera vez en años estaba afuera a cielo abierto. Sin sudadera ni capucha. Sin escondernos, camino al estadio, no cambiamos las placas ni una vez, como lo hacíamos seguido en esos días. A pesar de la multitud de amenazas sobre nosotros, ningún atleta rechazó la invitación a competir.

Pero a uno le prohibieron la entrada.

Cuando nos detuvimos, me despedí y me desearon lo mejor. Un hombre uniformado se acercó y me escoltó hacia un lado. Vestida con mi uniforme completo, presenté mi credencial de identificación e invitación. Apenas las miró, llamó por teléfono mientras me observaba. Yo veía el brillo y la algarabía que se desbordaba por la enorme orilla blanca del estadio. A mi alrededor el aire latía. No podía creer que había ido de jugar en mi cuarto a esto. Era un gran día para Pakistán, para Peshawar, para nuestros roídos ideales de libertad… para mí.

Las amenazas habían llegado en la tarde en una serie alarmante de llamadas a los actos oficiales. Si había una persona que los talibanes no querían en los Juegos Nacionales, era yo. La primera mujer pastún que jugaba de manera profesional y ganaba una clasificación nacional. Una cosa me diferenciaba del resto:

mi sangre tribal. Yo era un ejemplo para todos aquellos que habían sido esclavizados y para los que todavía luchaban por escapar de las redes de los talibanes. Afuera de las puertas de hierro, sólo escuché la idea general de lo que me iban a decir, los otros atletas entraban en fila con sus banderas y pancartas. Supe que no entraría. "Demasiadas vidas en riesgo." Estaba devastada, pero me di la vuelta y me fui.

Después Taimur me contó que pusieron mi foto en la pantalla gigante y mi nombre con luces intermitentes. Cuando la multitud saltaba y vitoreaba dijo que todo ese retumbar le subió por las piernas y los brazos. Mi madre se secó unas lágrimas, mi padre sacudió las manos (y yo no vi nada de eso). Estaba de regreso en mi cuarto, caminé sólo veinte minutos en línea recta, bajo la luz de una luna plateada, sin ninguna estrella, todas las ventanas cerradas. Por una vez, no tuve miedo de ser secuestrada o asesinada camino a casa. Los talibanes estaban demasiado ocupados tratando de bombardear y generar un tiroteo en los juegos o preparando actos de venganza futuros.

El hecho era que mientras siguiera jugando estarían tras de mí. Siempre y cuando viviera en Pakistán, me alcanzarían. Me meterían en un auto, me llevarían a las laderas desérticas, "me harían cosas" (así decía la gente). Todo el mundo sabía cómo violaban a las niñas antes de matarlas. Habían hecho lo mismo con las doctoras y escritoras, las atrapaban en las calles y nunca se les volvía a ver. En nuestra sala, bajo el tibio perfume del té negro, escuché muchas veces las historias de los castigos impuestos a las chicas que habían pecado. Después de escuchar la primera historia, en secreto investigué dónde comprar cápsulas de suicidio para guardarlas en mi bolsa cuando fuera a competir. Muchas veces le pedí a mi padre una pistola. Ya no vivíamos en el viejo oeste de Darra Adam Khel. Tal vez me controlé con una Makarov mientras derribaba latas de Fanta o necesité una pistola para ahuyentar a un atacante solitario que quisiera darle una lección a mi familia. Pero en una época de yihad desenfrenada yo no era oponente contra el contingente bien entrenado de talibanes enviados a secuestrarme y matarme. Mi padre se opuso, sabiendo que sólo la voltearían contra mí o sería obligada por algún acto violento de perversión a usarla en mi contra.

Afuera, la calle estaba sumergida en la oscuridad, toda la electricidad se había ido, excepto las luces del estadio. Al caminar a lo largo del camino vacío, con la arena llena de gente detrás de mí, supe que estaba haciendo exactamente lo que los talibanes querían: desvanecerme en la oscuridad.

⁂

Días después, Taimur encontró las canchas al aire libre. Iba manejando la bici o el auto, nunca recordó cómo. No importaba. En la mitad de un parque desolado, dos cajas de squash abandonadas como monumentos antiguos. Si te parabas muy quieto, escuchabas los pájaros entre los juncos de un estanque cercano. Taimur me llevó bajo la protección de la noche, la mano en mi hombro, la sudadera con capucha sobre mi cabeza, los ojos cerrados.

—Abre los ojos, Maria.

Entonces dejó que la luz de la lámpara bailara sobre el piso, palomillas y mosquitos eran atraídos por el rayo de luz como una ligera nevada. Suspiré. Corrí hacia delante, rápido, más rápido de que lo había movido mis piernas en los últimos años. Me acosté boca arriba y vi el cielo, las paredes abandonadas enmarcaban la noche estrellada. En este parque olvidado, el pasto había crecido demasiado. Era como si las canchas también estuvieran en *purdah*, como yo, esperándome. Sentí el piso, era bastante suave. Taimur sacó las raquetas, la bola y empezó a golpear. Me puse de pie. Juntos bailamos alrededor de la cancha. La pelota volaba adelante y atrás entre nosotros: alegría pura. A la mitad del partido, giré hacia él, jadeando, y le dije:

—Nunca te golpearé otra vez.

En cuanto oscurecía, siempre encontrábamos una forma de llegar, cruzábamos la hierba húmeda que acariciaba mis pantorrillas mientras caminábamos a las canchas solitarias, los sonidos de los insectos nocturnos vibraban bajo el pasto. Era como compartir un sueño prohibido. Muchas veces a la semana, Taimur me regalaba sus horas sin esperar nada a cambio, sólo que jugara bien. Y que entrenara para ganar.

Y gané: tercer lugar en los World Juniors y mejores puestos en los torneos por el sur de Asia (a veces sólo por mi experiencia y desgastando al enemigo). Cada vez que salía en los periódicos, escuchábamos a los talibanes. Casi siempre las advertencias eran para mi padre, quien seguía yendo y viniendo a las áreas tribales, encontrando maneras de enseñar como un Robin Hood del conocimiento. Todavía había mentes jóvenes allá fuera y de alguna manera él las descubría. Cuando los talibanes tomaban un área, se mudaba con sus bolsas de libros y su mente llena de ideas a otra, igual que mi madre cambiaba de escuelas. Creo que en el fondo disfrutaba lo que hacía: enseñar contra todas las probabilidades. Yo también disfrutaba lo que hacía: ganar contra ellas.

Cada vez que dejaba la casa para competir, era la misma rutina frenética: autos prestados, cambiar las placas, agacharme en el asiento trasero con la cabeza tapada. Empecé a usar mi computadora para otras cosas, además de mandar correos. Investigaba y seguía las noticias. Mi padre siempre decía: "Conoce al enemigo." En 2010, los talibanes asesinaron en masa al invadir FATA: Waziristán del Norte, Waziristán del Sur, Kurram, Orakzai, Bajaur, Mohmand y Khyber. Cuando estas agencias cayeron bajo la cortina negra, los talibanes avanzaron sobre los distritos de la provincia Jáiber Pajtunjuá, donde el gobierno había perdido el control: Tank, Dera Ismail Khan, Lakki Marwat, Bannu, Hangu, Karak y Swat. En los territorios dominados por los talibanes, impusieron su versión del Islam, completa, con sus propias cortes. Al cerrar el nudo corredizo en su cuello, la ciudad de Peshawar estuvo bajo ataques constantes. Más que cualquier cosa, aprendí que mi enemigo era indomable... pero yo compartía esa sangre guerrera.

Estaba despierta hasta tarde, la pantalla de la computadora brillaba, de repente un anuncio de tres líneas atrapó mis ojos. Mi bandeja de entrada seguía vacía y mi fe se desmoronaba. Por un tiempo, simplemente me rendí y deje de enviar mensajes. A veces me sentaba y veía hacia la noche, imaginando a la persona que tal vez me contestaría algún día, viviendo en un país distante, libre de principio a fin. El anuncio era simple y lejano, como un diamante brillando al fondo de un pozo profundo: "Academia busca entrenador de squash de tiempo completo." Leí el nombre de la academia y del dueño muchas veces, como concentrándome en una línea borrosa. Ya conocía su cara, había tratado de copiar sus magníficos tiros de fantasía y soñado muchas veces en hacer lo que él hizo, sólo una vez. Los dedos flotaban sobre las teclas, dudé un momento y luego empecé a escribir:

Para: Jonathon Power
De: Maria Toorpakai
Asunto: Quiero entrenar squash

Ya sea que viva en Pakistán o en cualquier parte del mundo, los que saben algo sobre squash conocen el nombre y la leyenda detrás de este hombre de cabello castaño. Jonathon Power (doble campeón del mundo) necesitaba un entrenador para su nueva academia en Toronto, Canadá. Del otro lado del Atlántico, del otro lado del mundo. Presioné "enviar" y apagué mi computadora. Agarré mi raqueta.

⁂

En la oscuridad de una noche tibia y sin luna, Taimur alumbró con su lámpara el piso de la cancha, iluminando nuestros pies como si fuera agua que nos llegaba a las rodillas. A veces, apenas veíamos la bola a través de la oscuridad. Ya habíamos hablado sobre convertirme en campeona del mundo. Cuando encontré ese sueño, lo envolví en mi mente como un tesoro y lo guardé para después, para cuando fuera libre.

La brisa se elevaba y los insectos zumbaban a nuestro alrededor, escuchaba su coro mientras jugábamos. Luego de un partido largo, nos acostamos boca arriba en la cancha, viendo la noche y hablando en susurros, igual que cuando éramos pequeños en las planicies impecables del río. Hablando como dos niños en cualquier lugar. Cuando me deprimía, Taimur me alentaba como un entrenador, se aseguraba de que nunca me hundiera otra vez. En aquellos días, me llevaba a jugar al menos una vez a la semana.

—Maria, deberías ir a entrenar al campamento de squash en Malasia. Irte de aquí. Ayesha revisó tu permiso de viaje. Jugaste en el torneo de Kuala Lumpur y la visa sigue vigente. Si te vas ahora, te la extenderían por otro mes.

—No hay posibilidad.

—Encontraremos el dinero para que llegues ahí.

—¿Dónde lo encontraremos? Necesito un boleto de avión, pagar el campamento, comida y una habitación. Es imposible.

—Deja que nosotros nos preocupemos por eso.

En el camino de regreso a casa (media hora entre dormidos y despiertos), bajé la ventanilla de atrás y apoyé el brazo como mi padre cuando estaba en un embotellamiento entre los pasos montañosos. El viento fresco voló el sudor de mi antebrazo. Sentí el calor elevarse y dejar mi piel. Taimur me vio por el espejo y no dijo nada. Era un acto temerario pero lo ignoré, ignoré la realidad. Olía la lluvia en las ráfagas de aire frías y constantes, veía los destellos del verano iluminar la negrura. Todo el día sobre nuestras cabezas se agitó un mar de nubes que mezclaban las profundas tonalidades de grises; le expliqué a Taimur por qué no explotaría una bomba si hubiera una buena tormenta. Asintió con sus manos huesudas sobre el volante. Vi hacia fuera otra vez y luego para abajo. Un mosquito se posó en mi brazo. Relajada, lo vi por un momento, su minúscula probóscide clavada en mi piel, bebiendo. Me estiré y lo maté. Cuando quité la mano, mi brazo estaba manchado de sangre.

Días después, Taimur y yo tomamos el autobús al aeropuerto de Islamabad con un sobre que decía "Kuala Lumpur" lleno de rupias, metido en un bolsillo oculto en mi pretina. Era justo lo suficiente para ir y venir. Luego de regresar de nuestras canchas secretas, encontré el dinero en mi colchón envuelto en papel y cerrado con un *sticker* de carita feliz. Mis padres habían ahorrado semanas para tener el dinero a tiempo. No podía decir que no. Compré el boleto en el último momento. Mi padre me consiguió una habitación con una familia hindú que tenía un departamento frente al edificio de entrenamiento. Junto a mí en el autobús, Taimur mantuvo su atención en el pasillo mientras yo dormía con la cabeza contra la ventana; el asfalto corría bajo las ruedas y me provocaba una sensación de mareo. La capucha de la sudadera cubría la mitad de mi cara y me envolví con ella sintiendo mi respiración en mi piel cansada. Había un dolor constante detrás de mis ojos fatigados. Cada centímetro de mi cuerpo se sentía magullado. El tránsito era lento y cada vez que despertaba (por lo general con un sobresalto) tomaba agua a grandes tragos. Entonces, miré alrededor las cabezas dormidas apoyadas contra los asientos frente a nosotros, la lluvia golpeaba el cristal, el limpiaparabrisas pegaba de un lado a otro con suavidad. Varias veces Taimur me preguntó si me sentía bien. Le dije que sólo necesitaba dormir y tendría mucho tiempo en el avión.

Compramos mi boleto en efectivo: el siguiente vuelo disponible (por si alguien nos vigilaba). Los talibanes tenían una red de espías en los aeropuertos. En cuestión de horas, sabrían el plan, incluso en qué asiento, pero ya me habría ido. Taimur contó el dinero, lo vi poner los billetes de uno en uno sobre el mostrador como si jugara cartas y me dí cuenta de que mi padre no había comprado carne durante un mes. Era el tercer día de Eid al-Fitr, cuando los musulmanes en todo el mundo rompen el largo mes del ayuno Ramadán. Era mi deber sagrado mostrar felicidad, agradecer, incluso sonreír, pero no sentía nada. Día a día me hundía en un pozo de depresión. El primer día del banquete, regresé de nuestras oraciones taciturna y no había participado en la ceremonia de la comida dulce y fragante de celebración. Cada bocado que cruzó por mis labios ampollados sabía amargo. Fue esa noche que mi familia contrató a Taimur para que me convenciera de irme al campamento de squash. Si los talibanes no me mataban, creían que mi *purdah* lo haría.

Kuala Lumpur, la capital de Malasia, es la brillante joya de la corona del sur de Asia. Todavía no llegaba y ya sentía la atracción distante de la majestuosa ciudad, la cual había visitado varias veces con el equipo. Cuando regresé a casa la primera vez, Ayesha me preguntó:

—¿Y cómo es?

—Es como otro planeta… Simplemente hermoso —respondí.

Cuando me despedí de Taimur, me abrazó un rato largo, susurrando en mi oído cosas que no recuerdo ahora. Me dijo que estaba muy caliente y me bajó la capucha de la sudadera diciendo que no podía vestirme así en el aeropuerto. Luego me dio la maleta, la laptop, la funda de raqueta y me acompañó hasta la línea de seguridad. Mi hermano nunca había estado en un avión, nunca había salido y vi la impresión de maravilla en su cara cuando me vio alimentar con maletas la máquina de rayos X, quitarme los zapatos, entregar mi computadora. Anunciaron mi vuelo por el altavoz y arrastré mis cosas de la banda. Me dolía la garganta y la sentía muy seca. Me estaba mareando de sed y le pregunté a un señor dónde había agua. Como en trance, vi su boca formar palabras, estaba tan cansada que apenas podía hablar. Señaló hacia una sala y seguí su dedo. Una vez volteé atrás, hacía Taimur, y le dije adiós con la mano, me respondió, dio un paso hacia delante y se detuvo. Recuerdo su sonrisa transformarse en un ceño fruncido antes de que me diera la vuelta y arrastrara mis cosas a la puerta. Me paré una vez para tomar un gran trago de agua amarga que salía de un bebedero; el sabor era igual al olor de algunas partes de Peshawar, y pensé que tal vez me enfermaría.

El chirrido del tren de aterrizaje, las ráfagas de viento, las nubes corriendo sobra las alas... desperté de un sueño largo y frío. A través de los blancos cúmulos, vi los dos ríos que mi padre me había enseñado en el atlas años atrás: el Klan y Gombak que se juntaban allá abajo en el agua café que le daba el nombre de Kuala Lumpur (significa confluencia fangosa). Alrededor de estos cursos de agua la ciudad se extendía en una gran masa de edificios elevados como la manifestación de una polis del futuro soñada por un niño. Al fondo se veía la cordillera de las montañas Titiwangsa. Suspiré lentamente, mi corazón estaba agotado. Pensé que me sentiría mejor cuando el avión aterrizara.

Las carreteras curvas serpenteaban a través del corazón de la ciudad como listones de asfalto guiando hacia un alhajero gigante. Llovía un poco, el sol todavía brillaba, las calles relucían. Cientos de edificios altísimos con rostros de vidrio centelleantes se alzaban sobre una delgada capa de neblina. Recuerdo que una vez le dije a Babrak:

—Se llaman rascacielos porque en verdad rascan el cielo.

En Kuala Lumpur era cierto. Pero no iba poniendo atención a nada de todo eso. El dolor detrás de mis ojos me hacía cerrarlos con fuerza. Cuando parpadeaba sentía como si mis párpados estuvieran hechos de papel de lija. De vez en cuando los labios me dolían y sentía punzadas. Seguía tomando agua. El chofer me observaba por el espejo retrovisor. Recuerdo su turbante: blanco y enrollado sobre su cabeza. Mi padre me dijo que nunca se lo quitan en público, pero no podía recordar la razón. Traía música india con el volumen bajo, me preguntó cosas y sé que le respondí, aunque no estoy segura de cómo.

El edificio de departamentos se elevaba en una neblina contaminada; en la entrada miré hacia arriba, había una lona amarilla y rugosa, sentí que me caía y puse la mano en la puerta principal para sostenerme. Un olor a tabaco llenaba el aire del vestíbulo, ahí conocí al hombre que me rentó el cuarto. En el elevador me dio una llave. Luego, dentro del departamento, me mostró la habitación con un colchón de hule espuma y una bolsa de dormir en el piso. Casi no lo recuerdo, ni la hora que transcurrió como agua pesada entre nosotros. Le dije que el vuelo me había cansado, aturdido y prefería estar sola.

El papel tapiz de la pared me sumergía en extrañas figuras como serpientes; encontré un vaso junto al lavabo del baño y tomé un gran trago. Hice todo con movimientos lentos y metódicos, a través de un misterioso dolor de huesos, pensando sólo en el delgado colchón que esperaba por mí como una balsa en el otro extremo de la habitación. Abrí la laptop porque prometí enviar un correo cuando llegara. Ayesha avisaría (usábamos la misma dirección). Logré que mis dedos presionaran las teclas. La bandeja de entrada brilló con un azul muy intenso, veía palabras borrosas que no alcanzaba a leer. Sólo escribí una palabra: "Aquí." Lo envié y me fui a dormir.

Doce horas más tarde desperté y busqué mi laptop. Pensaba que debía decirle a alguien que estaba enferma, tal vez Taimur ya lo había adivinado. Aunque temblaba y tenía nauseas, pensé que era una combinación de nervios y agotamiento. Al entrenar, muchas veces llevaba las cosas demasiado lejos. Me quedé viendo la pantalla blanca un largo tiempo; en la iluminada línea azul de mi bandeja de entrada leí el nombre a través de la inercia de mi fiebre en aumento: "Jonathon Power." Durante algunos minutos no representó nada. Luego, el significado completo se elevó en mi conciencia como un gigantesco globo de luz. Leí el mensaje dos o tres veces, no lo podía creer. Sólo pensaba en que despertaría en cualquier minuto y en la fría habitación. De alguna manera escribí una respuesta que incluso olvidaría haberla redactado en el drama de mi creciente agonía.

Un poco después, avancé con dificultad a la puerta y bajé en el elevador. Sentí que me ahogaba dentro de la pequeña caja. Luego, cuando me recargué por las náuseas en la pared del elevador, lentamente levanté mi sudadera para descubrir un mar de manchas rojas cubriendo cada centímetro de mi piel. Me era difícil enfocar, los ojos y la cabeza latían como dentro de una campana. ¿A dónde iba? No lo sabía. El vestíbulo se extendió frente a mí como un bosque de gente y palmas en maceta. Mis pies se arrastraron para cruzarlo como si el piso fuera de arena, la gente pasaba caminando con ropa de brillantes colores que me hacían pensar en pájaros tropicales o en los rayos de la puesta de sol que vi la última vez que estuve en la ciudad.

Cruzar la calle en el calor húmedo de afuera resultó como caminar por el agua. Me caí dos veces, grité pero no me salía sonido, sentía como si cada hueso de mi cuerpo se rompiera en pedazos, como un cascarón de huevo al chocar contra el sartén. En el rápido espacio entre mis caídas, el aire de la ciudad sopló sobre mi piel ardiente. Seguía pensando, ¿qué me pasa? La gente pasaba a mi alrededor cuando estaba en el piso. Algunos se detenían, miraban hacia abajo con rapidez y seguían su camino. Sólo estaba a cien pasos del centro deportivo, pero me parecían miles de kilómetros. Por fin alguien se acercó y me dejó en la sombra de un árbol. Recargada contra la dura corteza, estire mis piernas e hice un gesto de dolor. Luego, otros jugadores de squash me llevaron a la enfermería. Me escuché murmurar que tal vez me había lastimado jugando en mi cuarto.

En el consultorio, una enfermera me tomó muestras de sangre. Vi los tubos llenarse rápido. Ese profundo color me trajo a la mente el *jambul,* esa fruta púrpura, casi negra, que teníamos en casa, y le pregunté si era cierto que dentro de las venas la sangre era azul. Si me contestó, no me acuerdo. Sólo recuerdo el rostro tranquilo del doctor explicando cuáles eran las plaquetas, lo importante que eran para la vida y que las mías estaban disminuyendo. No era la primera vez que escuchaba la palabra "dengue" y sabía bien lo que significaba. En el mes del Ramadán que acababa de pasar, una inundación catastrófica había devastado partes de Pakistán, tragándose pueblos enteros y arrasando con todo, hasta con los habitantes. En el periodo posterior al desastre, surgieron las enfermedades mortales, muchas nacidas de las aguas estancadas y de los insectos que albergaban. En las horas de la salida y puesta del sol, los insectos se arremolinaban en tal cantidad que el aire parecía vibrar y la gente que vivía cerca de las orillas de los ríos muchas veces trataba de quedarse en casa. No fue una lesión deportiva lo que causaba el dolor vibrante en mis extremidades, sino un mosquito del género *Aedes* que transportaba un virus letal. Mis piernas y brazos estaban punteadas por picaduras de mosquito y sus cicatrices, quizá de aquellas noches en las que jugaba squash con Taimur en el parque abandonado. Cuando el doctor explicó mi diagnóstico, recordé el último viaje a casa, la ventana del auto abajo y al mosquito chupar mi sangre.

Al dengue también se le conoce como fiebre quebrantahuesos y ahora sabía la razón. Cuando me movía creía que partes de mí se rompían como ramas pequeñas. Cuando me dieron un teléfono para llamar a nuestros vecinos en casa, ellos corrieron a avisarle a mi madre y la trajeron para escuchar mi voz temblorosa. Cuando el nombre de mi enfermedad llegó a su oído, dejó escapar un grito agudo que nunca había escuchado antes. Después me dijeron que se cayó y quedó sentada, doblada sobre sí misma, sosteniendo el teléfono contra su pecho. Durante varios minutos habló en un torbellino de horror y miedo que crispaba sus palabras. Me aseguró muchas veces que conseguirían ayuda para cuando la noche cayera y colgó. Tres hombres tuvieron que ayudarla para ponerse de pie y encontrar a Shams.

Mientras era enviada de regreso al departamento con un frasco lleno de pastillas e instrucciones para descansar y tomar muchos líquidos, mi madre volaba por la calle con media docena de vecinos detrás de ella y mis hermanos gemelos a su lado, buscando a mi padre. El doctor tenía la esperanza de que mi juventud superaría a los patógenos que atacaban mi sangre, pero mi madre era más realista. Cuando encontró a mi padre, venía caminando con una bolsa llena de fruta que había intercambiado (por qué, nadie lo supo). A veces salía de la casa llevando sólo una sonrisa y una panza vacía y regresaba con joyas deliciosas: una caja de dátiles dulces, charolitas de delicias turcas, una granada madura, un puñado de *jambules*. Cuando levantó la vista y vio a mi madre corriendo hacia él, dicen que soltó la bolsa, naranjas, mangos, ciruelas y limones golpearon la acera y corrieron por la alcantarilla. Apretó su libro.

Uno de nuestros vecinos en Pequeña FATA, conocía a un doctor chiíta de Parachinarr (la capital de la agencia Kurram) que ahora vivía con su esposa en Kuala Lumpur. Cuando el hombre supo que había una chica pastún enferma en un departamento de la ciudad, vino por mí. El doctor Saadat y su esposa Umehani, mis dos ángeles morenos, me llevaron a su casa y me instalaron en una cama limpia. Habían pasado los cuarenta años sin la bendición de un hijo anhelado, así que me acogieron como suya. A ninguno de ellos le importó que fuera musulmana sunita y que nuestra gente muchas veces estuviera en posiciones encontradas (todos éramos musulmanes y de alguna manera eso nos hacía familia). Por mi parte, los vi como una madre y un padre mientras estuve enferma y lejos de casa. Durante los siguientes cuatro o cinco días, se turnaron para darme el medicamento, llevar cucharadas de natilla suave y tibia a mis labios, decirme una y otra vez que comiera y que tomara mucha agua. Pensamos que con el tiempo mejoraría, y aunque mi cuerpo luchó muy fuerte, el virus estaba saqueando mi sangre, célula por célula... y muy rápido.

Horas antes del amanecer, desperté con la playera cubierta de vómito. Un trago de agua cortó mi garganta como un cuchillo dentado. Mi boca se recubrió con una extraña pasta suave de saliva y sangre (era tanta, que pensé que había perdido todos los dientes). Con las sábanas descorridas, me quedé acostada ahí y miré el techo, donde daban vueltas las aspas del ventilador. El aire agitado que debería ser suave parecía apedrear mi piel. Me veía desde arriba, observé mis ojos rojos, el salpullido inundando hasta mi cuello y el rubor de mis mejillas que parecían como si las hubieran cacheteado. Sentía mi pulso lento, apenas registrado. Entonces una ingravidez entumecida me recorrió como las manos bailarinas de un chamán, alejando cualquier posible sensación, y uno por uno los mundos de la vida despierta... cerraron sus puertas.

Un poco más tarde, Umehani me encontró y llamó a la ambulancia, en la cual desperté gritando. En algún lugar interior, un carrusel móvil de cuchillas destrozaba mi cuerpo. En esta neblina de agonía cegadora, vi a mi padre parado al final de la camilla, sosteniendo una hoja de papel en la que había dibujado un diagrama de la detonación y una figura humana de palitos en el piso: "Las ondas de estrés entran al cuerpo de manera invisible y desgarran el tejido." Un paramédico trataba de ponerme una máscara de oxígeno y gritaba mi nombre, pero yo lo escuchaba como si estuviera en una caverna profunda. Tomé su mano y la apreté con fuerza, la sirena de la ambulancia hacía un sonido metálico, hasta que acercó su cara a mis labios. Le dije lo único que podía expresar: "Talibanes. Bomba."

Después de eso, nada, gente que se movía sobre mí como si me arrojaran un hechizo, voces como pequeños destellos de luz brillando al azar en la oscuridad: "Sangrado gastrointestinal, acumulación de fluidos en la cavidad abdominal, caída de la presión arterial, estado de *shock*." Desperté envuelta en sábanas blancas. Había soñado con los estadounidenses y los dulces de colores que sacaban de su mochila. Al abrir los ojos, me llegó el suave olor dulce del azúcar, escuché a alguien reír y sentí que alargaba mi mano para que me pusiera una gomita amarilla en mi palma, como un pequeño sol. Levanté el brazo y traté de tocar mi cara, pero una maraña de líneas de goma venían con él, como si la mitad de mí estuviera amarrada con ligas. El tirón doloroso en mis antebrazos hizo que mis ojos se abrieran de par en par. Fue ese dolor el que me dijo que todavía estaba aquí, ahí, donde fuera. Un hombre estaba parado a los pies de la cama, tenía una tabla portapapeles en sus manos y hablaba despacio a una figura en una silla en el rincón. Descorrí mi sábana y traté de sentarme, entrecerrando los ojos. La sábana se cayó como si estuviera hecha de plomo.

El hombre se acercó más, dijo mi nombre y tocó mi frente. Trajo una bolsa de agua fría para mi pecho y la sostuvo ahí. Cuando traté de hablar, las palabras no me salieron, era como si estuvieran atrapadas en lo más profundo de mi garganta y tuviera que jalar muy fuerte de una cuerda para sacar cada una:

—Los talibanes tienen una bomba que sólo mata a las mujeres impuras.

—Ahora recuéstate, con cuidado, recuéstate.

Lo hice. Cerré los ojos y me fui otra vez.

⤴

Umehani estaba ahí, sentada ante la ventana, envuelta en el suave tul de la madrugada. La miré, luego desapareció. Entonces, un minuto después, estaba parada junto a mí tocando mi cara. El doctor Saadat también estaba ahí, podía escuchar sus suaves murmullos. Ellos sabían algo que yo no: ¿Qué iba a pasar, viviría o moriría? Los doctores en el hospital dijeron que las probabilidades eran de cincuenta-cincuenta y estaban llamando a mi familia en Pequeña FATA. Recuerdo el teléfono frío contra mi oído y las voces de casa, escuchando con un desapego muy extraño, diciéndoles que no se preocuparan, como si me estuviera embarcando en un largo viaje. Luego de eso el tiempo se desprendió y me quedé inmóvil, regresé a alguna caverna primigenia en mi mente, en la cual me acurruqué como un animal en hibernación. Sólo quería dormir, incluso para siempre. Revisé una última vez para ver si Umehani estaba ahí y la silla estaba vacía. Entonces mis ojos se movieron hacia otro lado de la habitación. En un rincón, como una araña en su telaraña, un hombre me veía y esperaba. Justo ahí, miraba hacia fuera con su turbante enrollado y la piel manchada. Acercaba un churro prendido a sus labios.

El olor penetrante del humo, caliente y venenoso, que reconocí con terror, hizo que mi alma regresara en sí misma, antes de volverme a dormir.

Mientras dibujaba una línea delgada entre la vida y la muerte, y mi cuerpo se decidía como si lanzara una moneda al aire, mi madre contó sus rupias y salió de la casa. Fue con Taimur a las afueras de Peshawar, encontró a un hombre que le vendió su cabra negra a buen precio y de alguna manera la llevaron a casa. El granjero quería la gracia de Alá, la petición de un animal negro significaba que ella sufría una desgracia. Para cuando llegó a casa, mi padre había traído un mulá para que llevara a cabo el sacrificio. Con una luna otoñal roja colgada del cielo, el mulá llevó a la cabra a nuestra calle, un gran cuchillo brillaba en su mano. Justo detrás, con la cabeza agachada, mi madre llevaba una tela blanca en la curva de su brazo. La pequeña bestia se sacudía y balaba, lo sabía. La gente miraba a mi madre, su cara pálida de pánico, su expresión salvaje, murmuraba cosas sin sentido y movía los ojos de un lado a otro. Nadie se atrevió a acercarse. Mientras sus labios formaban una oración jadeante, agarró al animal por la piel a lo largo de su cabeza, el cual se sacudía entre ella y el mulá. En un momento, el mulá levantó su mandíbula mostrando todo el cuello suave. Durante unos segundos se resistió, se veía el blanco de sus ojos saltones, como el blanco de los nudillos de mi madre al sostenerlo con fuerza. Por el momento, el único sonido eran las patas traseras arañando el pavimento. Pero entonces Aami le habló con suavidad, su cara cerca de una oreja crispada, sus lágrimas cayendo en el negro pelaje. Como si sus palabras fueran una droga tranquilizadora, poco a poco el cuerpo entero se rindió y su cabeza se inclinó. Justo entonces el mulá levantó el cuchillo. Al final, la cabra negra dejó que mi madre hiciera lo que creía que me salvaría. Mi madre, hermosa y calmada, observó cuando cortó el cuello del jadeante animal con un movimiento rápido. Al brotar el líquido de la herida y correr por el piso, invocó el nombre de Alá y vio hacia el cielo en silencio, con los ojos suplicantes. La pequeña bestia luchaba para mantenerse de pie conforme su sangre drenaba lentamente. Por último dobló las patas delanteras antes de colapsar y exhaló con lentitud y dificultad su último aliento. Cuando estuvo muerta, mi madre le dio la tela blanca al mulá, en la cual limpió sus manos y envolvió el cuchillo. Luego, en un acto final de caridad conocido como *zakat*, cortó la carne fresca en pedazos y la repartió para alimentar a los pobres. Por fin, esa noche mi fiebre bajó.

La siguiente vez que caminé por las aguas del insomnio, Umehani estaba de regreso en la silla. La oscuridad detrás de ella, su rostro pálido tenía reflejos azules como si estuviera en una alberca de noche. Sus dedos flotaban sobre el celular, hacía pequeños movimientos con la boca y pensé que de alguna manera estaba tragando las palabras en lugar de decirlas. Con mucho esfuerzo me senté.

—Umehani.

—Maria, Maria, la fiebre ya pasó —dijo moviendo la cabeza, mientras acomodaba las cosas a mi alrededor para darme estabilidad (las almohadas y las mangueras intravenosas).

Busqué en la esquina del techo al hombre que estuvo ahí, observándome durante días... Se había ido.

—Estaba ahí... Se fue.

—¿Quién se fue?

Ella estaba presionando un botón con frenesí junto a mi cabeza.

Escuché una alarma en el corredor y entonces el hombre con la tabla portapapeles regresó. Se sentó junto a la cama y habló conmigo un rato, diciéndome sólo que escuchara. El doctor que me salvó tenía una historia verdadera que contarme. Acostada ahí, me enteré de todo lo que estuvo mal con mi cuerpo: hemorragia interna, acumulación de fluidos alrededor de los pulmones y el abdomen, hipotensión severa, bajo suministro de sangre a los órganos vitales. Cuando llegué al hospital, estaba a horas de la muerte.

Estuve en terapia intensiva más de una semana. Umehani durmió en la silla del rincón días, aunque su impecable chador no mostraba ningún signo de ello. Tres veces le dijeron que tal vez no sobreviviría la noche. El doctor se fue, la enfermera se paró junto a mí. Umehani sostuvo mi cabeza mientras ponía el teléfono en mi oído. Escuché la voz de mi hermana y dejé escapar un débil grito. Hablamos durante unos minutos y le dije que estaba mejor, sólo muy cansada. Me dijo sobre la cabra que mi madre había sacrificado al anochecer y cómo todo el mundo creía que por eso se había ido la fiebre. Tenía mensajes de cada miembro de la familia y de otros cuyos nombres significaban poco para mí en el estado de confusión en que me encontraba. Hablar con ella fue como entrar y salir de un estado de conciencia. Cuando me hizo la última pregunta, yo apenas estaba en el presente:

—Maria, ¿quién es Jonathon Power?

No dije nada y me quedé sin fuerzas, con el teléfono en mi oído. Tal vez no le creí. Ya tenía un milagro: estaba viva.

—¿Me escuchaste, Maria? Jonathon Power...

Más tarde, Ayesha me dijo que nunca le contesté, que ni siquiera estaba segura de que la hubiera escuchado. Mucho antes de que la llamada terminara, entré al profundo bosque del sueño.

20
LA CAMPANA
DE LA LIBERTAD

La fiebre del dengue me llevó al límite. Mis plaquetas flotaban justo arriba del rango mortal. Recuerdo que después le dije a alguien que la agonía fue más que una sensación física, fue un dolor primigenio. Me sacó de mi piel y me empujó en un vacío de luz caliente, como si me ahogara en una estrella. Cuando la fiebre se fue, desgarrando mi interior, simplemente desechó el cascarón sobrante y me dejó recostada con un estupor lánguido en una balsa en altamar. Los brazos, las piernas, los dedos de las manos y de los pies ya no tenían forma. Parecía que me había disuelto. Durante mucho tiempo no sentí nada. Mientras se desvanecía el huracán viral, yo no era más sustancia que la quietud en la que me mezclaba y me dormía, un sueño tan profundo que aparecía con la sensación de caer hasta donde no hubiera nada. Flotaba en mi propio sueño sin fondo. Varias veces me pregunté si todavía seguía viva.

Enterrada bajo las frías sábanas, de los brazos me brotaban extrañas enredaderas de tubos y mangueras; siempre que los veía era un torrente de angustia y confusión que dificultaba mi respiración. La habitación tenía tanta luz eléctrica y las paredes brillaban con un blanco tan puro que era como despertar en un glaciar. Recuerdo a la enfermera venir, hablar y la dura sensación del teléfono en mi oído. Los miembros de mi familia llamaron varias veces, me hablaban con suavidad, sus voces sonaban en mi conciencia vacía como campanas distantes. Al final, al tercer intento, la voz de mi hermana, tan clara como un canto de pájaro a través de la estática crujiente, inundó mi cabeza. De alguna manera, no podía alcanzarla, el aire de mis pulmones salía con una voz muy ronca y delgada, como si estuviera enterrada en grava. Nada de lo que decía parecía tener sentido, mi mente se esforzaba por entender enunciados simples. Cuando escuché a Ayesha decir mi nombre, sé que lloré, los ojos me ardían incapaces de soltar una sola lágrima. Mencionó una y otra vez que todos rezaban día y noche, y que pronto estaría en casa.

Tuve un nuevo dolor: quería ir a casa, pero no a Peshawar. Deseaba regresar adonde todo comenzó, a nuestra casa grande en el valle atemporal… llenar una cubeta de metal con agua fría del arroyo… oler el perfume de los pisos de tierra apisonada. Mientras hablaba, sentí mis brazos cargando esa cubeta llena y vaciar el agua sobre mí, en aquel patio. El olor del jabón que mi padre me trajo del mercado, envuelto en papel de cera como un precioso regalo. El sabor de una hormiga en mi lengua cuando tomaba el más pequeño de sus piquetes secretos. En los días calurosos, cuando sumergía toda la cabeza en el agua fría, el mundo exterior se quedaba mudo, igual que cuando veía hacia fuera de la cortina de mi enfermedad (que lentamente se iba curando) sin saber lo que era real y lo que no. Antes de que Ayesha terminara de hablar, estaba de regreso en el patio, mi pequeña cabeza sumergida en la cubeta llena, el agua fría y oscura diluía todo el dolor. Luego aparecía mi padre y me cargaba, me llevaba mojada y fría en sus brazos, cruzando el umbral de nuestra casa y colocaba mi cuerpo dañado en la cama entre él y mi madre.

Cuando desperté otra vez, él se había ido y estaba de regreso en el hospital, preguntándome que habría pasado con la voz de Ayesha. Tratar de pensar era como intentar desenredar un nudo enorme y aflojar algunos hilos a la vez. Sólo sabía que mi hermana llamó y preguntó cosas que no pude responder. Bajo mi piel la carne estaba suave y lastimada con extrañas manchas. Observé mis extremidades inertes, trataba de recordar de qué eran capaces: correr por las canchas, ganar. Era la jugadora número uno en Pakistán y ahí estaba, tirada en un pequeño cuarto en Kuala Lumpur, casi incapaz de moverme. En ningún momento recordé el nombre que Ayesha decía que repetí muchas veces: "Jonathon Power." Era el fragmento vago de un sueño que tenía y dejaba ir.

Siete días después, iba de regreso en un avión. Mi familia me recogió en el aeropuerto de Peshawar; recuerdo el montón de brazos y manos tocándome, tantas voces hablando al mismo tiempo. Mi madre dijo que envió a Malasia una hija completa, pero sólo regresó la mitad.

Los vecinos sacrificaron un cordero, asaron la carne y todo el mundo comió en la calle. Estaba en una silla, tapada porque siempre tenía frío. De vez en cuando alguien venía a sentarse conmigo, llenaba mi taza de agua y la acercaba a mis labios. Más tarde, en la tranquilidad de mi cuarto, escuché a mi familia reunida en la sala, platicando. Oí mi nombre varias veces y percibí el miedo en sus palabras. Me preguntaba qué tan mal me veía como para que la gente se me quedara mirando y necesitara tocar mi piel tan seguido. Mi madre vino muchas veces, suspirando en la oscuridad cuando se movía alrededor; frotó una loción sobre mi cuerpo que olía a rosas y me hizo dormir. Y lo hice, a ratos, durante días.

⁂

Cuando entró mi padre con dos tazas de té, estaba sentada. Tenía la raqueta de squash en el regazo y encintaba el mango desgastado. Afuera, con la ventana abierta, llovía de modo suave, perfumando el pavimento tibio. Ahora que me estaba recuperando, mis sentidos se agudizaban. Era como si la fiebre hubiera dejado un cable eléctrico corriendo por todo mi cuerpo. Escuchaba cada murmullo en la casa, sentía cada movimiento, olía cada capa del mundo exterior: desde el asfalto y la tierra húmeda hasta el cilantro y los animales muertos que venían desde el mercado, a kilómetros de distancia. Incluso las montañas lejanas se acercaban en susurros, vivas en esa época del año, con tantas flores olorosas que nadie se molestaba en nombrarlas. Cuando mi padre se sentó junto a mí, bebimos en sorbos al mismo tiempo. Sabía qué me diría antes de pronunciarlo. Los talibanes habían aumentado la intensidad de sus ataques en la ciudad, bombardeaban mercados llenos de gente, mataban por docenas o disparaban desde algún escondite (un francotirador) una bala directo a su enemigo. Incluso en mi debilitado estado, todavía estaba en la mira. Si dejaba de jugar squash por completo, de cualquier manera sería (mitad niña, mitad niño) un fenómeno de la naturaleza para sus ojos estrechos. Un talibán con mi nombre en su lista me dispararía sin reflexionar, sólo por andar en bicicleta o usar *shorts*. Ya no tenía energía para seguir viviendo en una *purdah* autoimpuesta. Mi padre tomó la raqueta y apretó el mango, revisando el encintado antes de devolverla.

—No hay tiempo que perder, Maria.

—Lo sé, Baba.

—¿Has pensado qué vas a hacer?

—Sí. Hay un torneo en Delaware. Taimur me dijo. Sólo tengo que registrarme como jugadora. La Federación de Squash de Pakistán puede ayudarme a conseguir la visa para Estados Unidos. Dan visas a atletas profesionales.

—Bien. Si puedes irte, debes hacerlo.

—Pero no jugaré bien.

—No se trata de jugar, Maria, se trata de sobrevivir.

Al final de todas mis opciones, todavía no se me ocurría revisar todos los correos de Jonathon Power, simplemente no recordaba que existían. Según yo, nuestro breve intercambio no había sucedido. En mi estupor, incluso borré la carta, así que no había modo de revisarla.

En las semanas anteriores al torneo no pude entrenar porque estaba demasiado débil. Sólo lo hice una vez y fue la última. Me dirigí al complejo, escondida en el asiento de atrás del auto de un vecino. La administración de la academia había cambiado y la nueva dirección no estaba interesada en apoyar al equipo femenino. La mayoría de las niñas nuevas tenían pocos recursos. El hecho de que jugaran un deporte con sus tenis desgastados y un velo... ya era un milagro. La academia sólo les daba el derecho a usar la cancha. No les proporcionaba uniformes y sus raquetas estaban rotas. Hasta las pelotas escaseaban. No había entrenadores disponibles. Las cosas habían cambiado. La nueva dirección sólo quería que desapareciéramos, que regresáramos a nuestras casas, a la cocina, dentro de la sofocante burka, "a donde pertenecíamos." Mientras caminaba en el corredor entre las peceras, escaneando la larga fila de niñas y jóvenes esperando por un turno con su ropa vieja y maltratada, miré al otro lado, donde estaban los varones. Todos de blanco, sus tenis eran tan nuevos que pude oler el plástico. Estaban formados en una sola cancha, donde el secretario a cargo de los programas de squash les entregaba raquetas nuevas. La gente de los medios de comunicación tomaba fotos y notas. Tantas sonrisas podían iluminar la caja por una semana. Vi todo a través del vidrio limpio, las niñas detrás de mí susurraban en el oscuro corredor. Era la jugadora número uno del país, pero cuando los ojos del secretario cayeron un momento sobre mí, supe que no tenía idea de quién era. No me importó. Cuando estuve en el hospital en Malasia mi familia tuvo que ahorrar para comprar el boleto de regreso. La academia ignoró todos sus ruegos. Por suerte, el hospital no cobró ni una rupia por salvar mi vida.

Varios equipos iban a un torneo al día siguiente y pensé que por esa razón los medios prestaban tanta atención. Pronto, todo el mundo estaba reunido en el pasillo y escuché al secretario de la federación (a quien no reconocí, pero era regordete) dar un discurso corto y sin pasión con su bléiser verde y ajustado. Habló sobre su mandato como director de la academia y del fomento al equipo femenino. Mientras escuchaba y las cámaras tomaban fotos, las niñas estaban en silencio. Estudié a cada una, pero todas eran iguales: sólo una línea de niñas pobres de todo el país con sus tenis desgastados, playeras viejas y raquetas de segunda mano. Patético.

A medida que el hombre seguía hablando, mi enojo creció tanto que enrojecí al punto de ebullición. Mis ojos latían en sus cuencas. Algo había pasado en mi mente desde que me enfermé. En cualquier momento, una emoción, deseo o necesidad me sobrepasaba como una ola roja. Cuando estaba hambrienta, comía demasiado; cuando estaba triste, lloraba; cuando estaba cansada, dormía todo el día; cuando me angustiaba, me enojaba. El secretario no me vio acercarme por el vestíbulo, a través de la multitud, hasta que empecé a acusarlo, señalándolo con el dedo como una daga. Mostré los tenis de las niñas, casi quito uno de los desafortunados pies para mostrarle las agujetas sucias y deshilachadas, el hecho de que las niñas no tenían calcetines. Levanté una raqueta rota para que todos la vieran. Luego le dije, con una voz que no reconocí como mía, que los talibanes iban ganando con sus bombas y sus balas. Todavía no había terminado. Señalé al equipo de los niños con su ropa impecable que me miraban boquiabiertos. Algunos de los periodistas me abrieron paso (medio salvaje y todavía furiosa) a una oficina y trajeron toallas y agua. El secretario entró tras ellos, llamándome "bocona" y "problemática." Todavía no sabía quién era cuando me senté respirando rápido y secándome el sudor de la nuca quemante. Cuando le dije mi nombre completo y rango, como un soldado, palideció como si alguien hubiera tomado una goma y borrado su color. No recuerdo que pasó después, pero no recibí ninguna ayuda para mi visa a Estados Unidos. Luego me contaron que ese mismo día les tomaron medidas a las niñas. Antes del anochecer, estaban vestidas de pies a cabeza con uniformes Nike nuevos. Al día siguiente esperaba mi turno parada en la larga fila del consulado con mi solicitud en la mano. Ayesha, que era activista y estaba bien conectada en política regional, llamó a varios amigos influyentes y me aseguró una entrevista de último minuto con un oficial de visa estadounidense.

—El resto está en manos de Alá —me dijo.

Mientras esperaba, empecé a ponerme ansiosa. Mi madre y hermano aguardaban en el auto a unas cuadras. En abril de ese año, una banda de militantes irrumpió en la Calle Hospital con dos vehículos llenos de explosivos y atacaron el consulado. Unos hombres bomba se inmolaron para convertirse en *shaheeds* (mártires) mientras otros atacaron el edificio desde atrás con una furiosa lluvia de disparos. En otra parte de la ciudad, ocurrió un ataque simultáneo y coordinado en la sede del servicio de inteligencia pakistaní. Más de cincuenta personas murieron ese día y más de cien resultaron heridas de gravedad. Meses después, entrar en el edificio del consulado (fortificado en extremo) era toda una empresa que requería interminables revisiones. Soldados con ojos de acero estaban por todas partes, equipados con ropa de combate, chalecos antibalas y rifles de asalto listos. De vez en cuando uno de ellos caminaba con un pastor alemán oliendo el piso. El edificio se encontraba silencioso de modo escalofriante a pesar de estar lleno de gente. Cuando un hombre tosió delante de mí, todo el mundo volteó rápido y se le quedó viendo.

—¿Cuál es el propósito de tu viaje a Estados Unidos?

Si me veía, con todos los huesos cubiertos de músculos gastados, no creería mi respuesta. Entré cubierta con un velo, pero lo bajé a mis hombros cuando me paré frente a la pared de cristal blindado para mostrar mis pants, gesto que pareció asustarlo. Recuerdo que tenía grandes ojos verdes y al parpadear sus pestañas eran tan largas y pálidas que la luz brillaba a través de ellas. No era común ver a un occidental genuino. Miré sus manos suaves, fuertes, típicas estadounidenses, mientras revisaban mi solicitud. Papeles, frascos con lápices y una bandeja llena de clips se amontonaban en su ventanilla. Había una foto pequeña de una pareja de ancianos, sonriendo en un velero con los rayos del sol sobre sus caras, supuse eran sus abuelos. A la derecha de su escritorio, había una taza de café humeante que llevaba a su boca cada ciertos minutos y bajaba otra vez a su lugar. Me senté viendo a través del espeso vidrio él gran desorden como si fuera un océano. Sólo 80 cm de separación; para mí, el aire entre nosotros era el mundo entero que separaba a Pakistán de Estados Unidos. Cuando levantó la vista y movió la cabeza, mi pánico fue instantáneo. No creo que supiera el poder que tenía sobre mí: con una sola palabra (apenas la fracción de un respiro) mi futuro estaría destruido.

Como un año antes, CNN posteó un pequeño artículo de mí en su sitio web de Estados Unidos. Mi padre imprimió una copia en caso de que mis documentos y explicaciones no fueran suficientes. Tenía ese papel doblado y guardado en mi bolsillo. Con dedos temblorosos lo pasé rápido a través del cristal divisorio. Decisión tomada, la cinta roja en su lugar, vi que el oficial no estaba interesado. Miró por encima de mi hombro. La fila detrás de mí se extendía hasta el vestíbulo. Mientras desdoblaba la delgada hoja, parecía dudoso, sus hombros subieron y bajaron. Entonces, cuando leyó el título ("Atleta adolescente escapa del bastión talibán para perseguir su sueño"), observé un cambio perceptible. Leyó como un minuto sin tocar su taza. Cuando levantó la vista, vi su sorpresa y le dije en voz baja:

—*Debo* ir a jugar a Estados Unidos.

Como oficial de la embajada estadounidense en Islamabad, él era un blanco más grande que yo y trabajaba en el centro de la diana más peligroso de la capital. Esperaba que entendiera. Asintió, levantó el teléfono, en segundos otro hombre entró y deliberaron un momento. Revisaron mi pasaporte y leyeron mi artículo. Todo el tiempo me quedé inmóvil, como si alguien me hubiera pegado al piso. Cuando el otro hombre se fue, luché para respirar. Al final el oficial asintió con la cabeza. El espacio entre nosotros se borró cuando me regresó el artículo.

—Muy bien, su visa fue aprobada. Buen viaje y buena suerte señorita Toorpakai.

Tenía un boleto sólo de ida, veinte años y un avión que abordar en Peshawar rumbo a Filadelfia. Dos escalas, un total de 37 horas de viaje. Cuando el avión despegó cortando las olas de luz matinales, pensé en mi familia. Pasaría largo tiempo antes de verla de nuevo. Antes de irme, cada uno encontró cómo ayudarme a empacar mi maleta, la misma de lona vieja que transportó mis pocas cosas a través de Pakistán y por todo el sur de Asia. Nadie estaba seguro de qué necesitaría, pero casi todo lo que tenía cupo en esa maleta. Ayesha me dio un pequeño sobre con fotografías, Taimur su copia del Corán con páginas tan suaves como la seda. Los gemelos fueron a la calle y encontraron una piedrita que deslizaron en mi mano, diciendo que tomara esa pequeña parte de Pakistán para la suerte. Mis padres me dieron lo más necesario: su bendición.

En el avión, sostenía con fuerza esa pequeña parte de Pakistán. Me sentía como si hubiera saltado a un precipicio y cayera a través del aire, esperando que abajo, alguien tuviera un plan para recibirme. Una vez, mi padre dijo que todo lo que necesitaba para ser feliz era una raqueta de squash, pero a punto de partir supe que requeriría más que eso.

La noche anterior, toda la familia se sentó alrededor de una pequeña televisión y vimos una película de Bruce Lee que mi padre consiguió en el mercado. No recuerdo la película, pero sí su pasión por el emblemático actor de las artes marciales. Si Rocky Balboa era mi héroe, Bruce Lee era el suyo. Antes de la película, mi padre nos dijo que este actor había desarrollado su propia forma de pelear llamada *jeet kune do* (la forma de interceptar el golpe). Cuando vino a mi habitación, todavía hablaba de eso, como si no hubiera dormido toda la noche y fuera de persona en persona, encontrando oídos para su lección. Yo no estaba de humor para escuchar, quería decir una despedida adecuada y sabía que estaba llenando ese espacio menguante con cualquier cosa menos palabras de adiós. Lo detuve en medio de un enunciado. Recuerdo que estaba diciéndome cómo Bruce Lee había tomado un barco de Hong Kong a San Francisco con cien dólares en su bolsa y una aptitud para el kung fu.

—Baba, después del torneo, ¿a dónde iré? ¿Qué haré?

—He estado tratando de explicártelo. Éste es el mejor día de tu vida, no el peor. Sólo será el peor si decides verlo a través de la lente del miedo. Bruce Lee lo llamó no tener una limitación como limitación.

—Tengo miedo, Baba.

—Encontrarás el camino, Maria, como siempre. A los cuatro años, todo lo que necesitaste fue la ropa vieja de tu hermano y un nombre nuevo. Ahora todo lo que necesitas es tu raqueta. Si trabajas fuerte, Norteamérica te dará lo demás.

❧

Wilmington, Delaware, la primera semana de febrero. Cuando salí sin chamarra, el viento helado me golpeó. Recuerdo que tuve que cojear hasta una minivan, la puerta abierta ante las ráfagas torrenciales. Los sonidos felices y platicadores de las otras chicas se revolvían a mi alrededor. Los jugadores internacionales en el torneo se hospedaban en las casas de miembros del club local de squash. La familia con la que me quedaría por tres días era generosa y amable y me dio un cuarto limpio y agradable. Mirando atrás esas extrañas 72 horas, estoy segura de que me encontraron callada de manera rara, comparada con mis colegas alegres y dicharacheras. Calentaban el auto hasta que todos sudaban y desabrochaban sus abrigos, pero yo seguía temblando en la parte de atrás como si estuviera sentada en un tempano de hielo. Recuerdo al padre viendo por el espejo retrovisor y preguntándome muchas veces si estaba bien. Exhalaba un sí que reafirmaba con la cabeza, pero nadie lo creía. Todos a mi alrededor se callaban cuando hablaba. El sonido de mi voz era hueco, mis palabras se perdían en el aire. La verdad es que nunca estuve tan asustada.

En el torneo me fue mal y en la primera ronda me venció una chica alemana con el *drive* de un gran tiburón blanco enfocado en matarme. Incluso antes de girar nuestras raquetas, me golpeó con la fría mirada en sus ojos. En mis buenos tiempos, era el tipo de oponente con el que me gustaba jugar, poniéndola a correr por la cancha como un ratón y cansándola antes de una estocada final. Lo habría hecho con una encogida de hombros y una sonrisa, pero ahora apenas podía recuperar el aliento. No era una contendiente en este torneo y todo mundo lo sabía, así que me pusieron poca atención. Cuando perdí el tercer juego, después de una humillante paliza, todo parecía inevitable. Arriba en las gradas era perdedora tomando agua tibia a grandes tragos. Miré hacia abajo y sentí mi cuerpo tambalearse. Estaba enojada conmigo por creer que podía encontrar una forma de quedarme aquí y vivir. Todo lo que pensaba era: ¿cómo?

Ayesha imprimió copias de mi currículum y me dijo que entregara uno a cada entrenador. También tenía una larga lista de oficinas de gobierno a las cuales acudir por ayuda. A mi alrededor, escuchaba los sonidos amortiguados de las raquetas al golpear las pelotas y las reacciones de la multitud. El aire se espesó por un segundo. Cerré los ojos y escuché el rápido peloteo. Cuando los abrí de nuevo, las luces parpadearon y sentí que el piso se alejaba. Un fuerte sonido, como un trueno, explotó en mis oídos, pero nadie pareció escucharlo. De repente, como si una mano bajara y me sacara de las gradas, estaba de regreso en la academia de squash, observando a mi hermano Babrak. Vi lo blanco de sus ojos, escuché el extraño sonido de paloma que hacía. En algún lado una bomba acababa de explotar. Cuando volví en mí, estaba en el torneo estadounidense. Vi la cancha, pero podía oler las húmedas calles de Peshawar. De repente, me desplomé y tenía náuseas. Mi panza devolvía y elevaba el ácido por mi garganta, pero nada salía. Tiré gotas de saliva al piso gris oscuro. La cabeza entre las rodillas, las sienes latiendo, mi piel ardiendo como si estuviera sentada en llamas.

Pronto, algunas personas me rodearon y me ofrecieron agua y palabras que no significaban nada. Como si fuera un salvavidas, tomé una toalla de una mano generosa y enterré mi cara en ella. Recuerdo sentirme demasiado sorprendida por lo que estaba pasando. Y seguiría ocurriendo una y otra vez en los siguientes dos días: como si oprimieran un apagador, de repente mis pies perdían el piso, no podía respirar bien, el corazón me punzaba. Caía con la mente y el cuerpo en un torbellino. A veces una voz o una mano en mi hombro me regresaban por un tiempo. Pensé que me estaba volviendo loca.

El último día en Wilmington, me senté en la fila de atrás, tratando de calmar mi mente y preparar un plan desesperado. Deon Saffery, chica británica, acababa de vencer a Samantha Cornett. En el punto ganador, la audiencia se paró y gritó a mi alrededor. No registré nada. El peso de la maleta sobre mis pies me recordó que aún estaba ahí y seguía respirando. Me aferraba a esos momentos de paz hasta que algo me sacaba de nuevo; podía ser cualquier cosa: las luces intermitentes, un grito fuerte, alguien preguntándome si estaba bien. La gente se empezó a ir. Yo sólo estaba sentada, inmóvil. Había una cena después, pero no podría estar en una mesa de manteles largos y servilletas de tela. No sería capaz de tomar un tenedor, comer y pretender que todo estaba bien. Sentí a la gente moverse y caminar a mi alrededor. Parte de mí estaba desesperada por llamar a Pakistán, repetía el número de nuestros vecinos en mi mente, con la conciencia plena de que significaba un faro y una bala. Entonces, en la oscuridad de mis ojos cerrados, un olor familiar se elevó como un espectro: cilantro, comino y un toque de sándalo dulce (mi hogar). Miré hacia arriba, esperando encontrarme en otro sueño. De cierta manera, lo hice.

Un hombre de cabello gris con un suéter de lana oscura me observaba. De inmediato lo reconocí por sus grandes ojos y los huesos afilados de su cara. Luego una sonrisa y un saludo pastún cayeron en mi precipicio de miedo como una escalera hacia un mundo seguro. Todo el mundo lo llamaba Zia, pero los siguientes dos meses le diría *tío*. Alguien en Wilmington encontró una manera de contactar a mis padres en Pakistán y contarles el estado de desesperación en que me encontraba. En poco tiempo, mi padre reunió a todos los vecinos, buscando alguien que tuviera un conocido en Estados Unidos. De repente, el hombre que hacía todo para todos estaba pidiendo un favor. Resultó que uno tenía un viejo amigo que vivía en Charlotte, Carolina del Norte. Cuando el vecino localizó a Zia y le dijo que una chica tribal necesitaba ayuda en Delaware, se subió a su auto y manejó más de 600 km para encontrarme. El tío Zia era de nuestro valle en FATA y conocía bien el trabajo de mis padres en las áreas. Llevaba más de diez años viviendo de taxista en Estados Unidos. Por la manera en que me hablaba de su hogar (como si recitara una querida oración) supe que había encontrado en él un refugio seguro.

Nuestro código pastún es algo vivo y maravilloso, una constitución por la que mi pueblo ha vivido y prosperado a través de generaciones y siglos. Alberga lo bueno y lo malo, pero la mayoría mantiene vivo lo bueno. Me permitió encontrar una familia entre los míos a miles de kilómetros de las antiguas montañas donde todos nacimos. El tío Zia me ayudó a empacar mis pocas cosas en Delaware y viajamos más de diez horas de regreso a su agradable casa en los suburbios. Al sentirme protegida bajo su cobijo, me dormí casi todo el camino en el asiento del copiloto de su auto. Zia tenía cinco hijos y dos hijas, todos vivían en una casa de ladrillo rojo en Charlotte. Su esposa preparaba montañas de comida para nosotros y nos sentábamos a comer juntos en el piso, sobre una gran sábana floreada.

Incluso ahí, acurrucada bajo el brazo de mi propia gente, la incertidumbre me perseguía. Me despertaba en la noche, ahogando mi respiración, las sábanas enrolladas en mis piernas. En silencio, me preguntaba qué haría, cómo encontraría mi camino de regreso al squash. Estaba atrapada en un agradable laberinto sin salida.

Lo que pasó después no parece real, incluso ahora. El tío Zia me enseñó a usar su laptop para que revisara las noticias de casa y mandara e-mails. Habían pasado semanas desde la última vez que revisé mi correo. Mi familia casi no usaba la cuenta compartida, pero conmigo al otro lado del mundo cambiamos un poco. En cuanto entré, brilló mi bandeja de entrada. El último mensaje era simple: un número de teléfono (el mismo que tiene en la actualidad). Giré con mucha calma y le pedí permiso a mi tío para usar su teléfono, aunque se me salía el corazón. No sé lo que esperaba (un silencio mortal, una risa, una señal de ocupado que cayera en el olvido). Parada junto a la ventana de la cocina mientras nevaba ligeramente, marqué y vi hacia fuera. Un camastro volteado en el patio formaba un puente sobre las baldosas y un pajarito se escondía ahí, protegiéndose del frío.

El tono del teléfono en el otro extremo de la línea se detuvo. Entonces escuché una voz y supe que era él. En la academia de squash había visto videos de sus grandiosos partidos (muchas veces le gritaba a los árbitros y luego, como si nada, concedía entrevistas a los medios de comunicación llenos de admiración). Cuando Jonathon Power visitaba Pakistán, siempre era noticia nacional, ponían alfombra roja, los dignatarios hacían espacio en sus agendas, los jugadores de squash le hacían reverencia con sus raquetas. Era alto, tenía el cabello castaño rojizo, mal carácter, un repertorio de tiros de fantasía que podían engañar a un rayo y una boca que parecía arrogante al hablar. Nunca pensé que un hombre como él ayudaría a una chica como yo. Pero estaba equivocada.

—Hola, soy Maria Toorpakai Wazir. Disculpa mi tardanza.

Me mantuve entera mientras hablaba. Sonaba feliz de escucharme, como si estuviera en el cuarto de al lado. Con base en aquel primer correo, enviado antes de que el virus del dengue atacara mi mente, Jonathon trabajó en mi representación, haciendo llamadas y trazando un plan. Le pregunté si necesitaba mi currículum, sin darme cuenta de que ya lo tenía. Muchas veces rompió en una carcajada, tenía años que no escuchaba a alguien reír así. Jonathon conocía mi país, comprendía su cultura, entendía el milagro de que una chica pastún fuera la campeona nacional, siguiera viva en la oscura época de los talibanes y estuviera parada en alguna cocina de Charlotte, Carolina del Norte... sin un lugar a dónde ir. En el otro extremo de la habitación, el tío Zia estaba pegado a la pared, escuchando. Veía sus ojos saltones cuando les hacía señas a los demás para que se callaran. Los niños estaban brincando alrededor del cuarto con las manos en la boca sin saber por qué, tratando de no reírse.

Veintidós de marzo de 2011. Otro avión, otro boleto sólo de ida. Doscientos dólares que mis padres enviaron por Western Union (guardados en el mismo sobre que mi madre me dio en Peshawar y que usé para guardar las fotos que me regaló Ayesha). El sobre todavía tenía la etiqueta de carita feliz con las orillas gastadas. De vez en cuando lo acariciaba y con la otra mano tocaba la piedra que estaba en mi bolsillo. En mi maleta de lona estaba otra pequeña y suave que recogí del arroyo donde tomaba el agua diaria en FATA. Todos mis talismanes me cuidaban, pensaba en el pequeño cofre de recuerdos de mi madre: sus propias piedras de río, pulseras, zapatos bordados y la chamarra de mezclilla azul deshilachada en el borde de los puños (que llevaba de un lado a otro como un grial). Pronto, la voz dulce del capitán anunció nuestro descenso en Toronto y sentí un ligero jalón en la panza. Me ajusté el cinturón de seguridad y miré hacia fuera. Cuando el avión se inclinó a través de las nubes suaves, me sentí sobre una hoja blanca sin horizonte. Manchas negras descansaban regadas sobre la superficie como charcos gigantes. El lago Ontario. Lo había visto en un mapa. En cuanto Jonathon reservó mi boleto, le pedí al tío Zia un atlas. Canadá, un vasto territorio entre dos océanos, era el segundo país más grande del mundo. En algún lugar ahí abajo había una pequeña habitación que sería mía. Y en algún lugar ahí abajo había un campeón del mundo esperando.

Así, la pesadilla que duró años, empezó a desvanecerse cuando el avión aterrizó en la pista.

A cada paso, después de bajar, esperaba que alguien me detuviera. Como era costumbre, seguro un policía me llevaría aparte y me mandaría de regreso a Charlotte y luego a Pakistán, avergonzada, como un producto dañado. Un oficial selló mi visa y me indicó que avanzara al par de puertas de vidrio como si nada. No traía equipaje, sólo mi maleta de lona y la funda de raqueta. Al salir por la enorme arcada del aeropuerto, recuerdo que era muy brillante, lleno de ventanas y de montones de gente esperando. Algunos sostenían carteles con apellidos escritos con tinta negra: Kaplan, Russo, Chang. No veía Toorpakai. Todas estas personas reunidas me causaron un torbellino de pánico: tal vez no estaba ahí, tal vez era el lugar equivocado. Seguí avanzando, las maletas rodantes, los niños colgando en sillas de bebé, sus cobijas arrastrando hacia fuera. La gente venía y se subía a los taxis y transportes de hoteles… y yo me quedé en la acera titiritando.

Luego escuché mi nombre por encima del zumbido y volteé hacia una sonrisa que venía sobre un mar de cabezas. Al sentir sus ojos sobre mí, esos que sólo conocía en fotos, torrentes de miedo se disolvieron como si les diera la luz directa del sol.

Lo primero que hizo Jonathon Power fue tomar mi maleta y ponerla sobre su hombro, platicó todo el tiempo, me dijo a dónde íbamos: directo a su academia, tal como se lo pedí. Caminando apenas un paso detrás, tuve una rápida oportunidad de estudiar al hombre, al icono. Observé su magnífico brazo mientras cargaba mi mochila, la cual parecía encogerse ante su complexión alta y fornida. Allí iban las fotos de mi familia, el Corán de Taimur, mi querida piedra, todos mis simples tesoros. Jonathon se movía entre la multitud, cargando mi maleta vieja muy alto. Su mano rodeaba la agarradera, como sostenía su raqueta. Esas mismas extremidades, moviéndose a menos de un paso de mí, hicieron que este hombre fuera el mejor del mundo en nuestro juego… ¡dos veces!

En el auto, el aire era tibio, arrancamos. Me platicó sobre su academia, dijo que era el tipo de jugadora que buscaba. Muchas semanas después, me contó que estaba tan asombrado como yo de que en verdad estuviera ahí, sentada en su auto. Fuera de la carretera, caía la nieve, pensé en mi padre sentado en su silla y en lo que traía: mi moneda de cumpleaños en las manos, desgastada por un lado. Sobre el zumbido del motor y el silbido del viento, lo escuchaba decirme mis tres nombres al oído: "Maria Gulgatai Toorpakai." Entonces recordé que era algo sobre todo lo demás: era la hija de mi padre. Era una wazir. Sobre todas las cosas, eso significaba no tener miedo.

Cuando paramos en la National Squash Academy, la nieve caía en copos pesados y había pocos autos en el estacionamiento. Jonathon construyó su moderna academia de squash afuera de un hangar viejo y la inmensa estructura se alzaba desde el piso congelado.

Caminando con dificultad hacia las altas puertas dobles de cristal, pedacitos de hielo se me derretían en los ojos; miré hacia arriba y vi un espectacular de piso a techo a todo color que parecía vivo: un hombre sostenía una raqueta en medio de un tiro, el cuerpo electrificado, un gigante de cuatro pisos saltando justo afuera de la pared. Me detuve y lo miré, luego inspeccioné al hombre de carne y hueso, vestido con una chamarra negra que abrió la puerta y esperó a que entrara.

De inmediato fuimos a la cancha, nos sentamos en el piso pulido y nos recargamos en la pared. Hablamos un rato dentro de su templo (nuestras voces hacían eco) compartiendo una bolsa de papas que iba y venía. Me dijo que pasó años juntando el dinero para construir su academia. Era el cumplimiento de una meta a largo plazo: enseñar a la siguiente generación, encontrar y entrenar nuevos campeones, ayudar a que los niños desamparados abandonaran la calle. Cuando me platicó eso, recordé que mi padre siempre decía: "Dale a los talibanes drogadictos una raqueta y ya no van a querer una pistola."

Después de conocernos un poquito, Jonathon me lanzó una pelota. Si estaba nerviosa, me esforcé en ocultarlo. Por la forma en que caminaba, con una ligera cojera, era obvio que había atravesado una dura experiencia. Él ya sabía que podía jugar. Respiré profundamente, murmuré un sura rápido y saqué. La pared me regresó la pelota y continué. Jonathon estaba a mi lado, un milagro (pero traté de que no me distrajera). Desde el primer momento, empezó a dar instrucciones claras e indicarme el movimiento:

—Mueve los pies, mueve los pies y golpea. Retrocede. Ahora cierra con un golpe, Maria. Retrocede. Mueve los pies. Golpea la bola. Pégale fuerte. Muéstrame lo que tienes.

Y así, entramos al ritmo, como dos personas tocando música. Fue tan natural y tan irreal. Estaba en una cancha en Canadá. Estaba en la cocina en Peshawar. Estaba en una recámara con miedo a salir. Estaba en el parque abandonado en medio de la noche con mi hermano, jugando el juego que amaba. Estaba con Jonathon Power… ¡Era libre!

Después de jugar un rato, atrapó la pelota en su mano y me dijo que no quería cansarme el primer día. Entonces, con el corazón galopando, mis extremidades calientes y latiendo por el esfuerzo de esos pocos minutos, le pregunté la cosa que quería saber desde el primer golpe, lo único que todos los atletas profesionales quieren saber.

—¿Cómo te convertiste en campeón del mundo?

Jonathon se encogió de hombros y tomo una bebida, su boca se levantó de un lado en esa sonrisa indiferente que era su sello característico.

—Un juego y un país a la vez.

—¿Crees que puedo hacerlo?

Frunció el ceño.

—Cuando te vi parada afuera del aeropuerto, me preocupé un poco. Ahora que te vi en acción pensé: "Esta niña tiene manos suaves, manos suaves y un golpe fuerte." En realidad eso es todo lo que necesitas. Te transportaste, ¿no? El sonido te hizo viajar al otro lado del mundo, ¿verdad?

No sabía qué significaba "manos suaves" y le pregunté. Bajó su raqueta, se acercó, sostuvo mi mano abierta y empujó una pelota en su centro tibio.

—No sólo das golpes, los amortiguas en tu puño, absorbes el poder, los haces tuyos y disparas de regreso. A eso se le llama "manos suaves."

—Manos suaves… Nunca lo había escuchado.

Miré la pelota en mi mano y la apreté, sintiéndola contra mi piel. Pensé en todo lo que me había llevado hasta ese momento, sentada en una cancha iluminada a través de continentes y océanos, ganando contra todas las probabilidades, absorbiendo un golpe tras otro.

⁓

Diez meses más tarde, en enero de 2012, estaba en Filadelfia para el abierto Liberty Bell. Después de casi un año de entrenamiento riguroso con Jonathon, era mi torneo de apertura. Otra vez encontré mi antiguo cuerpo, flexible y fuerte, capaz de andar sigilosamente por las canchas, hechizando la pelota. Cuando me dijo que estaba lista. Le creí.

Desde el principio del torneo, era una curiosidad y se esperaba que perdiera. Ya había estado en esa posición antes, de hecho en casi todos los lugares en los que viví: en los valles al correr salvaje como Gengis, en los callejones al golpear a mis enemigos, en el salón de pesas al entrenar con Taimur y en Peshawar al volver a ser Maria en la cancha. Incluso con Jonathon a mi lado, parándose para firmar autógrafos, saludar y posar para fotografías, todos pensaban que iba a perder… y tal vez por eso no lo hice.

En las rondas eliminatorias, arrasé con las jugadoras de Francia, Japón, Canadá y Estados Unidos. No paré ahí, no había alternativa: tenía que dejar mi huella o todo habría sido para nada. Juego tras juego acabé con mis oponentes, sin darles un centímetro cuadrado de espacio para maniobrar. Entré, saqué y respondí cada golpe, lo recibía en mi raqueta, lo lanzaba en un zigzag salvaje, con Jonathon gritándome sobre el frenético fuego cruzado, el rechinar de mis tenis y el rugir de la sangre corriendo por mis venas. Después, la prensa se referiría a eso como "la matanza gigante." Tomé el título y gané cada uno de los juegos.

El trofeo (que recibí con tanta alegría que apenas podía hablar) tenía la Campana de la libertad grabada. Una y otra vez, con su mano en mi hombro, Jonathon me decía: "Respira." Al regresar al hotel, hablé por Skype con mi familia en Peshawar, en la computadora que Jonathon me dio en la semana que llegué. Todavía puedo ver cómo mi padre entrecerró los ojos cuando sostuve el trofeo delante de la pantalla: por un momento su cara la llenó y tapó a todos detrás de él.

—Maria, a veinte minutos de la Campana de la libertad, cruzando a pie por el centro de Filadelfia, está la estatua de Rocky. Imagínate eso. Ayesha lo buscó en Google.

Luego tomó y abrió un libro que reconocí. Ese tomo de historia norteamericana antigua nos había seguido casa por casa y pueblo tras pueblo, atravesó las llamas del infierno de Darra, cuyas cenizas todavía se escondían en su lomo. Una imagen se acercó a la pantalla y vi la fotografía en sepia de la Campana de la libertad fisurada, los dedos de mi padre sostenían la página. Luego su voz resonó detrás de ella. No necesitaba leer las palabras, se las sabía de memoria y yo estaba sentada ahí, viviéndolas.

—Escuchen esto. Guarden silencio: "Proclama la libertad en toda la tierra y en todos sus habitantes."

El trofeo todavía estaba en mis manos. No podía soltarlo.

—No sé cómo llegué aquí, Baba, pero esas palabras son ciertas.

Mi padre dejó caer el libro y una pequeña nube de polvo subió por la pantalla. A través de ella pude ver su gran sonrisa y a través de la oscuridad de otro apagón las siluetas unidas de mi familia detrás de él. Su batería estaba baja. Extendí la mano y acaricié la pantalla.

Cuando mi padre volvió a hablar, no tenía idea de que acariciaba su imagen o que tal vez no lo volvería a ver en años. Quizá nunca si los talibanes lo atrapaban... o a cualquiera de ellos.

—Fue simple combustión, Maria. Encontraste una botella con keroseno y prendiste un cerillo.

Epílogo
MIL MARIAS

Cuando mi libertad (ganada con dificultad) era nueva, la registraba en acciones simples de la vida cotidiana. Cada día era una maravilla: tomar el metro, comprar playeras, probarme unos *jeans* a mi medida, aprender a tocar guitarra, andar en bici por la nieve. Por primera vez tenía *roomates* de todas las razas y credos que se hicieron mis amigos. Compartíamos las comidas, las cuentas de servicios públicos, el baño, las bromas, un gato y los sueños (pequeños y grandes). Quería sacar la licencia de conducir, ir a la preparatoria, tomar clases de actuación, salir en una película de Hollywood. Los fines de semana iba al cine, entraba a las librerías, compraba comida rápida. En octubre, tallé mi primera calabaza y me disfracé de bruja para Halloween. En una de las muchas exploraciones en Toronto, descubrí una tienda de artículos de arte, compré un caballete, pinceles, lienzos y empecé a pintar. Cuando quería escuchaba música (fuerte), veía televisión, bailaba, hojeaba una revista, desenrollaba el tapete de seda de mi madre y oraba. En esos primeros días rezaba mucho *Alhamduli-llah* para agradecer a Dios por escribir la palabra "libertad" en mi destino. Cuando terminaba, pensaba en mi familia y en cada persona que me ayudó en el camino y me inclinaba hacia el piso diciendo una sola cosa: *merabani* una y otra vez a todos ellos. Cada mañana, tomaba el autobús público, me paraba entre los pasajeros medio dormidos, todos nosotros uno y el mismo. La mayoría de los días, me reunía con Jonathon Power en la National Squash Academy, donde siempre me saludaba con un choque de palmas antes de ir juntos a la cancha.

Cuando llegué por primera vez a él, yo era la mitad de una chica, una campeona muriendo cuyo destino se esfumaba al mismo tiempo que su mente. Trabajó mucho conmigo y en menos de medio año, me hizo una persona completa. Cuando necesitaba algo, lo adivinaba en silencio y me lo daba (un celular, una computadora, palabras de aliento, una palmada en la espalda). Sobre todo, el espacio y el tiempo para sanar, luego la oportunidad de ganar otra vez contra todas las expectativas. Me dio atención médica y terapia, un lugar para vivir, un trabajo, en pocas palabras: una segunda vida. Con el tiempo y las pláticas que tuvimos sentados en la pecera entre los entrenamientos, aprendió sobre mi primera vida en Pakistán. Un tanto insegura, le di detalles en pedazos. Hablamos sobre nuestro impulso mutuo de ganar, lo que en verdad importa, y encontramos terreno común. Al principio se trataba de los premios; cuando hubo más que suficientes, creció algo más que la acumulación de triunfos fascinantes; incluso fue algo más grande que nosotros. En algún punto, nos vimos a través del piso pulido de la cancha y nos dimos cuenta de lo que había pasado: hace mucho, me aventé a un precipicio sólo con mi raqueta en la mano y él me recibió. No hay trofeo en el mundo que pueda compararse al milagro de ese simple acto: responder un e-mail desesperado y unirnos, ganemos o perdamos, en una amistad de por vida.

⁓

Casi dos años después de aterrizar en Norteamérica, el Economic Club de Canadá le aseguró una visa a mi hermana para visitarme dos semanas en Toronto. Meses antes del viaje, el 11 de mayo de 2013, Ayesha fue elegida representante del Movimiento Pakistaní por la Justicia en la Asamblea Nacional y se convirtió en la primer mujer parlamentaria electa de las áreas tribales. De inmediato se volvió el centro de la diana de los extremistas. Cuando caminé las calles de la ciudad con Ayesha volví a apreciar mi libertad en toda su gloria, a través de la timidez de su velo blanco y sus grandes ojos. Muchas veces salimos sin ninguna razón, para que sintiera lo que para mí se había vuelto tan normal: ir adonde quieras sin la compañía de un hombre, vestirte como te guste, usar cinco aretes en cada oído, no ver un solo francotirador. Le tomó días romper el hábito de siempre: mirar sobre su hombro, revisando que los transeúntes no trajeran el relleno extra de un chaleco suicida. Antes de dejarla en el aeropuerto, me dijo que la experiencia de una autonomía completa la había cambiado más que cualquier otra cosa, más que todo lo logrado en la escuela con sus títulos y carrera política. En cuanto llegó a Pakistán, el brillo de nuestra visita seguía sobre ella y me llamó por Skype.

—Nuestro tiempo juntas me dio la única cosa que necesito para hacer bien mi trabajo, Maria, más que cualquier otra. Incluso ahora, cuando te veo, la veo. De hecho, te has convertido en eso.

—¿Qué es?

—*Hila* (esperanza)… eso eres tú.

⁂

Cuando Ayesha tomó las riendas de la oficina, mi padre dejó de enseñar para ayudarla en su mandato y construir un estado moderno basado en los derechos y bienestar de todos y cada uno de los individuos. En la mañana maneja hasta FATA para encontrar las necesidades más urgentes de las áreas (desde atención médica hasta máquinas de coser o semillas) y trae listas para que su hija las cumpla. Taimur empezó a hacer su parte y se unió a una organización no gubernamental (ONG) que realiza servicios de caridad por todo el país. Los gemelos están estudiando en la universidad. Babrak sigue jugando squash y ya empezó a competir en torneos internacionales; Sangeen juega tenis en el equipo de la universidad. Mi madre, la más valiente de todos, despierta cada mañana con más amenazas contra ella que cualquiera de nosotros. Sigue trabajando en escuelas, aunque la mayoría fueron bombardeadas y sus viajes a la franja (escondida en una burka) ahora son más espaciados. Con dos hijas tribales que son figuras públicas y desafían a los talibanes (una en el gobierno, la otra jugando squash en el Occidente infiel), mi madre es considerada maligna. Cualquier día se le encuentra en la mesa de la cocina ordenando papeles, revisando mapas o buscando nuevos lugares para poner escuelas. Incluso sus colegas en el consejo de educación le han rogado que busque su cambio a otro distrito más seguro, porque temen que cualquier día un hombre armado camine hacia ella y le dispare. Dice que no tiene miedo. Las niñas ahí afuera siguen necesitando escuelas. Necesitan campos deportivos. La necesitan. "Éste es el trabajo de mi vida, Maria. No tengo miedo, está escrito."

∽

Tiempo después de llegar a Toronto, Jonathon habló largo rato con mi padre por Skype. Rieron juntos como si fueran amigos de toda la vida que se encuentran de nuevo, pero a 10 800 km de distancia. Antes de despedirse y cerrar la pantalla, mi padre miró hacia fuera, a la oscuridad, una luz iluminó su rostro cansado y le dijo a Jonathon:

—Mi querida hija, ahora es tu hija. Nuestro trabajo aquí ha terminado.

Pensé que a mi nuevo entrenador (voluble como leyenda que era) la frase lo tomaría por sorpresa. Era una gran responsabilidad que tal vez no quería. Después de todo, sólo éramos jugadores de squash, un maestro y su discípula.

Inquebrantable, Jonathon sólo sonrió. Pude verlo en su piel pintada de azul ante la pantalla: bajó la cabeza, asintiendo.

—*Merabani.*

En ese instante, más que en cualquier otro momento de mi vida, supe que todo estaba bien... y me sentí sobrepasada por la gratitud.

Después de eso, convertirme en campeona del mundo significó más que sólo ganar un juego (la ambición se transformó en un nuevo sentido de vida y propósito). Pronto empecé a dar discursos en sitios pequeños. Al principio, pararme en el escenario bajo las luces era aterrador; además no sentía que mis palabras en verdad le interesaran a alguien. Luego, cuando conocí más gente de Canadá y Estados Unidos, y vi mi historia a través de sus ojos, me di cuenta de que mi viaje y todos sus mínimos detalles, no eran tan singulares. Sólo era una chica con su raqueta... y mucha suerte.

La noche en que gané el torneo de la Liberty Bell, la última cosa que dijo mi padre antes de cerrar la sesión de Skype se convirtió en el mantra con el que planeo cada día y mi futuro entero.

—Detrás de ti, esperando solas en la oscuridad, hay mil Marias.

Mis sueños son para ellas.

AGRADECIMIENTOS

MARIA TOORPAKAI

Primero y sobre todo estoy agradecida con mis familiares, quienes siempre me aceptaron como soy. Mis padres arriesgaron todo para que sus hijos recibieran una educación verdadera y alcanzaran sus sueños. Soy privilegiada por tener un padre que no sólo respetó mi individualidad cuando era niña, sino que me dio el valor para expresarme y perseguir mi libertad de modo implacable; y una madre que al dar esperanza a miles de niñas oprimidas a través de las áreas tribales es mi gran inspiración. Mi inteligente y hermosa hermana, Ayesha, no está lejos de ella. Después de todo, no soy nada sin mis padres.

Tanta gente hizo posible mi viaje hacia la libertad. Soy afortunada de tener el apoyo inalterable de mi entrenador, mentor y amigo, doble campeón del mundo, Jonathon Power, quien convierte cada día en un milagro vivo.

También quiero agradecer a todos en la National Squash Academy (NSA) en Toronto, Canadá, por su apoyo diario; se convirtieron en mi segunda familia. En particular, mi más sincera gratitud para Karen Knowles, Jamie Nicholls, Gary Slaight y la familia Gary Waite. Gracias a mis entrenadores físicos Bob Bowers y Hajnal Laszlo. Un gran agradecimiento a S. Kristin Kim, Rhiannon Trail, Julie Mitchell y Cathy Eu, quienes trabajan de manera desinteresada en mi proyecto de fortalecer a otras jóvenes para que sigan sus sueños. Los entrenadores y personas que han enriquecido mi vida y mi juego merecen una mención particular: el General de Brigada Inamullah Khan y Coronel Pervaiz Syed Mir (en Pakistán); la familia de Rahim Gul Zia-ur-Rehman (en Carolina del Norte); Tonisha Cotten Brown, Tanveer Khan y Meher Khan (en Filadelfia); Sami Kureishy y Romeena Kureishy (en Filadelfia).

También aprecio a cada oponente en el mundo contra el que he jugado squash. Gane o pierda, nos une la pasión compartida por el deporte. Si más gente tomara una raqueta como nosotros, pocos llegarían a las armas. Y gracias a todos los que trataron de impedir que jugara y viviera como soy, porque me hicieron más fuerte y me dieron una voz más potente que escuchan las niñas que vienen detrás de mí.

Muchas gracias a todo mi pueblo en FATA, en Pakistán y en el mundo entero por su inquebrantable ayuda.

Al personal y doctores del hospital en Kuala Lumpur, cuyos nombres extraordinarios nunca me aprendí. Ustedes me salvaron de las garras de la muerte y nunca le cobraron una sola rupia a mi familia. Estoy agradecida por la amabilidad y generosidad de Umehani y el doctor Saadat Ullah Khan, también en Malasia.

Me gustaría dedicar un cordial agradecimiento a Casandra Sanford-Rosenthal por ayudarme a compartir este viaje con otras personas y dirigir todo el espectro de mi carrera fuera del squash. También soy afortunada de tener a Meg Thompson como agente literario, con sus colegas Elizabeth Levin y Sandy Hodgman (derechos internacionales) de la Thompson Literary Agency. Por su atención y compromiso en este proyecto, pude concentrarme de lleno en mi deporte. También al equipo de editores campeones que creyeron en esta historia: Libby Burton que estuvo desde el principio (Twelve/Hachette), Carole Tonkinson por su gran conocimiento (Bluebird/Pan Macmillan, en Reino Unido) y Nick Garrison por su maravilloso entusiasmo (editor asociado de Penguin Canadá).

Un agradecimiento muy especial a Katharine Holstein por hacer mis sueños los de ella y de alguna manera convertirlos en estas hermosas páginas: le pusiste tal paciencia, habilidades laboriosas y energía positiva a tu trabajo que simplemente nos sorprendió. Sobre todo, tu entendimiento.

Más que cualquier cosa, quiero agradecer a la gente amorosa y pacífica de Canadá, por recibirme en su hermoso país y hacerlo un hogar seguro fuera de mi casa.

⟨∽⟩

KATHARINE HOLSTEIN

Primero, estoy agradecida con Alexander Holstein, compañero escriba y genio insondable, por llamar a Jonathon Power y decirle que hablara conmigo para escribir el libro. También por alentarme todos esos meses cuando el esfuerzo aumentaba. ¡Funcionó! Y gracias a Jonathon por aceptar.

El equipo de Twelve/Hachette es increíble, sobre todo mi editora excepcional Libby Burton (me llevaste a lugares en mi cerebro que ni siquiera sabía que tenía) y Rick Ball (cuyas habilidades de corrección son simplemente fascinantes). Del otro lado del océano, gracias a la editora Carole Tonkinson de Bluebird/Pan Macmillan, por agregar su extraordinario toque de magia. También debo reconocer a Nick Garrison, editor asociado en Penguin Canadá, quien fue de los primeros en estar detrás de este libro.

Gracias a mi agente Marcy Posner de Folio Literary Management. Cuidaste lo bueno, lo malo y lo feo con un carisma tan sorprendente que sólo me escondía y escribía. Debo agradecer la asistencia de Scott Hoffman, también en Folio.

Estoy profundamente agradecida por el amor y apoyo generoso de mis padres, quienes contribuyen a mi trabajo de innumerables maneras y hacen posibles muchas cosas. Y gracias a mi gran hermano John, por ser mi roca.

Muchas gracias a las familias y a la gente que enriquece mi vida y carrera: Trevor y Hilary, Cristiano y Jane, Eddie y Maggie, Jasmin y Julian, Lesley e Ian; también a los Fyalls, Hayeks, Greens y Boyles; Alex Van Wey, Mike Williams, Eli Campbell, Jack Laishes, los doctores P. Thibault, y A. E. Brown, y a "Nana".

Este proyecto se terminó gracias a la generosidad sin límites de Matthew, Avery y Eden. Un agradecimiento especial a Kalen Kennedy, pues estas páginas cobraron vida en su escritorio IKEA: siempre me haces sentir bienvenida.

Mi sincera gratitud a la gente de Pakistán, un país que llegué a amar. Muchos de ustedes me ayudaron a encontrar mi camino. Mi gratitud va en especial para Shams (el padre de Maria) y Ayesha (su hermana) por el tiempo que pasamos juntos. En un instante su calidez formó un puente sobre el mundo entre nosotros.

Sobre todos los demás, a mis tesoros: mis hijos. Gracias por soportar mis largas ausencias con tanto amor y paciencia. Sólo sus sonrisas me hacen la mujer más rica de la tierra.

Y por último, *merabani*, querida Maria, por darme los hilos para tejer el maravilloso tapiz de tu vida. Nuestro tiempo juntas fue un regalo.

UNA CARTA SOBRE
LA FUNDACIÓN MARIA TOORPAKAI

Estimado lector:

El libro que tienes en tus manos es la historia de mi lucha por ser libre en la vida y jugar mi deporte en paz. A través de él levanto la voz en representación de las millones de Marias que dejé atrás, quienes siguen secuestradas por los regímenes e ideologías que les quitan los derechos humanos más básicos. Mi lucha hacia la libertad me generó una angustia por todos los niños, mujeres y hombres devastados por la guerra y la crueldad inimaginable. Iluminar su oscuro camino hacia la paz se convirtió en mi propósito. Cuando escapé de los talibanes con mi raqueta y mis pequeñas posesiones en una maleta de lona, me hice la promesa de un día despertar la esperanza en los corazones de los olvidados. Ahora me comprometo a darles herramientas que fomenten la libertad y construyan una paz duradera.

Hice la Fundación Maria Toorpakai para fortalecer a los ciudadanos oprimidos porque fui uno de ellos. Si regreso a casa mañana, volvería a ser uno de ellos. Cada persona, sin importar su género, raza o credo, cuando se le da la oportunidad correcta, tiene el poder de alcanzar su máximo potencial, transformar su comunidad y convertirse en un agente de paz, pero no es posible hacerlo solo.

Por favor únete a mí y juntos apoyemos las áreas desfavorecidas desde lo más elemental. Fundaremos negocios orientados socialmente que beneficien de manera directa a la comunidad, al mismo tiempo generaremos empleos. Crearemos escuelas, centros médicos y deportivos modernos que promuevan el bienestar, ofrezcan clases integrales para todas las edades y generen habilidades creativas de comunicación, emprendedoras y de liderazgo. Estas bases producirán valor y esperanza. Juntos podemos construir comunidades orgullosas que usen su inversión inicial para levantarse con dignidad.

El camino a la paz es largo, pero no tiene que ser sombrío. Buscamos soluciones innovadoras para el problema milenario de reconstruir vidas humanas después de que los estragos de la guerra y la brutalidad desaparecen recursos como papel, lápices, libros… y equipos deportivos. Para crear oportunidades reales se necesita inversión que apoye a los individuos, ésa es nuestra misión. Mi padre, Shams, una vez dijo: "Dale a más gente una raqueta o una pluma y no querrán tomar un arma." Yo sé de primera mano que es verdad.

Espero que te unas a mi equipo y prendas una luz brillante de esperanza. Servir a la humanidad es la causa más noble de todas.

Conviértete en compañero de Maria y encuentra más información en www.mariatoorpakai.org

Gracias
Maria Toorpakai Wazir
Jugadora profesional de squash

SOBRE LAS AUTORAS

Maria Toorpakai es jugadora profesional de squash. En la actualidad está clasificada como la mejor jugadora de Pakistán y entre las primeras cincuenta del mundo. De niña creció en un área tribal muy conservadora de Pakistán. Como la cultura islámica local prohíbe que las niñas hagan deporte, Toorpakai entrenó y compitió como niño. Vive en Toronto, Canadá, bajo la protección del antiguo jugador de squash Jonathon Power, dos veces campeón del mundo. Toorpakai es la hermana de Ayesha Gulalai, miembro de la Asamblea Nacional de Pakistán y representa Tehreek-e-Insaf en una silla reservada para mujeres.

❦

Katharine Holstein ha vivido en Europa y Norteamérica. Trabaja con actores, personalidades y productores. Desarrolla y crea material original para ediciones impresas y en pantalla. Sus escritos se venden en todo el mundo.